## 浙江中医临床名家 叶熙春

总主编 方剑乔

范军芬 主编

科学出版社

北京

## 内 容 简 介

本书是"浙江中医临床名家"丛书之一，介绍了浙江名医叶熙春。近代著名中医叶熙春先生，从事医疗、教育近70年，师承叶天士学术流派，学验俱丰，毕生精研秦汉医学经典，广泛涉猎各家医学著作。本书分为六章：中医萌芽、名师指引、声名鹊起、高超医术、学术成就、桃李天下。本书重点介绍了叶熙春的生平、行医之路、学术思想，结合具体病例展现了叶熙春在治疗温病、内科、妇科等疾病临床选方用药的经验，以及对膏方应用的经验。

本书可供中医临床、科研工作者及在校学生阅读使用，也可供中医爱好者参考。

---

图书在版编目（CIP）数据

浙江中医临床名家. 叶熙春 / 方剑乔总主编；范军芬主编. —北京：科学出版社，2019.7
ISBN 978-7-03-061875-7

Ⅰ.①浙… Ⅱ.①方… ②范… Ⅲ.①叶熙春-生平事迹 ②中医临床-经验-中国-现代 Ⅳ.①K826.2②R249.7

中国版本图书馆CIP数据核字（2019）第146019号

---

责任编辑：陈深圣　刘　亚　孙　曼 / 责任校对：王晓茜
责任印制：徐晓晨 / 封面设计：黄华斌

科学出版社 出版
北京东黄城根北街16号
邮政编码：100717
http://www.sciencep.com
北京中科印刷有限公司 印刷
科学出版社发行　各地新华书店经销
\*

2019年7月第 一 版　开本：720×1000 B5
2019年7月第一次印刷　印张：12
字数：203 000

定价：68.00元
（如有印装质量问题，我社负责调换）

# 浙江中医临床名家丛书编委会

主　编　方剑乔
副主编　郭　清　　李俊伟　　张光霁　　赵　峰
　　　　陈　华　　梁　宜　　温成平　　徐光星
编　委（按姓氏笔画排序）

| | | | |
|---|---|---|---|
| 丁月平 | 马红珍 | 马睿杰 | 王　艳 |
| 王彬彬 | 王新华 | 王新昌 | 牛永宁 |
| 方剑乔 | 朱飞叶 | 朱永琴 | 庄海峰 |
| 刘振东 | 许　丽 | 寿迪文 | 杜红根 |
| 李　岚 | 李俊伟 | 杨　珺 | 杨珺超 |
| 连暐暐 | 余　勤 | 谷建钟 | 沃立科 |
| 宋文蔚 | 宋欣伟 | 张　婷 | 张光霁 |
| 张丽萍 | 张俊杰 | 陈　华 | 陈　芳 |
| 陈　晔 | 武利强 | 范军芬 | 林咸明 |
| 周云逸 | 周国庆 | 郑小伟 | 赵　峰 |
| 宣晓波 | 姚晓天 | 夏永良 | 徐　珊 |
| 徐光星 | 高文仓 | 郭　清 | 唐旭霞 |
| 曹　毅 | 曹灵勇 | 梁　宜 | 葛蓓芬 |
| 智屹惠 | 童培建 | 温成平 | 谢冠群 |
| 虞彬艳 | 裴　君 | 魏佳平 | |

# 浙江中医临床名家·叶熙春

## 编 委 会

主　编　范军芬

副主编　马红珍

编　委　（按姓氏笔画排序）

　　　　马红珍　　王飞君　　叶炳南
　　　　叶晴晴　　叶黎青　　任巧珍
　　　　许　超　　陈笔峰　　范军芬
　　　　郭慧捷　　楼群棋

# 总　序

　　中华医药，博大精深，源远流长。灵兰秘典，阴阳应象，穷万物造化之妙；《金匮》真言，药石施用，极疴疾辨治之方。诚夷夏百姓之瑰宝，中华文明之荣光。

　　浙派中医，守正出新，名家纷扬。丹溪景岳，《格致》《类经》，释阴阳虚实之论；桐山葛岭，《采药》《肘后》，载吴越岐黄之央。固钟灵毓秀之胜地，至道徽音之华章。

　　浙中医大，创业惟艰，持志以兀。忆保俶山下，庠序进修，克艰启幪；贴沙河干，省立学府，历难扬帆；钱塘江畔，名更大学，梦圆字响。望滨文南北，富春秋冬，三区鼎足，一校华光；惟天惟时，其命维新，一德以持，六艺互襄；部省共建，重校启航，黾勉奋发，踵武增华。

　　甲子校庆，名医辈出，几代芳华。值此浙江中医药大学建校六十周年之际，特辑撰"浙江中医临床名家"丛书，以五十二位浙江中医药大学及直属附属医院名医为体，以中医萌芽、名师指引、声名鹊起、高超医术、学术成就、桃李天下为纲，叙名家成长成才之历程，探名家学术经验之幽微，期有益于同仁之鉴法、德艺之精进。

时己亥初夏

# 目　　录

## 第一章　中医萌芽 ····································································· 1
### 第一节　清贫叶家添新丁 ······················································· 1
### 第二节　幼童私塾得启蒙 ······················································· 2
### 第三节　国弱家贫多病痛 ······················································· 3
### 第四节　少年立志做郎中 ······················································· 4

## 第二章　名师指引 ····································································· 6
### 第一节　投师受业莫尚古 ······················································· 6
### 第二节　破例侍诊姚梦兰 ······················································· 8
### 第三节　年少好学诵经典 ······················································ 12
### 第四节　研读国学益国医 ······················································ 13

## 第三章　声名鹊起 ···································································· 16
### 第一节　开业行医在余杭 ······················································ 16
### 第二节　技精羽丰医名噪 ······················································ 18
### 第三节　悬壶济世尽天责 ······················································ 21
### 第四节　十里洋场领风骚 ······················································ 22
### 第五节　为人为官刚正清廉 ··················································· 25

## 第四章　高超医术 ···································································· 27
### 第一节　因势利导伏温病 ······················································ 27
### 第二节　追本穷源攻咳喘 ······················································ 37
### 第三节　圆机活法治胃病 ······················································ 50

## 第五章　学术成就 ··································································· 101
### 第一节　论治温病造诣精深 ·················································· 101

第二节　内伤杂病注重整体 …………………………………………… 112
　　第三节　遣方用药精简灵动 …………………………………………… 116
　　第四节　膏方调理防治未病 …………………………………………… 126

第六章　桃李天下 ……………………………………………………………… 138
　　第一节　深耕细作育英才 ……………………………………………… 138
　　第二节　严谨治学弘流派 ……………………………………………… 142
　　第三节　杏林春暖谱新章 ……………………………………………… 144
　　第四节　春晖遍泽桃李树 ……………………………………………… 156

参考资料 …………………………………………………………………………… 183

# 第一章

# 中医萌芽

## 第一节　清贫叶家添新丁

叶熙春，幼名锡祥，字倚春，1881年12月1日在浙江省钱塘县（今杭州市）武林门外响水闸出生。他的祖籍在浙东慈溪。

19世纪60年代，战火纷飞，民不聊生，老百姓只能选择逃亡，从自己的家园颠沛流离逃到别的地方，并且最终可能会和家里人走散。为躲避战乱，叶熙春的祖父叶良松和祖母也选择了逃难，1860年左右从慈溪出发，挑了一副简陋的家当担子，一路逃难到省城杭州，这才定居下来。

第一代迁杭的祖父叶良松因为是难民，既无亲友可投靠，又无田地和富足的资产，只能做些小生意勉强度日，家境清贫，生活简朴。但他为人正直，贤良方正，治家严谨，即使生活艰苦，也非常注重门楣家风，重视庭训家教，讲究"国有国法，家有家规"，遵循"没有规矩，不成方圆"。古人云，正心修身齐家治国平天下。所谓"齐家"，也可以称为"治家"，而"治家"的中心环节便是家庭教育。家庭教育就是培养良好家风，它奠定了一个人的品格基础。每个家庭都有自身独特的家风，但是，中华文明源远流长，千百年来，深受儒家文化的濡染熏陶，儒学已成为我国的传统文化。在民间、在老百姓的内心里，儒学的价值持久存在着。不同的家庭，家风的呈现形式不尽相同，有的是有形的文字、成型的为人处世格言，更多的是无形的言传身教，隐含于每个家庭成员的日常行为中。祖父叶良松以身作则，也从未放弃对子女的教育，从小便教育孩子诚实做人，培养孩子吃苦耐劳的品德。日子虽然清苦，但因家风良好，与人为善，一家人也是和和睦睦的。在这样的家庭里成长的叶熙春，在潜移默化下，也有了初步的做人做事的准则和"性格"。

祖父去世后,叶熙春的父亲叶德发和母亲为了谋求生计,到附近的余杭县良渚镇上摆摊。从历史上来说良渚镇是现浙江省杭州市余杭区辖镇,是中华文明的曙光——良渚文化的发祥地。据方志记载,"良渚"一名最早见于宋代,称为"梁渚里"。"梁渚"转而为良渚应在明代(1368~1644年),具体时间不可考。清代(公元1644~1911年)的各种《杭州府志》均已称"良渚"。"良",在《说文解字》里被解释为"善也",即美好之意;"渚",在《尔雅·释水》这部文献里说:"水中可居者曰洲,小洲曰渚。""良"与"渚"的组合,即"美好的水中之洲"的意思,这与河港密布的良渚镇地理环境相符。兼有山水之利的余杭,山皆宜林,地皆宜耕,不但是鱼米之乡,还有资源丰富的山货土产,尤其是以径山茶为代表的茶叶,以及包括毛竹、竹笋、笋干、柴炭、木材等在内的竹木产品。

叶熙春父母靠贩卖粽子、豆浆之类的小吃摊子谋生,无论严寒酷暑,都风雨无阻,早出晚归,换得微薄的收入维持家用。也因此无法照顾年幼的儿子,故把年幼的叶熙春留在响水闸旧居,随同祖母一起生活。

## 第二节 幼童私塾得启蒙

1886年,叶熙春刚满5岁,照顾他的祖母也去世了,幼年的他这才到良渚,跟随父母度过了没有多少欢乐回忆的童年时代。按照当时的家境,稍长大后,叶熙春就该给父母当帮手,日后也就是做个小摊贩的城镇贫民。但因他从小体质比较单薄,天性又聪敏好学,父母心疼他,不忍心让他跟着干力气活吃苦,就咬咬牙,决定送他上私塾,其7岁启蒙,读了8年书。

私塾是私学的一种。清代地方儒学有名无实,青少年真正读书受教育的场所,除义学外,一般都在地方或私人所办的学塾里,因此清代学塾发达,遍布城乡。塾师多为落第秀才或老童生。学生入学年龄不限。自五六岁至二十岁的都有,其中以十二三岁以下的居多。学生少则一二人,多则可达三四十人。

塾师一般多为一人,大的村塾则不定。学生入学后由塾师个别教授。其教学内容以识字习字为主,除此之外,还十分重视学诗作对。私塾的教学时数,一般因人因时而灵活掌握,可分为两类:"短学"与"长学"。教学时间短的称为"短学",一般是一至三个月,家长对这种私塾要求不高,只求学生日后能识些字、能记账、能写对联即可。而"长学"每年农历正月半开馆，到冬月才散馆，其"长"的含义，一是指私塾的先生有名望，其教龄长，二是指学生学习的时间长，学习的内容也多。

至于私塾的教学原则和方法，在蒙养教育阶段，十分注重蒙童的教养教育，强调蒙童养成良好的道德品质和生活习惯。在教学方法上，先生完全采用注入式。讲课时，先生正襟危坐，学生依次把书放在先生的桌上，然后侍立一旁，恭听先生圈点口哼，讲毕，命学生复述。其后学生回到自己座位上朗读。凡先生规定朗读之书，学生须一律背诵。

私塾是私家学塾的简称，古代很少把"私"和"塾"两个字直接连起来使用。私塾成为一个社会常用词汇是近代以后的事情，以示与官立或公立新式学堂的区别。古人称私塾为学塾、教馆、书房、书屋、乡塾、家塾等，这些字眼都带有几分文雅气或亲情味。根据私塾的设置情况，清末学部把私塾分为义塾、族塾、家塾和自设馆。义塾带有免费教育的性质，以出身清贫家庭的子弟作为施教对象。族塾依靠族产支撑，属于宗族内部办学。族塾往往设在宗祠内，不招收外姓儿童。富家大户聘请名师宿儒在家专门教授自己的子女，这种私塾称为家塾。自设馆是塾师自行设馆招生的私塾，不拘姓氏。《三字经》《百家姓》《千字文》在流传的过程中逐渐得到社会的认可，成为明清两代最常见的儿童识字用书。《论语》《孟子》属于经典读物，这时，也变成蒙学教材的一部分。私塾历来实行个别教学，塾师根据不同学生的学习基础、接受能力安排课业，体现了因材施教的原则。私塾对学生背书的要求特别高，读书是私塾学生的主要活动。清代，杭州城内著名的宗文义塾在条规中要求学生"每日读生书，朗读百遍"。

艰苦的环境磨砺人的毅力，叶熙春从小便展现出勤奋好学的品性。加之是家中的独子，虽然从小禀赋不足，体弱多病，但他天资聪颖，个性积极上进，因此，从启蒙教育开始，他便展现出热爱学习、领悟性好、记忆力超强的品性，他积极上进的学习态度，也让困境中的父母颇感欣慰。

## 第三节　国弱家贫多病痛

新中国成立之前的农村，缺医少药。农民生病也治不起，只是挺着，小病能挺过去，得了大病，只能等死。当时附近的贫苦百姓，生活苦不堪言，只得经常向菩萨祈求消灾灭祸，保佑健康。淳朴的百姓为了答谢菩萨，每年农忙前都会自发前往纸李村菩萨庙还愿，年复一年，渐渐形成了以买卖香火和农忙用具为主的庙会。

战争中的老百姓，生活极其困苦。在肉体上，他们每天都要忍饥饿和苦难，国破家亡，流离失所。在精神上，他们不停地思念在前线的亲人，孩子思念父亲，妻子思念丈夫，老人思念儿子，弟弟思念哥哥……最可怕的是，生活失去了信心，不知道什么时候可以结束颠沛流离的生活。

社会的动荡不安，老百姓生活疾苦，民不聊生，加上祖父早逝，成长环境的变动，这些都深深刺激着小叶熙春的神经，使小小年纪的他，有了自己的梦想。

## 第四节　少年立志做郎中

叶熙春从小经历和目睹了众多贫苦百姓缺医少药所带来的痛苦。慢慢长大的他，决心为解除人民群众的病痛而努力，他立志投身祖国医疗事业，潜心钻研医学理论。可是该从哪里学起呢？父母亲又是否会让他如愿以偿呢？现实的环境让他心里一点谱也没有。

当年洋务运动期间创办的洋学堂，开设外语、数学、物理、化学、天文、航海、测算、万国公法、政治学、世界历史、世界地理等课程。洋学堂的创办适应了西学东渐的历史趋势，推动了近代中国社会前进的步伐。洋务教育打破了传统的科举教育在内容上的狭隘性，第一次承认了声、光、化、电、西语、西史、西法的地位和作用，从而开启了以学习近代科学文化为主要内容的新教育的先河。洋务学堂的集中学习、班级授课、统一招生管理考试等，已明显具有近代教育的形式。洋务学堂还培养了近代中国第一批翻译人员和外交人员，第一代海军人才和科技人才。这些人好比是种子，随着他们的扩散、迁徙、流动，新知识、新观念、新气息被带往清政府的各个部门，从而在一定程度上加快了中国的苏醒和新生。在当时，一般的读书人走的是三条道路：首先是读书做官的道路，再者，当不上官的还可以去做某一个官僚的"幕友"（俗称"师爷"）。倘若前两条道路都走不通，还可以去经商。

可是家境清贫的叶家父母又哪里有能力送孩子去洋学堂呢？而此时叶熙春所接触的邻居乡亲们都是贫苦百姓，在乱世中，老百姓的生存都是很困难的。那时的穷人们，除了怕官府催税征丁、地主逼租讨债外，就是怕家中有

## 第一章 中医萌芽

人生病，没钱求医买药，往往小病拖成大病，眼睁睁地丢了性命。读过几年书的叶熙春对此深为同情，尽管清楚了解自己家的家境，但他仍下决心要投师学艺，做一个为乡亲们解除病痛、救死扶伤的好郎中。

从前拜师学艺都是学徒制度，由父母送去，见到老师先行礼跪拜，送上见面礼与一定的礼金，就完成了拜师礼仪。开始先给老师打杂一段时间，做一些粗活，比如搬药、切药的活。有时会传授一些中药加工炮制的方法与辨药好坏的经验。在干粗活的过程中，会逐渐认识很多中药并掌握炮制的方法。在这个过程中，老师一般会观察学生是否老实听话，能否吃苦，以及是否聪明能干。然后就是抓药，再就开始背《汤头歌诀》《药性赋》等。先熟悉几百种药材的药性，再往后才能慢慢学其他书。一般老师给人看病，他们只能在一边听，帮拿药，晚上看白天抄下来的老师给患者看病的医案。有时间老师会给他们讲解一下书中的内容，以及辨病看病的一些心得体会和方法。跟师时间一到，由老师决定是否可以出师，有的还要留下来再学几年。出师的学生，若要行医要到外乡，离师50里以外的地方。

1896年，在叶熙春15岁时，禁不住他的一再恳求，父母终于遂了他心愿，筹借了一笔钱，托人将其送至当地名医莫尚古先生门下学习中医内科、妇科。

这位莫尚古先生受业于当时号称"浙江四大名医"之一的姚梦兰（1827~1897年）。姚老擅长内科、妇科、儿科诸科，对湿温时症尤为专长。其不但医术高明，还悉心传教了后来被称为"三鼎甲"的三位名医，除了其次子姚耕山（20世纪60年代前的杭州名中医史沛堂就是其弟子）和马幼眉之外，另一位就是莫尚古。叶熙春师从莫尚古的初期，姚老尚健在，他见这个徒孙聪敏过人、悟性特好，又勤奋好学，十分喜爱，所以也常对叶熙春予以教诲和指点，并嘱咐传承其医道的次子姚耕山也要对这个师侄多加关照指教。

在两代名医的指引教授下，立志于中医事业的叶熙春犹如获得阳光雨露滋润的幼苗茁壮成长。加上他刻苦研读中医学典籍，爱好探索古人秘方，并注重发掘民间流传的验方、单方。所以，当他3年满师之际，他已颇为熟悉中医的专业知识，并在临床诊断时基本上能独立自如地诊病用药了。

# 第二章 名师指引

中医药是中华民族的一笔宝贵财富,具有2000年的发展历史。在中医药的发展过程中,中医药教育起着至关重要的作用,其中师承教育是自中医药起源时便一同发展起来的,其作用更为突出,如目前存在的最早的中医典籍《黄帝内经》就是以岐伯与黄帝等的问答形式写成的,不仅深刻阐述了中医药理论的精华,还向我们展示了岐伯与黄帝、黄帝与雷公等之间的师承关系。师承教育是通过跟随老师学习、研究学习经典及临床实践等方式,学习继承老师的医德医风、学术思想、临床经验等,并对所学知识进行创新,使中医药得到传承和发展。

在近代,虽然西医学逐渐进入大众视野,西医教育系统在中国逐步确立,但传统的"师带徒"形式的师承教育仍然是当时中医药人才培养的主要方式。纵观当时的名医大家,多数都有师承关系。如清末温病名家王世雄(1808~1868年),字孟英,曾祖父王学权、祖父王升均为中医,王学权所著《重庆堂随笔》提到"三世均善医"。王氏著述颇丰,后学门人姚若琴、周烁光整理有《王孟英医案》。另据《余杭县志》载:金子久(1870~1921年),名有恒,浙江桐乡人,近代名医。金氏家族自南宋以来世代业医,父亲金芝石,精儿科,子久幼承家学,侍诊左右,后医名大噪,负笈从师者先后达150余人。由此可见师承教育的普遍性与可行性。叶熙春便是这样入的中医大门。

## 第一节 投师受业莫尚古

叶熙春幼时立志成为一名为乡亲们解除病痛、救死扶伤的好郎中,在其十五六岁时，他的父母筹了一笔钱，托人送他到当地名医莫尚古先生门下学习中医。莫尚古为何人？莫尚古，名相疑，尚古为其字，清末民初杭县良渚莫家里人，受业于当时号称"浙江四大名医"之一的姚梦兰（1827~1897年），为姚梦兰三大得意门生之一（另外两位是姚耕山、马幼眉）。莫尚古医术精湛，擅治内科杂病，疗效卓著，与当时杭州另一名医王香岩同为杭人称道，民间咸以"温热崇王氏，杂病尊莫氏"。《浙江历代医林人物》中莫尚古相关的内容中写道，莫尚古治肝肾虚弱，冲气上逆之痰喘证，用开太阳、摄少阴之法。以小青龙为主，佐以介类潜阳镇纳。参以润肺和胃，药以蜜炙麻黄、桂枝、干姜、五味子、半夏、川贝、白芍、杏仁、茯苓、款冬、炙草、蛤蚧尾、紫石英或龙骨、牡蛎、胡桃肉、青铅、冬虫夏草，诸味随病者体质寒热、时令变化、出入加减，莫不奏效。尚古疗肺，谓：肾为肺子、母病久则子受其殃，是金水不相生之证，每见骨蒸盗汗，潮热颧红，干咳少痰，呼吸气促，男子遗泄，女子梦交，甚者音嘶，宜清金育肺为主。方用川象贝、冬瓜子、茯苓、枇杷叶、冬虫夏草、白燕根、野百合、百部等加减，此方用之良效，病家多信仰之。叶老治疗饮病挟感之证，亦常用小青龙汤随病情变化加减。如对饮病挟感而表寒甚者，营卫失和，形寒肢冷显著，常取桂枝而不用麻黄；若寒邪闭肺，咳逆，痰不易咳出者，则用麻黄而不用桂枝。二药虽同为辛温解表之品，但桂枝长于解肌散邪，麻黄擅长宣肺散寒，二者同中有异，当根据病情用药。方中干姜、细辛、五味子可散寒化饮，敛肺平喘，叶老临证，常根据咳、痰、喘三者的轻重酌情用药。若咳逆但咳痰不畅者，重用干姜、细辛以温散，少用五味子酸收；若气逆较甚，咳嗽咳痰不多者，则重用五味子之收敛，少用干姜、细辛之辛散。在治疗痰饮上，叶老还十分重视未病先防，对于合适体质的患者，在入冬蛰藏之令拟用大剂肾气丸、右归丸、六君子汤、小青龙汤合化之膏方，资肾健脾，助阳化饮，减少饮病发作。

据《余杭县志》记载，时有患者俞有年，患有五更泄泻，困顿日久，先就治于桐乡名医金子久，金用补火益土之剂，不应，听闻良渚莫尚古医名，辗转就诊，莫尚古改用苁蓉、麻仁等润滑之品，取"通因通用"之治疗法则，服三剂而愈。金叹曰："莫先生吾不及也。"金子久并非默默无名乡下郎中，《桐乡县志》有载："金子久在大麻行医三十余年，其间，又去沪杭定期施诊，轮值之日，慕名求治者纷至沓来。一时大江南北争相延聘，踪迹所至，北抵齐燕，南及闽粤。曾为皖督倪嗣冲、浙督朱介人治病。经子久之手而获康复者极众。子久博览群书，兼取众长，尤重叶天士《临证指南医案》和喻嘉言《寓意草》，并能自出机杼，自成流派。精内科，善治温热时病和疑难杂症，其判断预后，每多奇中。慕名求教者遍及江、浙、冀、皖、鄂、粤等省，弟子先后达一百七八十人，大多学有所成，各负盛名于一方。"能让医名远播的金子久自愧不如，足见莫尚古医术之高明。而莫尚古也因此一时间名声传遍两浙、杭嘉湖三郡，执贽求于其门下学医者不计其数。叶熙春便为其一。不可否认，后来叶熙春成为一代名医，领他入门的莫师有很大的功劳。

叶熙春天资聪慧，加之勤奋好学，入师门后苦研《黄帝内经》《伤寒论》等中医学经典，又喜欢探究古人秘方，中医专业知识不断得到丰富，3年后尽得莫师所传，师满时已能在临床上独立诊断用药了。

然而莫尚古先生见叶熙春既聪颖过人，又勤奋好学，深觉此人前途不可限量，日后必定青出于蓝而胜于蓝，唯恐"教会徒弟饿煞师傅"，因此当初在勉强收下这个徒弟时，就对叶熙春立下一条只针对其一人的独特门规：满师后不准在良渚方圆20里之内开业，只能到较远的地方挂牌行医，而且满师后还要尽义务帮师3年。虽然这一规定延迟了他日后独立行医的时间，但他自觉中医博大精深，自己所学只是沧海一粟，若日后远去他处行医，起初必定门可罗雀，倒不如在老师这里多见些疑难杂症，丰富理论和临床实践知识，因此他把这3年当作是继续学习莫师临证经验的绝好机会。此外，莫师将所学所知所悟悉数授予他，帮师也是情理之中。由此可见叶熙春的敦厚人品及好学之心。

所幸莫尚古先生尚有一颗爱才之心，虽然有所顾虑，但还是对叶熙春倾囊相授。《灵枢·官能》曰："得其人乃言，非其人勿传。"《素问·气交变大论》曰："得其人不教，是谓失道；传非其人，慢泄天宝。"优秀的老师遇上出色的学生，中医治病救人之道便得到了更好的传承。

## 第二节　破例侍诊姚梦兰

前文说到叶熙春初入莫尚古师门便显现出过人的聪明才智，悟性极高，偏又勤奋好学，当时他的师祖姚梦兰尚健在，对他十分喜爱，常对叶熙春予以教诲和指点，并嘱咐传承其医道的次子姚耕山也要对这个师侄多加关照指教。

## 第二章 名师指引

《余杭区科学技术志》中记载：姚梦兰（1827~1897年），名仁，号梦兰，晚清名医，系清代仁和儒生。世居永泰乡钱家土斗（今獐山镇）。以儒攻医。中年病瘵垂死，瓶窑镇回龙庵老僧（名佚），招之寺中，授以气功，夜则相对静坐，年余病愈。遂悉心钻研医学，40岁以后医名大噪，远近求请者百余人，临证擅治温热，精内、妇、儿诸科；平时又乐善好施，贫病者求治，不收分文，其德行医术为世人传颂，因此在杭、嘉、湖一带享有盛誉，为当时"浙江四大名医"之一。相传姚梦兰先生逝世后，数十里内乡人都赶来哭泣送灵。后来人们把他的墓地惯称为"要命来地"，意思是姚梦兰先生把患者的性命要回来，足见乡人对这位名中医的无比崇敬。

姚梦兰所创的姚氏中医内科是杭嘉湖一带重要的中医流派之一，在浙北、上海及苏南一带有较大影响，是浙江省人民政府2009年6月浙政发〔2009〕35号文件公布的第三批浙江省非物质文化遗产名录项目。姚派传承迄今已五代，目前已知传人150余人，连同与之"一脉双峰"的野茅山分支，不下200人。历代名医辈出，如沪杭名医叶熙春，浙江名医姚耕山、莫尚古、马幼眉，杭州名医史沛棠，嘉兴名医潘韵泉等。姚派运用传统医药"四诊合参""辨证论治"等基本原则，以温病学说为基础，秉承叶天士理论，又博采众长熔于一炉，形成自己的特色。如主张祛邪为先；以胃为本，注重后天调摄；用药主张轻清等。姚梦兰独有的"香炉烛台"型处方书写格式颇带传奇色彩，成为姚派的特征。历代传人宗其温病主旨，又代有发展，其中第三代、第四代达到鼎盛，影响扩至省内外。

姚梦兰为温病四大家之一叶天士的学生华岫云的第五代门生，临证又擅治温病，因此叶熙春早年临证，所治温病最多，此与姚梦兰亲授有极大关系。故追溯叶熙春的学术思想渊源，可上溯至一代名医叶天士。

叶桂（1666~1745年），字天士，号香岩，江苏吴县（今虎丘区）人，因擅长诊治温病而闻名遐迩，是清代温病四大家之一。叶天士系统总结和阐述了外感温病之论，提出"温邪上受，首先犯肺，逆传心包"的温病十二字提纲，倡导温病卫气营血辨证之说，并将其与三焦辨证理论相结合，发展温热病辨治理论。叶天士不仅精于外感之治，亦精通内、妇、儿等杂病的诊治，善于化裁古方，扩大古方用途。因深受李东垣脾胃学说的影响，在补脾升阳之说基础上，叶天士提出"胃喜润恶燥"之说及脾胃分治的主张，重视胃阴的作用，倡导以甘平或甘凉濡润为主的濡养胃阴之法，喜用沙参、麦冬、扁豆、山药、粳米、甘草之类。关于络病，叶天士认为新病久病皆可入络，倡导独具特色的柔润养营通络法和虫蚁搜剔通络法。以上学术思想在叶熙春临证医案中均有所体现，后面再作详细论述。

**附　姚梦兰医案赏析**

案一：杭州，诸左（古时医案，因保护病家隐私，常以左代男，以右代女），62岁。

花甲气分自衰，温邪袭于肺胃，化热酿痰，气逆头汗，脉息细而无力，舌黄燥以欠滋，业已七朝，津液为热所劫，年岁六旬，颇有喘脱之忧，聊书数语，勉拟一方。

处方：吉林参须（另炖）、杏仁、戈制半夏（另冲）、橘红（白毛）、旋覆花（绵色）、前胡（盐水炒）、瓦楞子（杵）、象贝、瓜蒌衣、苏子（炒研）、茯苓、茯神（各半）、连翘、鲜扁石斛、活竹沥（姜汁少许和）。

案二：筱林，凌左，咯血后阴虚火亢，心营失守，肝少藏魂，夜寐少寐不宁，营卫两怯，客邪易受，肺失清肃，咳嗽少痰，喉燥咽干，脉弦，再以潜肝育阴补清肺法。

处方：根生地、茯神、夜交藤、川贝、丹皮、甘菊炭、知母、女贞子、粉沙参、杏仁、金瓜蒌、川石斛、黑山栀、冬桑叶。

上录为晚清名医姚梦兰先生之医案，两案均属肺病，为温邪犯肺。然起病来路不同，一为虚劳内伤，诸案系太阴温病。患者本已花甲之年，气分已衰，不堪温热重症一周之刦伐，诊时病势因年老病重，而现"脉息细而无力""颇有喘脱之忧"的正虚病机。二为"温邪袭于肺胃，化热酿痰，气逆头汗，舌黄燥以欠滋，津液为热所劫"，温邪犯肺，津液已伤的病机。正虚邪甚，治颇棘手，扶正则易碍邪，祛邪则易伤正。如此重病在当今条件下，尚属难治之症。然姚梦兰先生精于叶天士医道，在乎识证、立法、用方的三大关键，辨证洞悉病机，立法遣药，丝丝入扣，可谓独具匠心。气逆头汗，脉微无力，似将脱矣。急宜固气，因温邪入肺，只宜吉林参须轻补之。人参须有大补元气、益气生津止渴的功用，可治咳嗽、吐血、口渴等症。但辽产偏清，高丽产偏温，当分别选用，方不贻误。吉林参须治温热痰证兼扶元气，为姚梦兰先生所习用，喘而痰多以二陈汤、戈制半夏降逆最要，其化饮除痰平喘之功远非他药所及。白毛橘红化痰而不燥；研炒苏子有饮者加之。因有温邪、舌苔黄燥加鲜扁石斛。清热用连翘，降肺而疏表用盐水炒前胡，松痰加瓜蒌皮。因饮而痰结入络加绵色旋覆花。因火而痰结于络用活竹沥，恐其性寒太甚而和姜汁，扶正祛邪，分寸谨严，病机之温邪兼顾，选药之寒

10

## 第二章 名师指引

热适度，非医林高手，焉能及此。

凌案为虚劳失血之后，阴分亏损，虚火内生，心肝阴虚则神魂不守，而致寐不安宁。肺阴虚则清肃失司，故咳嗽少痰，虚火上升则喉燥咽干，脉弦则肝火未清。论证透彻，周匝无遗。方用根生地、粉沙参、女贞子、川石斛养肾、肺、肝、胃之阴，以丹皮、黑山栀、知母、甘菊炭清火，川贝、杏仁止咳，茯神、夜交藤安神，全方治肝重于治肺者，因木能生火刑金，强金则能制木火亢害的病机，实在是明了仲景"知肝传脾，当先实脾""未病先防，既病防变"之要妙，以清金保肺为原则，本方正合此旨。本案属血后余波，若调理失当，必后患无穷。姚梦兰先生为临床医学大家，声蜚江浙，擅治温病、虚劳，精于辨证。杂病重脉，时病重舌，用药轻灵见长，出奇制胜。医案用四六句，文句华丽，惜其遗墨散佚，传世甚少。

姚梦兰先生处方"香炉烛台型"的传说：晚清名医姚梦兰，涉足医林50年，精内科，宗仲景，法金元，崇天士尤对湿温时症颇多创见。用药偏于轻清，主张邪去则正安，自成一系。姚梦兰先生的处方除医案外，处方的药名以字数三二三或二三二格式书写。三味一组排列，呈镶嵌型，谓之"香炉烛台型"，使人一睹便知其特征。

相传香炉烛台型的书写格式是有由来的。有闻言先生以前有一次薄暮出诊，遇喉疾，用剧药。回家细细推敲，唯恐有失，忐忑不安，披卷于纯阳祖师像前，重读该药有关注意事项。倦眼蒙眬，倚几成寐。俟见纯阳祖师屈四指，伸其六，长揖而退。遂而惊醒，推测梦意，伸其六指乃大毒治病，十去其六，不可过剂之意，长揖而退者，意示向先生致谢也。正合《素问·五常政大论》所云："大毒治病，十去其六；常毒治病，十去其七；小毒治病，十去其八；无毒治病，十去其九。谷肉果菜，食养尽之。无使过之，伤其正也。不尽，行复如法。"此时虽夜深人静，尤为惦病心切，乃再赴病家，见已转机，嘱不尽其剂。第二天清晨病况便减大半，不数日竟痊愈。先生有所思而有所梦，借托神示，告诫后人，用药必须慎思明辨。特以处方用香炉烛台型格式，以志纪念。从此，姚梦兰先生一系处方特征世代相传。

其实香炉烛台型方药，与《黄帝内经》所言"君臣佐使"相为契合，《素问·至真要大论》云："方制君臣，何谓也。岐伯曰：主病之谓君，佐君之谓臣，应臣之谓使，非上下三品之谓也。帝曰：三品何谓？岐伯曰：所以明善恶之殊贯也。帝曰：善。病之中外何如？岐伯曰：调气之方，必别阴阳，定其中外，各守其乡，内者内治，外者外治，微者调之，其次平之，盛者夺之，汗之下之，寒热温凉衰之以属，随其攸利，谨道如法，万举万全，气血正平，长有天命。"故而一张中医处方中药物的上下排列组合，谁者头阵，谁者掠阵，药药如兵，兵兵如手足，指挥如意，如此足显此医者立法遣方之功底。

## 第三节　年少好学诵经典

除了从医术高超的姚梦兰、莫尚古、姚耕山等名家前辈那里观摩学习外，叶熙春还十分重视在中医古籍中学习医理医术。

常言道：中医药要练"童子功"。而"童子功"就是要趁年轻多读多记多背。《医宗金鉴·凡例》中说："医者，书不熟则理不明，理不明则识不精。临证游移，漫无定见，药证不合，难以奏效。"书中提出"背"是为了书熟，书熟是为了明理，明理是为了识清，识清是为了临床辨证。南宋朱熹曾有名言"问渠哪得清如许，为有源头活水来"，而中医经典著作正是中医学的源头，诵读熟背中医经典是学好中医的第一步。对中医经典的研读，先贤诸家亦非常重视。唐代王冰将经典视为"标格"，其在《素问悬解》中记载："标格亦资于诂训，未尝有行不由径，出不由户者也。然刻意研精，探微索隐，或识契真要，则目牛无全。故动则有成，犹鬼神幽赞，而命世奇杰，时时间出焉。"

叶熙春亦不例外，年少时的他，趁着自己记忆力好，勤奋刻苦，常常挑灯夜读，鸡鸣时辰起床，广步于庭，拿着《药性赋》《汤头歌诀》《黄帝内经》等书籍，做到用心读、用脑记。面对自己不理解的字句，常向姚师、莫师请教，或借助于其他注释书籍，做到深入理解。若有些问题还不能理解，叶熙春就反复诵读，一遍不行就两遍，两遍不行就三遍，毕竟"书读百遍其义自见"。正是少时努力付出，常埋头于诵读中医经典，才有叶熙春后来高超的医术，临证时，"阴平阳秘，精神乃治""夫病痰饮者，当以温药和之""五脏者，藏精气而不泻也；六腑者，传化物而不藏"之类的经典名句常能脱口而出，倒背如流。

若想要提高临床疗效和临证施治水平，光靠诵读记背往往是不够的，还必须要深入理解，这就需要掌握一定的学习方法。其一，研读原籍，参考各家注释。在研读《黄帝内经》时，叶熙春常借助王冰的注释本，参考马莳、吴崑、张志聪等各家注解，帮助自己全面理解内经原文。如"阴阳者，血气之男女也；左右者，阴阳之道路也；水火者，阴阳之征兆也"这一经文，初看似乎难以理解，但叶熙春在参考各家注释后认为，第一句是指属性而言，第二句是指方位而言，第三句是指现象而言，三句均以比喻形式来阐述阴阳。其二，边读边思考，认真做好批注。批注是指阅读过程中在文中空白处对文章进行批评和注解，以帮助自己掌握书中的内容。批注式的阅读是叶熙春非常喜欢的一种学习方法，在其阅读研习经典书籍的过程中，常喜欢在书本上用朱色笔做出相应眉批，在其遗留的《温病条辨》中可见诸多类似印记。

除了诵读四大经典外，叶熙春还兼顾诸家之学说，旁及金元四大家之书籍，取各家之所长。如李东垣的脾胃学说，叶熙春临床上治疗虚劳，必以鼓动胃气为首务，他指出"虚劳之源在于肾，其本在于胃。水吞腐熟不化精微气血，日久必虚。故胃气不振，治疗虚损诸证皆无从着手"。此外，叶熙春对叶天士、薛生白、吴鞠通、王孟英等为代表的温病学派的学术思想颇有研究，又因受到太夫子姚梦兰影响，叶老对温热证治深有造诣。他曾说："治湿温用药最宜细仔，热重者宜用苦泄，但过用苦寒则热易化燥；湿重者宜用芳化，但过于香燥须防湿以化热。用药最宜法中有变，变中有法。"

正是在这样的努力下，叶熙春的中医理论知识随之而愈加扎实，为日后悬壶济世打下了扎实的基础，也为自己的学术观点提供了理论渊源。因此，后人在综述其学术渊源时指出，其学术思想"扎根于《灵枢》《素问》等经典古籍，治杂病遵奉《金匮要略》，又得力于金元四大家，特别是李东垣学说；治外感证既贯穿《伤寒论》的辨证原则，又宗温热学派之法；对各家学说能兼收并蓄，且能吸收现代医学的诊断技术和治疗思想，取人之长，补己之不足。故能自出机杼，别具一格，形成独特的辨证论治体系，于临床取得卓越的疗效"。

## 第四节　研读国学益国医

中国传统文化历史悠久、博大精深，在漫漫的历史长河中，它深深地影响着中国社会的各方各面。伴随着先秦诸子百家争鸣而来的精气、阴阳、五行学说等哲学理论，逐渐渗透到中医学领域，对中医学理论体系的形成产生了重要的影响。因此，中医文化是中国传统文化的重要组成部分，充分体现了中华优秀传统文化的核心价值观念和思维方式，吸收了儒家、道家乃至佛家等各家文化的智慧。如儒家文化所倡导的"中庸之道"，指出了凡事必须有个"度"，即所谓的"致中和"思想。中医学认为，人体的气血阴阳是在不停地运动中保持相对的平衡中和状态，只有保持这种相对平衡的状态，人体才能健康，正如《素问·生气通天论》所言"阴平阳秘，精神乃治"。在治疗原则方面，中医亦强调"谨察阴阳所在而调之，以平为期"，诸多中医理论无不体现着儒家所倡导的"中和"思想。

也许，正是因为中医学的产生与中国传统文化有着密不可分的关系，那些无缘跨上仕途的穷秀才们，才会为了谋生转而学医，他们往往能够很快入门，并成为不错的医生，所以民间有"秀才学医，笼中捉鸡""秀才学大夫，只需一上午"之类的说法。元代著名医家朱丹溪亦是如此，少年时期的他为入仕而积极钻研儒家经典，却不幸科举落败，年近四十的他立志习医，"朝夕钻研，缺其所可疑，通其所可通"，而终成一代医宗，以"阴常不足，阳常有余"的理论而闻名遐迩。

叶熙春在刻苦钻研医术的过程中，也非常重视国学等传统文化知识的学习。虽然，叶熙春年少时读过几年的私塾，但他深知自己的国学古文功底基础并不够深厚，研读中医经典古籍略感吃力，于是在仓前镇先贤章太炎先生"不通国学，无益国医"的警示下，向诸多先贤前辈请教学习。

当时余杭镇上有一位当地著名的书法家，名为蔡叔平（1875～1940年），写得一手漂亮的毛笔字，又饱学宿儒，国学根基深厚，深受当地人民敬重，在家中开设私塾，收徒授课。蔡先生喜欢探究中医学术理论，而当时叶熙春已在余杭木香弄挂牌行医并小有名气，蔡先生便常至木香弄找叶熙春讨教；长久以来叶熙春深觉自己的国学古文功底不够深厚，毛笔字亦有待提高，二人一见如故，相谈甚欢，于是彼此取长补短，互相教学。从我们日后收集到的叶熙春的处方手迹上可以看到，叶熙春的字迹工整，线条流畅，自然连贯，整张处方清晰可辨，为后人分析叶熙春的病案，总结学术经验提供了第一手资料。

有一次，叶熙春因为雨夜出诊，从山崖跌伤，无奈只能卧床休息，他便利用这难得的空闲时间，刻苦学习国学古文，足见他对国学之重视。国学与国医互通，正是由于叶熙春刻苦钻研经籍，他的医理文采日渐精进，青出于蓝而胜于蓝，学识名誉已超过姚、莫二人。

研读国学不仅提高了叶熙春的文学素养，也进一步成就了他崇高的医者品质。叶熙春行医时，若遇到孤苦贫患者，常常义务施诊、免费施药。他常对其弟子说："行医之道贵正直，最恶投机取巧，敷衍塞责。处方不可投患者之所好,不可乱开贵重药。"足见他作为一名医者的仁心。而在上海面对那些自恃有权势而居高临下者时,他又敢于拂袖扬长而去,并留下"尔自富豪有钱势,我自行医有自由,若要卑躬侍候,尊驾另请高明"的四句小诗。一个不卑不亢的医者形象跃然纸上。

当初章太炎积极开展国学教育,其主要目的就是提高国人的民族自豪感和爱国主义情怀,叶熙春也受了很大的影响。"九·一八"事变后,日寇大肆侵华,民族危机日益加重,叶熙春偶然看见一张照片,其上有一个幼儿正抱着大西瓜啼哭,叶老触景生情,提笔在旁边写道:"小弟弟,因何哭,只恐瓜分要亡国。小弟弟,休啼哭,快快长大救祖国!"寥寥几句,便将爱国忧国之情表现得淋漓尽致。

叶老不仅热爱国学,也热爱中国其他传统文化,对京剧、昆曲、评弹等更是钟爱有加。闲暇之余,喜欢听传统曲艺陶冶情操。在上海行医的20年时间里,叶老常常去观看盖叫天(20世纪50~60年代一位著名的京剧武生泰斗、表演艺术家)在上海的精彩表演,两人关系非常亲密,常常称兄道弟,更是都喜欢听曲艺说书,是苏州评弹的忠实粉丝。后来回到杭州后,每遇有上海、苏州的著名评弹艺人来杭表演时,两人常不约而同来到杭州闹市区的三元书场或大华书场享受评弹的熏陶,并常常能哼出几段小曲。

深入学习祖国的传统文化,使叶熙春成为一个既有高超医术,又有崇高品质的人,声名远播,前来求诊的患者与日俱增。

# 第三章

# 声名鹊起

叶熙春自1897年跟随莫尚古习医，学成后又义务帮诊3年，其间经家庭包办已娶妻成家，但不幸的是，其父母先后亡故，又因为跟莫氏"满师后不准在良渚方圆20里之内开业，只能去别处挂牌行医"的约定，因此1903年他师满艺精时，便成了一个无家可归，也无亲友可以依靠的落魄郎中。空有一身本领，却无安身立命之处，正在他一筹莫展之际，同门胡念祖伸出援手，介绍他到自己的家乡余杭镇去开业行医。

## 第一节  开业行医在余杭

本文所提及的余杭是杭州市余杭区下属的余杭镇，是个有着2000多年历史的古老城镇。自秦王嬴政25年（公元前222年）建县，即为余杭县县城。余杭镇位于浙江北部，距离杭州城西北部约26公里处的南苕溪畔，西倚天目山脉，东连杭嘉湖平原，河网交错、群山翠绿、物产丰富，历来被誉为"文化之邦、丝绸之路、鱼米之乡"等。兼有山水之利的余杭，山皆宜林，地皆宜耕，有资源丰富的山货土产，包括毛竹、竹笋、笋干、柴炭、木材等在内的竹木产品，当地还盛产茎干细直的小竹，又名苦竹，是制作毛笔杆的特产，其中尤其是以径山茶为代表的茶叶，远近闻名，相传茶圣陆羽便是在这径山，煮茶论道，还有蚕桑产品的清水丝绵、土丝等更是闻名遐迩。

南苕溪自天目东来，穿越镇境而后北折流入平原。每当汛期，上游山高流密，落差大，流速快；镇西中游河道浅窄，溪洪极易暴涨；而镇东下游地势平缓，宣泄不及，常常溃堤决岸，泛滥成灾，危及杭嘉湖平原。故历朝"余杭之人视水如寇盗，堤防如城郭，旁郡视余杭为捍蔽，如精兵所聚控扼

## 第三章 声名鹊起

之地也"。相传大禹治水时曾在镇内的舟枕山弃船登陆踏勘水情,"夏禹东去舍舟航登陆"而因得名禹航,又名余杭。

为治理水患,古人引南苕溪之水开挖的南渠河系横贯城区,出东门桥而成为余杭塘河的始段,此便是著名的京杭大运河南端之一。南苕溪是古水驿,和镇南的南渠河均为古时漕运航道,也是山区与平原商运的重要渠道,史称"余杭有海陆之饶""山处水行,以舟为车,以楫为马,商贾并凑,五方杂处"。浙西甚至皖南地区的山货都是从苕溪水运汇集镇上,再转运至杭嘉湖平原甚至上海、苏南等地。由于来自浙北皖南的客商把运来的山货在这里脱手出售后,即在镇上采购生活用品带回山区,加之此处又是县治所在地,所以自古以来,镇上商贸、手工业和运输业等都很兴旺,行人摩肩接踵、熙熙攘攘,运输的车船首尾相接,水道不得通泄,市面相当繁荣。

同时,余杭镇还有丰厚的历史文化积淀,2000多年的县治地位,使之成为全县政治、经济、文化中心。"南朝四百八十寺,多少楼台烟雨中"。其北有佛教禅宗五山十刹之首的径山寺,南有道教三十六洞天之一的洞霄宫,北和东北有良渚文化遗址,东有近代国学大师章太炎在仓前的故居,说起章太炎,其人也精通医学,著有《霍乱论》《章太炎医论》。曾有人问章太炎:"先生的学问是经学第一,还是史学第一。"他答道:"实不相瞒,我是医学第一。"章太炎也说过:"我的学问不是经学第一,也不是史学第一,而是医学第一。"至于历代的文人名士,或在余杭本地出生,或在这里定居,或留下过许多游览吟咏余杭山水的诗篇,更是不胜枚举。

如其中历史上有一位伤寒大家,名为陶华,他便是余杭人。陶华(1369~1463年),字尚文,号节庵,余杭县人,对汉代张仲景《伤寒论》颇有创见。陶华深究脉理,治病寻源,随证立方,不拘成方,屡有奇效,悬壶杭州,治伤寒证,常一剂即愈,名著一时,人称陶一帖。下面有两则医案可窥见其医术一斑:曾有一女隆冬昏闷,不饮不食,神情狂躁,诸医莫测其症,经陶华诊断为严冬中暑,使服"香薷饮"即愈。又一人因食羊肉后涉水,痞结于胸,门人治之不愈,陶华令食砒一钱,一吐即愈。"陶氏柴葛解肌汤,邪在三阳热势张",其自制的方剂也得流传至今,陶华不仅医术高明,且著书丰富,有《伤寒琐言》《伤寒家秘的本》《伤寒杀车捶法》《伤寒一提金》《伤寒证脉药截江网》《伤寒明理续论》《伤寒全书》《伤寒治例点金》《伤寒直格标本论》《伤寒全生集》等,此外又著有《痈疽神秘验方》《陶节庵心髓》等,可惜部分遗落,未见传本。

正是在这个山好水好，历史文化底蕴深厚的地方，叶熙春开始了他的行医生涯。在1903年的某一天，初出茅庐的叶熙春带着他的妻子踏上了余杭这片土地。虽然人生地不熟，前途也是未知数，叶熙春心中难免忐忑不安，但总归找到了去处，正所谓"车到山前必有路，船到桥头自然直"。在同门胡念祖的帮助下，叶熙春一家暂时寄居在胡氏家中。因为刚满师就出来行医，初来乍到也没有什么名声，叶熙春便在镇上的中药店里先做拆账分成的坐堂郎中。"酒香不怕巷子深""是金子总会发光的"，叶熙春凭借着自己一手过硬的医术和热情帮助患者的良好医德医风，渐渐有了名声，前来请他诊治的患者也逐渐多了起来，经济收益也在不断增多，随即辞谢搬出了胡家，先在镇上赁屋而居，后于1907年在木香弄内买下住宅，并挂牌开设了诊所，可惜这所老居因余杭当地旧城改造而不见往昔。经过二十多年的奋斗，叶熙春终于从一个初出师门、默默无名的年轻郎中，成长为不仅在余杭当地，而且在省城杭州的四周乡城都有些声誉的名医，甚至被某些病家誉为"叶半仙"。

## 第二节 技精羽丰医名噪

《大医精诚》有云："故医方卜筮，艺能之难精者也。既非神授，何以得其幽微？"不禁让人感慨，医学这么难以精通的东西，叶熙春能在这20余年的时间里，从一个医林小徒到被尊称为"半仙"，绝非他有。叶熙春在余杭镇行医期间所收的学生缪东垣曾说过："总结先生之所以能成为名医的原因，除了天资聪敏，比常人有更高的悟性之外，最重要的原因是他热爱中医事业，愿为解除天下苍生的病痛而奉献终生，为此他始终虚心好学，不但刻苦钻研中医古籍中前人千百年来总结的医理医术和验方，更虚怀若谷，认真向师长、同行以及所有能帮助他增进中医学识的人们虚心求教学习。"

余杭是一块人杰地灵的宝地，经济繁荣文化昌明。中医发展源远流长，历代名医辈出。叶熙春到余杭独立行医后，深谙学无止境的道理，自知学艺尚不精，初期患者也不多，业务清淡，闲暇时间相对较多，他不会待在药店的医柜旁坐等患者上门，或是埋头苦读医书，研究验方，而是抓紧一切时间和机会，到附近的同行那里寻师访贤，讨教切磋，增广见闻。此举大约是效仿叶天士，叶天士先后从师17人，汲取众家之长，终成一代中医名家。

## 第三章 声名鹊起

余杭东面的仓前镇上有位名医葛载初（1839～1909年），《余杭镇志》中记载，葛氏系晋代葛洪的后裔，"求治之舟如蚁麇集，港为之塞"。当时余杭城防森严，入夜即关城门，无关防不得进出，而葛氏夜间出诊，仅凭葛氏灯笼即可通行无阻，时人传称："葛氏灯笼，杭嘉湖三府逢关直通。"足见葛氏医名之盛。文献称其"精脉理，善治杂病，诊脉、察舌、望神，即能详病因及症状，病家视之为神"。这位葛先生不但医术精湛，而且医德高尚。仓前镇有一乡里习俗，求医的诊金多以红纸包铜钿，多少不等，不拆封即放入，月终进行盘点。有的贫穷患者的红纸包内并非铜钿，而是一节甘蔗梢头，葛先生得悉后也仅一笑了之，从不计较。有人做了一副对联称颂他说："甘蔗梢头胜红包，不嫌其薄；葛氏灯笼犹关防，医林望重。"年轻的叶熙春听闻这样一位德艺双馨的前辈医家，便经常到葛先生诊所观摩学习。葛先生见了他几次后已有些面熟，后来又得知他是余杭镇上的一个坐堂郎中，见他态度恭敬虔诚，对他并无恶感，反而有几分喜欢，也就由得他侍立一旁。旁人见他只是恭恭敬敬地站在一边，不声不响，实则他在仔细观察聆听，看葛先生如何按照中医"望、问、闻、切"四诊来获取客观的症状信息，诊断病名并推断病情，又如何按中医"阴阳、寒热、虚实、表里"八纲，通过理法方药层层推进来对症下药。他将所见所闻——记下，回去后结合自己的行医实践进行对照，发现自己的不足之处，随即予以改进，举一反三，融会贯通。不知不觉间他已深得葛先生医术的真髓。某次葛先生给一个来自余杭镇的湿温重症患者诊断完后，提笔处方，在审查药方时，似乎觉得还缺少一味药，正在寻忖揣度"君臣佐使"之际，叶熙春在一旁建议道再加上某味药材是否更为妥善。葛先生听后觉得正合其意，非但不觉得在患者面前失了颜面，反而抚掌大悦，依叶熙春所说在原方上加了这一味药，并指着叶熙春对那位病家说："这个年轻的余杭郎中，已经不声不响地把我的医术真谛都学到手了，你下次复诊，就不必再老远赶到我这里来，只管就近去找他诊治好了，我可以保证，找他看病的效果和找我是一样的！"受到前辈的如此肯定，感激之情自不用说，叶熙春更下定决心，继续走好从医这条路。

虽未拜过葛载初为师，但叶熙春始终抱着"三人行必有我师"、达者为先、谦逊好学的态度，不但从葛先生那里学习了精湛的医术，而且传承了葛先生的高尚医德医风。对待其他有长处的医家，叶熙春也都是这般虚心求教。有着如此锲而不舍的精神，何愁医学理论、技术不精进呢？

叶熙春在余杭立足后，在木香弄里买下了一幢住房，并在此开设了私人诊所正式挂牌行医。说起这木香弄，可是余杭镇有名的一条小弄堂。一条长不过200余米的木香弄就有中医医寓11家。除叶熙春外，内科有单懋清、姚益华、洪凤林、蔡敬斋，外科有陈鸿甫、祝步康，眼科有许儒明，儿科有吴彩扬，以及竹筒膏女医戴章氏。由于他们医术高明，可以决人生死，镇上人戏称"上下木香弄，十殿阎罗王，一个孟婆娘娘"。各个医家常在这条弄堂里切磋交流，遇上疑难杂症，大家还会组织会诊探讨，叶熙春就是在这种交流探讨的氛围中，医术得到了进一步提升。

除了从古医籍经典和同行师友处学习丰富的中医理论知识与临床诊治经验外，叶熙春还非常注重向各行各业的能人请教。中医学理论体系的形成本就受到中国古代哲学、天文学、气象学、地理学、物候学、农学、生物学、矿物学、植物学、军事学等多方面的影响。先人将早期零散的、流传于民间的医学经验，经过长期的反复实践，后逐步形成并发展为中医学理论体系。因此中医学理论体系的形成与古代人们长期的生产、生活及医疗实践经验的积累密切相关。如"神农尝百草，一日而遇七十毒"，便是通过实践总结药物的特性，指导后人用药。到了近代，民间仍有许多奇方、验方在流传，常有人凭一张"祖传"秘方医名远播，叶熙春对这些人并不会嗤之以鼻，反而只要听说某人对治疗某种疾病有独到疗效的本领，不管对方是什么身份，从名士宿儒、僧尼道士，到游走四方的江湖郎中，以至樵夫渔夫、商贩劳工，他都会虚心诚恳地不耻下问、聆听讨教。如有所得，就立即把各种民间单方、验方记载下来，大胆而又十分谨慎地试之于临床实践，可谓深得"胆大心细，智圆行方"的个中三昧。每当遇到用常规药物不能奏效的疑难病症，他就会对患者说："我告诉你一个民间单方，反正用别的药都治不好，你不妨用来试试看，不管灵不灵，你定要把用后的效果以及姓名、地址、症状等都如实告诉我。如若不灵，我今后使用定当加倍小心谨慎；如果确有疗效，我就会更加放心大胆地推广使用这则单方。"虽然有些验方、单方看起来十分离谱，但临床实践多能证明其疗效，有些甚至有现代科学依据。例如，余杭镇上有位乡亲，患了"流火"，小腿红肿发亮。在当时的医疗条件下，药物难治，患者十分痛苦，前来请叶熙春会诊，询问能否解毒消肿止痛。叶熙春回复说："我告诉你一个单方，用时会很疼痛，但不能用麻醉药止痛，如果你不怕痛的话，不妨试试看。其法是取一株鲜活的仙人掌，剖开后覆盖在腿部肿胀处，再用布条包扎，过几天就可缓解肿痛甚至康复。"患者回去后遵嘱敷用，果然解毒消肿止痛，后来竟然奇迹般地治愈了。现代研究证明仙人掌外敷治疗流行性腮腺炎、静脉炎等确有疗效。也有现代药理研究表明，仙人掌有抑制炎症反应、减轻水肿等作用。另外还有一些看似荒诞不经、匪夷所思的验方、单方，让那些不信中医甚至叫嚷要取缔中医的人看到，可能还会拿来作为他们反对"不科学"的中医的证据，在此便不做论述了。但"实践是检验真理的唯一标准"，在尊重事实、重视实质疗效的人眼中，这也正好印证了叶熙春高明的医术既非上天授予，也不只是师承的中医学术理论和临床经验知识，还包括从民间防治伤病的单方、验方智慧宝库中汲取的丰富营养，深得仲景"勤求古训，博采众方"之训诫。

## 第三节　悬壶济世尽天责

要做一名好的医生，除了要有高超的医术外，还要有好的医德医风。叶熙春从小就心思纯良，后来在莫尚古、姚梦兰等名师身边跟诊，除了学习中医理论和实践知识，学习如何提高诊治技术，为病人解除病痛外，更重要的是明确自己悬壶济世的抱负，学习如何为患者排忧解难，传承前人高尚的医德医风。如孙思邈在《大医精诚》中所言："凡大医治病，必当安神定志，无欲无求，先发大慈恻隐之心，誓愿普救含灵之苦。若有疾厄来求救者，不得问其贵贱贫富，长幼妍媸，怨亲善友，华夷愚智，普同一等，皆如至亲之想。"叶熙春自入了中医这一行开始，自始至终都以这一准则来要求自己。他将自己的诊室命名为"问苍山房"，意为只问苍生也，以治病救人、问心无愧自勉，其高尚的医德可见一斑。

对于前来求诊的患者，叶熙春从来都是随叫随到的，不论昼夜，不管晴天雨天。有一次深夜有病家前来求诊，说是山区有人得了急病，生命危殆，急求叶熙春前去诊治。当时正下着瓢泼大雨，叶熙春不见丝毫犹豫，连夜进山出诊，使患者及时得到了治疗，然而由于雨势太大，山路湿滑，回程时他坐在轿子里跌落崖下，断了脚骨，虽经接骨治疗，却落下一脚跛行的残疾。此后便落下了"禹航叶跷子"这一戏称。叶熙春听闻这一说法，倒不觉愠怒，反觉亲切自豪，他从不为自己当初的决定后悔，因为这是他作为一名医者应尽的责任和义务。

在诊金方面，叶熙春也有自己的处理方式。因为叶熙春幼时接触的乡里都是穷苦百姓，若家中有人生病，常因没钱求医买药耽误了病情，最后甚至丢了性命，因此他深知诊金药费对贫苦人家来说是怎样一笔负担。他自己开设诊所以后，便效仿葛载初老先生的做法，看病不硬性规定诊金多少，任凭病家按照自身经济条件，投送一个红纸包，"全凭心中良心秤"。不论纸包中钱多钱少，哪怕只是放些不值钱琐碎杂物的患者，叶熙春都一视同仁，悉心诊治，从不为穷人付不起诊金而拒绝施诊。有些穷得连药也买不起的患者，他还干脆义诊又赠药，其办法是在药方上盖个特制的印章，患者就可到指定的药铺免费配药，每到月底由药铺凭药方前来向叶熙春结账收钱。每个求诊者所投放的钱多少不等，但当地民风淳朴，红纸包里一个铜钿也没有的毕竟只是极个别的。四乡八邻的人听说余杭有这么一个有慈悲心的医生，纷纷来到叶熙春这里求诊，尤其是那些穷人乡邻。表面上看起来，叶熙春的行医收入反不及行善支出的多，但时间久了以后，慕名上门求诊者越来越多，其中不乏大户人家，那些被医治好的富人家往往会重金酬谢。长久合计起来，叶熙春每天行医的收入不少反多，足以支持他的社会公益事业。此外上门求诊者中因无钱求医而拖成重病的居多，这使他有更多的机会接触大量的危重疑难杂症，增长了他的临床经验，提高了他的诊治技术。"沉疴力拔纵危澜也不惧"，这使叶熙春的医名更得传扬远播，可谓是"德成艺精、德才兼备"了。

## 第四节　十里洋场领风骚

叶熙春虽然在事业上受到了各方的肯定，但在家庭生活上却并不顺心，与原配夫人闻氏常有争吵。闻氏对于他不规定诊金、大发善心的做法十分不满，某日两人又因此事争执了一晚，叶熙春盛怒之下，一时冲动，竟离家出走，来到了上海。这一走，使他的人生经历了一次重大的转折。

鸦片战争以后，西方文化和科学技术及西方医学蜂拥而至，与祖国传统医学发生了激烈的碰撞。这一现象在余杭这些小镇上看得并不清晰，但在上海，从事中医行业的人能明确地感受到中医受到的冲击。叶熙春独闯上海的1929年，正是全国中医事业面临生死存亡之秋的紧急关头。尽管轰动一时的"废止中医案"最后以失败收场，但阻碍中医药发展的各种势力还是在随后的一段时间里不断出现，中医界维护中医的抗争运动一直在曲折进行。

正是在这样的历史背景下，叶熙春赤手空拳、只身一人闯进了大上海，凭着自己精湛的医术和高尚的医德，在最难容中医"土郎中"立足的上海租

## 第三章 声名鹊起

界地，开创了悬壶行医、声名大振的20年新天地。

当时叶熙春到上海其实只是旅居散心，不曾想竟在这里遇到了不少曾在杭嘉湖地区治好的浙江籍同乡患者，叶熙春的医术在他们看来不比上海的名医差，因此在听闻叶熙春来到了上海后，便纷纷借机邀叶熙春为他们患病的亲友诊治。有一位在上海经商的浙江宁波人胡某，其妻子患高热症久久不退，体虚至极，已邀请上海诸多中西医名家诊治，然疗效甚微，已奄奄一息，家人也正在准备后事，甚至连寿衣都已经替其穿上。在同乡蔡同德堂中药店的经理万某的介绍下，叶熙春前往诊治。观其脉症，叶熙春考虑为湿温病，且患者阴血本虚，阳气亦伤，湿热留滞，痰浊交阻，遣方用药时，易顾此失彼，但叶熙春巧用辛开苦降之剂，以黄连温胆汤加味，患者服药一剂，气机得畅，湿热得化，病见起色，高热即降。随后叶熙春再用清补之剂，不久便痊愈了。患者全家甚是感激，胡某对其医术更是钦佩至极，啧啧称赞。胡某在上海工商界交友广泛，他的友人上海某银行行长孙某得了一种怪病，精神异常亢奋，昼夜无片刻安宁，彻夜难眠，请遍全上海的中西名医，均束手无策，只能坐以待毙。在万某、胡某的介绍下，叶熙春来到十分气派的孙府花园大洋房，当时客厅里聚集了许多人，有的是受孙府聘请的私人保健西医医生，有的是前来探望孙某的亲朋好友。众人望着这身穿中式长衫衣裤，走路有些微跛脚而略显"土气"的"乡下郎中"时，纷纷投以极不信任的眼光，怀疑叶熙春的医术能力，都认为他没法治好孙某的怪病。然爱子心切的孙母，只能放手一搏，恳求叶熙春为其子诊脉治病，叶熙春见孙某病情，随即提笔开出一张黄连温胆汤的处方，命人速去药店配药煎煮，趁热给患者喂服，药后患者情绪即有平复。随后孙府送给叶熙春100元银洋的丰厚诊金，并请他明日再来复诊。当叶熙春第二次走进孙府时，客厅里的众人纷纷投以赞服的恭敬目光，老太太和孙某夫人更是满面笑容地迎他上楼，请他为孙某复诊开方，以善后巩固。经过不到一个月的治疗，孙某的怪病已转危为安，身体亦基本康复。正是在一剂汤药起沉疴的影响下，叶熙春在上海中医界和浙江同乡中声名大噪，余杭有位名医在上海且其能够起死回生这一消息不胫而走。在上海谋生的浙江商人，都觉得叶熙春为浙江人争了光，于是，想方设法请叶熙春定居上海，甚至经共同商议给叶熙春在英租界租下了一处住房，购置了高档家具，并雇请了来自嘉兴的年轻姑娘程婷英，专门照顾叶熙春的生活起居。就这样，叶熙春开始了其长达20余年的上海生活，挂牌行医，并将其家人一同接到上海定居。

正如他在余杭行医时一样，他不仅有治病救人的高超医术，更是有悲天悯人的"佛心"，总是全心全意为患者考虑。常言道：中医的疗效，三分靠医生的诊断处方，七分靠正宗道地的中药材。因此，每当叶熙春为患者开出中药处方后，常常介绍他们到胡庆余堂（上海分号）、蔡同德堂、叶种德堂、童涵春堂、雷允上堂等这些老字号的中药店配药，因为这些著名的中药店，都是经过叶熙春亲自考察，确定那里的药材都是道地药材，且品质优良，能保证临床疗效。对于那些贫困患者，叶熙春常常不收取诊金，甚至还资助药费，常让他们前往上述几家可靠的中药店，凭这些药店专门的印章存折取药，每到月底时，亲自掏钱结付。有一次，叶熙春到一户很穷的病家出诊，那住房又小又乱，还散发出一股难闻的气息，患者睡在狭窄矮小的阁楼上，因体虚至极无力下楼，只能请叶熙春爬上阁楼以替患者诊治。因叶熙春一足残跛，在学生的搀扶下，一级一级地爬上阁楼，并不顾患者身上的异味，认真地替患者搭脉诊断病情。当患者的老母哆哆嗦嗦地拿出两角钱诊金，并连声抱歉地说："先生，实在不好意思，我们真是穷得拿不出钱来。"叶熙春和颜悦色地婉拒了病家送上的诊金，并拿出随身携带的免费到指定药店取药的图章在处方上盖印，还掏出两块银洋用手帕包裹着放在桌上，随即出门而去。其类似为患者考虑的情形不胜枚举，因此叶熙春在上海正式挂牌行医后，前来求诊的患者络绎不绝，两三年后竟然已经跻身于"上海十大名医"之列了。

除了给穷人看病行方便，叶熙春与上海的许多上流社会人士也有许多交集。膏方，作为疗虚祛病良剂，历史悠久。膏方组方复杂，所用药材多达数十种，历来是宫廷达官贵人的高端补养方法。上海繁荣富裕，上流社会人士颇多，每当到了冬令时节，这些上流社会人士往往会请叶熙春为他们开一料膏方，调补身体，提高机体功能，正所谓"冬季进补，来年打虎"，且往往疗效可观。年近期颐的江某，家住上海，每至冬季，咳嗽气急，夜间尤甚，夜尿频促，四肢厥冷，叶熙春以潜消阴饮之法，开出一料膏方，到第二年冬令，请叶熙春再次复诊开膏时，得知去岁的一料膏方，已使江某病情基本告愈。叶熙春非常重视膏方的书写格式，他也以身作则，常先写引经旨、述主症、析病机、立职责等脉案内容，后随写药物部分，最后写制药方法与饮食禁忌等内容。膏方所用药味虽多，但叶老认为，必须主次分明，配伍精当，组方严谨，达到"阴阳平衡，整体统一"的特点，以补养为主，兼顾祛邪治病，才能达到扶正祛邪、补虚治病的双重功能，从而真正体现出膏方的治疗特色。

## 第三章 声名鹊起

叶熙春到上海后还是延续了他早年广交贤者能人的习惯，与上海的名医交往甚密，其中不乏留学英、美、德、法等国后回国行医的西医。大家相互交流切磋，充分发挥中西医各自的优势，疗效甚佳。叶熙春对于西医西药从来不是唯恐避之不及的态度，当年他自己得了肺炎，病情拖延日久，险些危及生命，幸亏服用了当时最新的抗生素特效药"配尼西林（即青霉素）"，才药到病除。他感慨道："古老的中医中药固然有自己不可替代的特点和长处，但治疗某些危急病症还是现代西医西药有效，我们当中医的可不能坐井观天、夜郎自大！"叶熙春在此前后数十年时间里，始终坚持中西医相互学习，取长补短，以给患者带去更多的便利。

叶熙春在上海的故事于1948年戛然而止，虽然中间的经历夹杂了不少屈辱和痛苦，但这辉煌的20年在近代中国的医学史上也算是浓墨重彩的一笔了。

## 第五节　为人为官刚正清廉

1948年后返回故里。回家的叶熙春摘牌息业，度过了一段短暂的黎明前的宁静，谋划着自己的新生。新中国成立后，叶熙春目睹了改朝换代后的新气象，亲身感受了党的温暖和信任，当时任浙江省政府主席的谭震林建议他重操旧业，投身到新中国的建设上来的时候，叶熙春百感交集。家人一致说："共产党和人民政府对我们这么好，我们应该响应号召。支持你重新挂牌行医，如果说过去只是谋生吃饭的手段，如今却是增添了以一己之长为人民服务的光荣使命，无论如何也是不能推辞的。"1952年叶熙春联合了杭州毛文达、史沛棠、张硕甫、潘石侯等名中医，集资创办了杭州市中医院的前身广兴联合中医院。如今走入位于环城西路的杭州市中医院，就可以看见一幅巨大的照壁水墨画，记叙了这位医院创始人的学术源流，可追溯至叶天士。

叶熙春既是国医，又通国学，常以小诗述怀。在上海行医时，自恃有权势者，居高临下，出言不逊，叶熙春诊后拂袖而去，留下四句话小条以示教育："尔自富豪有权势，我自行医有自由。若要卑躬侍候，尊驾另请高明。"抗日战争期间，他在孩童捧着西瓜啼哭的照片上题："小弟弟，因何哭，只恐瓜分要亡国。小弟弟，休啼哭，快快长大救祖国。"1954年在余杭触景生情，作诗曰："四边环山独缺东，两塔似笔撑文风，千里一泻无情水，直到江河不再逢。"1961年其80岁生日时作七绝一首："相传末技历沧桑，服务精神未敢忘，六十余年如一日，何惧暴暑与寒霜。"这些小诗足以见其为人刚正不阿、爱国敬业、勇往直前的禀性和情怀。

良相治国，良医治病。新中国成立后，叶熙春明晓大义，克己奉公，德艺双馨，声名卓著，深得党和政府的重视。1955年，由时任国务院总理的周恩来颁发任命状，任命其为浙江省卫生厅副厅长。1954年当选为浙江省第一届人民代表大会代表。1956年出席全国先进生产者代表大会，并当选为主席团成员。其连续三届担任全国人民代表大会代表。叶熙春还担任过农工民主党浙江省委员会副主委和政协浙江省委员会常委。作为一位领导干部，叶熙春更是感到肩负的重任。在其84岁高龄时，依然下乡义诊，不忘乡里，为中西医结合防治流行病疫做贡献。"中西法冶一炉新，日夕辛苦为人民，江浙农村行一遍，家家争颂叶熙春"。前全国人大常委会副委员长黄炎培就是这样评价叶熙春的。叶熙春最后一位学生李学铭曾写过一篇《忆恩师》的文章，文中写到了老师如何把他这块"茅山石头，雕琢成器"的细腻，写到了老师如何救他爱人，救他一家，写到了老师对他的唯一次训斥、唯一一次表扬和最后一次与老师孤独和无声的告别。读到情深处，令人唏嘘不已，潸然泪下。叶熙春的为官、为人、为师、为医跃然纸上，栩栩如生。

# 第四章

# 高超医术

## 第一节 因势利导伏温病

### 一、辨证明晰，合伤寒、温病于一炉

辨证论治是中医认识疾病和治疗疾病的基本原则，温热时病，其治疗之难，不仅难于用药，更难于识证。叶老之于温病，宗仲景，法天士，糅合六经和三焦、卫气营血理论，合伤寒、温病学说为一体而取长补短。对于伤寒与温病之争，伤寒以六经分表里，温病以卫气营血、三焦察深浅，皆总结归纳了外感热病的传变途径和变化规律，为治疗提供依据。故叶天士曰："其病有类伤寒""辨卫气营血虽与伤寒同。"叶老置学术争议于一旁，取其精华，辨证审慎，独树一帜。

**案例1**

吴某，男，16岁。5月，余杭。

湿温九朝，壮热见汗不解（体温39.6℃），咳嗽痰稠，胸闷不宽，便下褐秽，小便短赤。湿热郁蒸多日，热将传变，脉滑数，舌尖绛，苔腻厚。治拟清解。

处方：青连翘三钱，金银花三钱，川贝一钱半，炒淡子芩一钱半，清水豆卷四钱，川石斛三钱，炒橘红二钱，飞滑石（包）三钱，炒薏苡仁四钱，干芦根六钱，炙前胡二钱半。

二诊：热退不多（体温39℃），胸闷咳嗽尚频，利下赤色，脉数，舌尖绛，中黄腻。再拟清气透热。

处方：青连翘三钱，淡子芩一钱半，粉葛根一钱半，清水豆卷三钱，桑

叶三钱，川贝二钱，薏苡仁四钱，淡竹叶二钱半，飞滑石（包）三钱，橘红二钱，干芦根六钱，炙前胡二钱半。

三诊：热势尚高，汗出溱溱，白㾦稀露，赤利见瘥，咳嗽如故，夜来神昏谵语，舌绛中黄腻，脉象滑数。再以透热开窍，清营达邪。

处方：紫雪丹（先化吞）六分，带心连翘四钱，炒大力子二钱，鲜石斛（劈，先煎）三钱，川贝一钱八分，鲜竹叶卷心二十支，淡子芩一钱半，鲜芦根（去节）一尺五寸，飞滑石（包）三钱，薏苡仁四钱，赤苓三钱，橘红二钱。

四诊：白㾦续造，胸项为多，热势得减，脘宇未宽。咳嗽痰多，入夜间有谵语，舌绛苔黄，脉来细数。原法出入。

处方：至宝丹（先化吞）一粒，带心连翘三钱，鲜菖蒲根二钱，鲜石斛（劈，先煎）三钱，川贝二钱，鲜竹叶卷心三十二支，鲜芦根（去节）三尺，橘红二钱，芫荽子二钱，飞滑石（包）三钱，白茯神三钱，灯心草一束。

五诊：热势顿减，白㾦已回，神清，胸宇较宽，渴饮瘥减，惟痰伏尚多，肺失清肃，咳嗽未绝，脉小数，舌薄绵。再拟清肺蠲痰。

处方：青连翘三钱，冬瓜仁四钱，炒香枇杷叶四钱，薏苡仁四钱，川贝一钱半，炒橘红二钱，川石斛三钱，淡子芩一钱半，炙前胡二钱，泡射干一钱二分，干芦根（去节）六钱，淡竹叶二钱。

六诊：脉静身凉，痰少，咳嗽已稀，胸宇亦宽，胃苏，渐思纳谷，舌绛。再拟养胃佐清余邪。

处方：象贝一钱半，川石斛三钱，炒橘红一钱半，炒香谷芽三钱，白杏仁（杵）三钱，麦冬二钱，薏苡仁三钱，忍冬藤三钱，白茯神三钱，淡竹叶一钱半，干芦根五钱。

**按** 高热，下利褐秽，系属热重于湿，里热充斥，用清气透热法，虽有㾦露，而高热未退，又见入暮神昏谵语，谅由患者受邪过重，热蒸心营，故复用两清气营之法，使邪从外达，即叶天士所谓"入营犹可透热转气也"。

注：纵观叶老治疗外感温热的病案，其取得成效的重要经验之一就是辨证明晰，而这种慎思明辨的关键，在乎善于将伤寒、温病等多种外感热病的辨证方法相互结合，熔六经辨证与卫气营血、三焦辨证于一炉，务使病证之表里、深浅、虚实的病机清楚明晰，为施治提供可靠的依据。患者以高热为主症，下利褐秽，小便短赤，脉滑数，舌尖绛，热象明显，由其痰稠，胸闷不宽，舌苔腻厚可知湿邪夹杂其中，属湿热内蕴，热重于湿，里热充斥，清

气透热法是为正法，药后虽有痦露，而高热未退，又见人神昏谵语，至此未见斑疹隐隐，因患者受邪，热邪已从气分入里，热蒸心营，尚未至血分。复用两清气营，邪可外达。

**案例2**

单某，女，28岁。3月，杭州。

产后十日，恶露已净，感受风温，突发壮热，见汗不解，咳嗽痰稠，气急烦渴，红疹隐隐，昨晚起神志昏迷，两手抽搐，舌绛而燥，脉弦数。为产后新虚，无力御外，温邪由表转里，由气入营，且动内风，亟宜清营泄热熄风为治。

处方：牛黄至宝丹（先化吞）一粒，带心连翘四钱，黑山栀三钱，元参三钱，川贝三钱，花粉三钱，鲜芦根（去节）二两，鲜竹叶卷心三十支，双钩四钱，炙前胡二钱，杏仁（杵）三钱。

二诊：壮热得减，神志已清，抽搐亦定，疹点隐回，夜来寐安，而咳嗽痰多，渴欲喜饮，脉细数，舌绛，苔薄黄。温邪已有外达之渐矣。

处方：青连翘四钱，银花三钱，淡子芩一钱半，知母三钱，花粉三钱，鲜芦根（去节）八钱，淡竹叶二钱半，炒大力子二钱，炒枇杷叶（包）四钱，杏仁（杵）三钱，炙前胡二钱。

三诊：温邪留恋气营，昨日红疹又现，咳嗽尚频，痰稠胸痛，脉细数，苔薄黄。原法增损续进。

处方：青连翘四钱，银花三钱，嫩紫草三钱，丹皮一钱半，鲜芦根（去节）八钱，生甘草八分，淡竹叶三钱，炙桔梗一钱半，橘红一钱半，炒枇杷叶（包）四钱，炙前胡二钱。

四诊：疹已默消，咳嗽亦稀，余热尽退，脉转缓滑，而痰多胸痛如故。再清余邪。

处方：川贝粉（研吞）一钱，杏仁（杵）三钱，炒大力子三钱，银花三钱，桔梗一钱半，生甘草七分，炙前胡二钱，生蛤壳（杵）六钱，炒枇杷叶（包）四钱，陈芦根七钱，化橘红一钱半。

**按** 患者感受温邪，未从外解，而迅即由表转里，由气入营，见有神昏、抽搐、舌绛而燥，谅由正不胜邪，病邪速进而内陷，故用清营泄热之剂推邪外出，不使正伤，此为急则治标之法。至红疹回而复现，乃温邪介于气营之间，血分郁热未清，三诊中加嫩紫草、丹皮等，即是斯意。叶老对本病明辨本虚标实，治标急于治本，底乎应手奏效也。

注：患者感受温邪，突发壮热，初期邪留气分，经治后，见汗而热未解。邪未从外解，而迅即由表转里，由气入营，壮热未退，咳嗽痰稠，气急烦渴，患者产后体虚，正不胜邪，感受风温之邪后，病邪速进而内陷，初诊神志昏迷，两手抽搐，乃外邪内陷之急症，至宝丹化服乃正治，因至宝丹芳香辛燥之品较多，有耗阴竭液之弊，故又辅以清气增液之品。红疹回而复现，乃温邪介于气营之间血分郁热未清，三诊中加嫩紫草、丹皮等，紫草性寒，味甘咸，入心肝血分，长于凉血活血，为治热毒血滞斑疹之要药；丹皮苦寒清泄，辛散透发，活血不动血，凉血不留瘀，两味相合，共奏清营血余热之功。四诊时患者痰多胸痛如故，取银翘散之意，更添化痰止咳之剂再清余邪。患者红疹隐隐、神昏、抽搐，舌绛而燥是为热入气营，余热流连血分之相，故使清营泄热之法贯穿于治疗始终。

**案例3**

麻某，女，32岁。5月。余杭。

湿温三候，壮热不退，胸闷烦躁，神昏谵语，口不渴饮，小溲短少，大便秘结，舌尖边绛，苔中白腻，脉沉而数。此属湿温不从气分而解，扰及心营，有痉厥之虑，用清透宣开之法。

处方：牛黄至宝丹（分2次吞）2粒，带心连翘12g，黑山栀9g，鲜石菖蒲根8g，鲜竹叶卷心40支，炒大力子9g，飞滑石12g（包），川贝5g，鲜芦根（去节）30g，白蒺藜8g，炒香豉5g，橘红6g。

二诊：㾦露，胸宇较宽，热减，神志转清，营分之邪已得外达，而大便不下，腑气未通。

处方：瓜蒌皮9g，丹皮6g，鲜石菖蒲根（包）3g，川贝5g，炒香豉5g，广郁金5g，黑山栀9g，橘红5g，芫荽子9g，竹叶卷心40支，鲜芦根（去节）2尺。

三诊：白㾦尽透，胸闷已宽，惟热势尚有起伏，并增咳嗽，再以两清肺胃。

处方：薏苡仁9g，白杏仁（杵）9g，赤苓9g，橘红6g，宋半夏6g，姜竹茹9g，清水豆卷9g，藿梗6g，炙前胡5g，北路太子参（先煎）5g，炒香白薇8g。

四诊：热势尽退，大便亦下，咳嗽痰多，胸胁隐痛，上方出入再进。

处方：宋半夏8g，茯苓12g，姜竹茹9g，橘红6g，焦枳实2.4g，白杏仁（杵）9g，枇杷叶（拭，包）12g，炙前胡6g，清水豆卷8g，青蒿梗6g，广藿根5g。

按　本例系湿热熏蒸，扰及心营，昔见白腻，口不渴饮，为尚未化燥伤津，故在清营之中，结合宣肺之法，使邪从气分而解。

注：患者壮热不退，胸闷烦躁，神昏谵语，热扰心营，当速以清热开窍、化浊解毒。至宝丹主治温病痰热内闭之证。《绛雪园古方选注》云："热入心包络，舌绛神昏者，以此丹入寒凉汤药中用之，能祛阴起阳，立展神明，有非他药之可及。"初诊时运用至宝丹凉开醒神，解气营之邪，又辅以清透气分邪热之剂，正是"入营犹可透热转气"之体现。二诊时可见患者热减、神志转清，营分之邪已得外达，证治得效，续原法而又通腑泻浊。三诊、四诊患者持续好转，续以清透宣开之法。肺为华盖，朝百脉，司呼吸，主宣肃。叶老善查肺卫之功，透热转气结合宣肺之法，使邪从气分而解。

## 二、巧治湿温，以宣化渗湿为大法

湿温病病位在脾胃，分上中下三焦，薛生白有言："太阴内伤，湿饮停聚，客邪再至，内外相引，故病湿热。"病邪在三焦的传变标志着温病病变发展过程中的不同阶段，传变过程虽然有自上而下的，但这仅指一般而言，也并非固定不变的。故审时度势，明辨是非为治病之要务。

**案例1**

丁某，女，47岁。6月，杭州。

湿温一候，身热朝轻暮重，痦出未透，胸宇塞闷，沉困嗜卧，渴饮不多，大便溏薄，小便短赤，舌尖绛，中白腻，脉滑数。宜化湿透痦。

处方：赤苓三钱，白杏仁（杵）三钱，炒薏苡仁四钱，制厚朴一钱，青连翘三钱，大豆卷三钱，淡竹叶三钱，炒大力子一钱半，淡子芩一钱半，飞滑石（包）四钱，鲜芦根（去节）一尺五寸。

二诊：汗出白痦显露，身热未退，渴饮溲短，脉象滑数，舌苔黄腻。湿温化痦，邪在气分，治当清解。

处方：青连翘三钱，淡子芩一钱半，益元散（包）三钱，川石斛四钱，炒橘红二钱，薏苡仁四钱，淡竹叶三钱，青蒿梗二钱，白杏仁（杵）三钱，赤苓四钱，瓜蒌皮三钱，鲜芦根（去节）一尺五寸。

三诊：白痦透达，热势渐退，胸闷较宽，渴饮亦瘥。惟昨日又增咳嗽，湿化余热未清，苔腻转薄。再拟两肃肺胃。

处方：白杏仁（杵）三钱，瓜蒌皮三钱，前胡二钱半，知母二钱半，益元散（包）三钱，川石斛三钱，薏苡仁四钱，赤苓四钱，泽泻二钱，陈芦根五钱，猪苓二钱。

四诊：热退瘖回，诸恙渐愈，并思纳谷，舌净，脉象缓滑。再拟清养肺胃。

处方：米炒上潞参二钱，川石斛二钱，益元散（包）三钱，谷麦芽各三钱，白杏仁（杵）三钱，广郁金一钱半，炒橘红二钱，红枣三枚。

按　本例症见沉困嗜卧，舌苔白腻，渴不多饮，大便溏薄，为湿重于热，邪郁气分，故以三仁汤开泻湿邪，佐以辛凉解热，服后瘖随汗出，邪得外达。至三诊陡增咳嗽，乃余热未清，肺失肃降也。

注：湿温证以邪从外透为顺，内陷入里为逆，故叶老治疗湿热之邪在中上二焦及初入下焦营分者，俱以透邪外出为要务，并按湿邪之特性与湿热之间的因果关系，强调热在湿中，徒清不应，而以化气、除湿、清热为大法。临床中治上焦湿温以宣肺透表、达邪外出为主；中焦湿温以化湿清热、分消开泄为治；湿从热化初入营分，尚可清营透热，转气外出，并按湿温特点，酌情辅入生津化湿之品。盖热在湿中，徒清无益，欲清其热，先化其湿，欲化其湿，当先调其气，使气行而湿化，热不与湿合，其势乃孤。故叶老治湿温常投苦辛芳香淡渗之品，以宣肺、化气、渗湿、清热为大法。本例症见沉困嗜卧，舌苔白腻，渴不多饮，大便溏薄，等以湿邪为主之证，小便短赤，舌尖绛示患者内蕴热象，但热象不重，为湿重于热，邪郁气分，故以三仁汤开泻湿邪，佐以辛凉解热，服后白瘖随汗出，邪得外达。湿热已清，患者思饮食，考虑诸恙新愈，清养肺胃。

至三诊陡增咳嗽，乃余热未清，热扰肺络，而肺失肃降也，再拟两肃肺胃。更添养阴之知母、猪苓，是因热势较前好转，苔腻转薄，可养阴生津是也。

四诊诸恙渐愈，并思纳谷，再拟清养肺胃，巩固疗效。

**案例2**

谭某，男，23岁。7月，杭州。

身热两候未解，朝轻暮重，胸闷懊恼，口渴喜饮，神志似清似昏，入夜喃喃自语，胸前虽见瘖点，但细小不密，两脉濡数，舌尖边绛，苔黄燥。湿热蕴蒸气分，漫布三焦，奈禀体素虚，正不敌邪，致瘖难透达，有内陷之虑。亟拟扶正祛邪，标本兼治。

处方：北路太子参二钱，扁石斛（劈，先煎）三钱，青连翘四钱，川贝三钱，鲜芦根一两，天花粉三钱，蝉衣一钱，炒牛蒡子三钱，茯神四钱，薏苡仁四钱，通草一钱半。

二诊：服前方，热势虽减，胸闷如前，痦仍不多，至夜昏沉嗜卧，脉濡而数，苔黄燥。正虚邪盛，原法继之。

处方：北路太子参（先煎）三钱，炒於术一钱半，霍山石斛（先煎）一钱半，川贝三钱，炒牛蒡子三钱，黑山栀三钱，广郁金二钱，青连翘三钱，茯神四钱，天花粉三钱，干芦根五钱。

三诊：服前方2剂后，胸颈痦点满布，色泽鲜明，热势递减，懊恼已除，神清寐安，大便溏薄不爽，脉象弦数，舌苔黄腻。湿热已从外达，再拟标本兼顾。

处方：米炒上潞参三钱，薏苡仁三钱，青连翘四钱，赤苓四钱，炒牛蒡三钱，白蔻仁（杵，后下）八分，黑山栀三钱，飞滑石（包）三钱，淡子芩二钱，淡竹叶三钱，广郁金（杵）二钱。

四诊：热退，神安得寐，胸闷虽宽，不思纳谷，大便转干，脉濡软，舌苔薄黄。湿热得化，正虚未复，调理脾胃以善其后。

处方：米炒上潞参三钱，薏苡仁三钱，茯苓神各三钱，炒竹茹二钱，原干扁石斛（劈，先煎）三钱，川贝一钱半，新会陈皮一钱半，通草一钱半，米炒怀山药三钱，炒麦芽三钱，炒神曲（包）二钱。

**案例3**

章某，男，35岁。5月，杭州。

湿温一候，身热不退，头昏而重，渴不多饮，胸闷不思纳谷，神倦少言，颈项胸前见有痦点，小便短赤，脉弦滑而数，舌苔黄腻。湿热蕴郁气分不解，拟用清热化湿透泄之法。

处方：青连翘三钱，白蔻仁（杵，后下）一钱，炒牛蒡子三钱，苡仁四钱，鲜佩兰三钱，飞滑石（包）三钱，云茯苓四钱，淡子芩二钱，广郁金（杵）二钱，淡竹叶二钱半，鲜芦根（去节）一两。

二诊：胸前痦点满布，色泽晶莹，身热始减，痦闷方宽，而舌苔仍然黄腻，脉滑而数。湿热之邪，氤氲黏腻，不易骤化。再拟原法继之。

处方：青连翘四钱，黑山栀三钱，蝉衣一钱半，炒牛蒡子三钱，淡子芩二钱，鲜芦根（去节）一两，通草一钱半，白蔻仁（杵，后下）一钱，赤苓四钱，广郁金（杵）二钱，薏苡仁四钱。

三诊：二进清热透泄，身热尽退，胃气苏醒，已思纳谷，脉见缓滑，舌苔微黄。湿热已从表里分消，再以和中健胃，宣化余邪。

处方：仙露半夏二钱半，云苓四钱，干芦根五钱，炒麦芽四钱，新会陈皮一钱半，薏苡仁四钱，原干扁石斛（劈，先煎）三钱，广郁金（杵）二钱，炒竹茹二钱，猪苓二钱，通草一钱半。

**按** 白㾦为湿热蕴郁气分而成，湿热证中所常见，透达之际，往往与病情进退有关，尤其色泽之枯荣，多为邪正盛衰之表示。试观上列两案，章姓患者，㾦点晶莹，正气未伤，投轻清透泄之剂，邪即外解而愈；谭姓患者，㾦出细小不多，气津已伤，欲透无力，故于清透之中，加用参、术、斛，扶正托邪，乃得㾦透神清，湿化热解。

注：叶老常说，白㾦系太阴湿热之邪与阳明腐谷之气相合所致。盖湿温见㾦，已非轻浅之候，乃属中焦之证，见㾦者其邪必盛，㾦出者病乃渐解，中焦湿温需借上焦肺气之宣达得以化㾦外透，凡肺气之疏达，病邪之轻重，正气之强弱等，均系决定白㾦的明晦、疏密、粗细，以及能否顺利外透的重要因素。湿温见㾦，始则现于胸项，粒少而疏，继则渐多渐密，遍及项背，或直达四肢，此属邪透之佳兆。但必须㾦点饱满，大小均匀，晶莹清澈而有光泽，而且随着㾦点之外透，热渐降而证渐安者为是。如若㾦点粒小而疏，仅见于胸次，并见神倦、嗜卧、脉数无力等症，多系津气不足，正虚邪实，无力达邪外出之证，必将北路太子参、鲜石斛、鲜芦根、天花粉等加入清热化湿宣透剂中，急扶正达邪外出为要。

### 三、甘凉润胃，不忘护胃生津

脾胃乃后天之本，气血生化之源。若脾胃失和，《素问·阴阳应象大论》云："清气在下，则生飧泄，浊气在上，则生䐜胀。"温病乃燥热之邪，最是伤阴耗气，叶天士曰："不燥胃津，必耗肾液""人之气阴，依胃为养"，叶老遵叶天士训，治温病常以胃津胃气之来复作为邪却病退、病去正复的标志。

**案例1**

毕某，男，45岁。2月，昌化。

患者禀体素虚，且有淋患，肝肾之阴先伤，又得春温。初时微寒，以后壮热无汗，烦躁不安，耳聋目糊，口渴喜饮。昨夜起神志昏迷，手足瘛疭，颧红面赤，脉来细数，似丝无神，舌紫绛，苔燥黑如龟壳，齿龈衄血。病乃伏邪不得从阳分而解，内陷厥少二经，阴液枯竭，虚阳浮越。温病到此，即笃且极矣。亟拟养阴潜阳，宣窍达邪。

处方：吉林人参（先煎）一钱半，麦冬四钱，元参心四钱，大生地八钱，紫丹参三钱，阿胶三钱，生白芍二钱，生龟板、鳖甲各（先煎）八钱，生牡蛎（杵，先煎）六钱，川贝三钱，人中黄（包煎）二钱，陈胆星八分，鲜竹茹四钱，鲜菖蒲汁（和药冲）一匙，至宝丹（先化吞）二粒。

二诊：温邪深扰厥少二经，灼耗津液，大有吸尽西江之势。昨投扶正祛邪，营热犹炽，神昏如故；风阳未清，瘛疭难定；金受火烁，气促鼻煽。症势虽笃，所幸脉象稍见有神，生机尚未绝望。

处方：吉林人参（先煎）一钱半，天麦冬各四钱，犀角尖（先煎，水牛角代）一钱，大生地八钱，粉丹皮一钱半，生白芍一钱半，元参四钱，丹参三钱，蛤粉炒阿胶四钱，人中黄（包煎）一钱半，天花粉二钱，生龟板、生鳖甲（先煎）各八钱，生牡蛎（杵，先煎）八钱，至宝丹（先化吞）二粒。

三诊：今日衄血已止，鼻煽亦定，舌苔黑壳渐落，而舌本干燥起有芒刺，神志时昧时清，瘛疭未已。再拟原法出入。

处方：吉林人参（先煎）一钱半，天麦二冬各四钱，元参四钱，细生地八钱，阿胶三钱，川贝三钱，天花粉二钱半，粉丹皮二钱，青蛤散（包煎）四钱，杏仁（杵）三钱，生龟板、生鳖甲各（先煎）八钱，灯心草五十支。

四诊：营热未清，变幻多端，神明仍为所蔽，阴液大伤，内风鸱张，两手颤动，舌绛且糙，脉见沉细。证属正虚邪实，当拟大定风珠加减。

处方：别直参（先煎）一钱半，西洋参（先煎）一钱半，霍石斛（先煎）二钱，犀角尖（先煎）五分，阿胶三钱，大生地八钱，生白芍二钱，川贝二钱，生牡蛎（杵，先煎）八钱，天竺黄一钱半，甘菊二钱，鸡子黄（打匀，冲）一枚。

五诊：昨进大定风珠，诸恙已十去七八，风定则不扬焰，热退则不劫阴，神志已清，瘛疭亦定。胃气初见来复，稍思饮食；元神散而复敛，自能酣寐。惟唇舌尚燥，脉细无力，大势虽已由逆转顺，调护仍须刻刻留意。再拟养阴扶正，以清余邪。

处方：别直参（先煎）一钱半，西洋参（先煎）一钱半，麦冬四钱，元参心四钱，蛤粉炒阿胶三钱，炙甘草八分，生白芍四钱，生牡蛎（杵，先煎）八钱，川贝三钱，茯神四钱。

**按** 春温之邪，变化多端。王氏所说"伏邪留恋不去，犹如抽丝剥茧，层出不穷"即斯意也。患者素体阴虚，又感春温，始有微寒，继而壮热，邪不从汗解，而见神昏瘛疭，此乃病邪深陷，由气入营，液涸风动。叶老治用三甲复脉法加至宝丹，育阴潜阳，清营解毒，是为拨乱反正之义。复诊虽然证势未减，而脉稍见有神，可见初方已中肯綮。三诊衄血止，鼻煽定，舌苔黑壳始脱，而舌本干燥起有芒刺，为营热犹炽，阴液难复，故四诊用大定风珠养阴、柔肝、熄风，济涸竭之水而滋化源，服后热退神清，风定痉止，胃气见苏，病情出险入夷，邪去正伤，续予气阴两顾之法。是属善后之计也。

注：三甲复脉汤为《温病条辨》中著名急救方，"温病后期，热烁肝肾之阴，虚风内动之手指蠕动，甚则心中痛，舌干齿黑，唇裂，脉沉细数"此为对应症候。患者初病微有恶寒，后至壮热无汗，烦躁不安，耳聋目糊，口渴喜饮，温热之邪逐渐传变，后又神志昏迷，手足瘛疭，颧红面赤，脉来细数，似丝无神，舌紫绛，苔燥黑如龟壳，齿龈衄血，对应条文乃伏邪不得从阳分而解，内陷厥少二经，阴液涸竭，虚阳浮越，虚风内动之相。叶老予三甲复脉法滋阴清热，潜阳熄风。后因温热邪盛，至三诊时热始稍退，续原法以滋阴潜阳。此案为叶老对复脉辈的应用，患者阴液已亏而邪热衰退，故可使用复脉辈，因《温病条辨》有云："壮火尚盛者，不得用定风珠、复脉汤。"温病系由燥热之邪所致，其耗阴伤气最烈，历来温热家治之，以祛邪救阴为首务，乃有"留得一分津液即存得一分生机"之说。叶老治温病注意顾护胃气胃津之思想体现在病程之各个阶段，贯穿于治疗之始末。本例中，五诊见诸恙已十去七八，胃气初见来复，稍思饮食，兼顾舌脉，认定病已好转，但仍需顾护脾胃，加入西洋参、麦冬等育阴救液，顾护胃气，以达养阴扶正，以清余邪之目的。

**案例2**

秦某，男，21岁。7月，昌化。

暑温汗出壮热不退，头昏而胀，渴欲冷饮，面垢烦闷，小溲短赤，脉来濡数，舌绛苔黄。暑热蕴蒸阳明，仿白虎汤法。

处方：生石膏（杵，先煎）八钱，知母三钱，青连翘三钱，银花三钱，鲜生地五钱，花粉三钱，益元散（荷叶包）三钱，淡竹叶二钱，赤苓三钱，淡子芩一钱半，广郁金一钱半。

二诊：热退不多，口渴索饮，神烦不安，脉濡数，舌尖边绛，苔黄燥。阳明蕴热未清，而气津已伤，再以白虎加人参法继之。

处方：西洋参（先煎）二钱，生石膏（杵，先煎）一两，知母三钱，银花三钱，青连翘三钱，花粉三钱，鲜生地五钱，原干扁石斛（劈，先煎）三钱，淡竹叶二钱，淡子芩二钱，六一散（荷叶包）三钱。

三诊：热势已去其半，口干舌燥亦瘥，脉濡数，苔黄燥，阳明暑热有清泻之渐，再拟甘寒生津，并清余热。

处方：西洋参（先煎）一钱半，银花三钱，鲜生地四钱，知母三钱，生石膏（杵，先煎）八钱，鲜芦根（去节）一尺，连翘三钱，花粉三钱，六一散（荷叶包）三钱，广郁金一钱半，生薏苡仁四钱。

按　暑热留恋气分，初诊汗出不解，壮热烦渴，为白虎汤之主症；因邪势鸱张，气液两伤，故难速解。二诊方中加入西洋参以益气生津。服后正胜邪去，病即霍然。

注：身大热，口大渴，汗大出，脉洪大为白虎汤主，重用辛甘大寒之石膏，入肺胃经，取其辛能走表，解肌退热；甘寒能止渴生津；大寒能清泻阳明（气分）之实热，清热除烦，使热清而津不伤，为方中之君药。以苦寒质润之知母，助石膏清泻肺胃实热；并能滋阴生津，为臣药。君、臣相伍，相须为用，增强清热生津之力。石膏与知母同用既可大清气分之热，又可滋阴保津。邪在肺卫，治用辛凉白虎剂，需防过汗伤津。阳明燥热，化源必受其害，气阴倍受损耗，中焦燥热灼液，损及下焦肾阴，故叶老强调气分邪热炽盛，治当清邪兼以益胃，抑阳存阴，清热生津，使化源不绝，则邪祛而正复，病体得以痊愈。二诊方中加入西洋参，以显"清养胃阴，以撤余邪"之效。

## 第二节　追本穷源攻咳喘

咳嗽是指肺失宣肃，肺气上逆，发出咳声，或咳吐痰液的一种肺系病症。《景岳全书》指出"咳嗽之要，止惟二证。何为二证？一曰外感，一曰内伤而尽之矣"。无论外感内伤，病位如何，咳嗽总由肺失宣肃、肺气上逆所致。

喘指气息而言，哮指声响而言。正如《医学心悟》所言："夫喘促喉间如水鸡声者谓之哮，气促而连续不能以息者谓之喘。"叶天士在《临证指南医案》中指出"在肺为实，在肾为虚"。

故叶老治咳喘，注重辨析内伤与外感，病邪之寒热，脏腑之偏胜及病症之缓急，兼症之轻重等，追本穷源，精准辨证，效如桴鼓，立起沉疴。

## 一、辨外感与内伤

外感之病属邪实，常由六淫之邪侵袭而致，表现为起病急、病程短，常伴肺卫表证。外感之病迁延失治，损伤肺气，易转为内伤病。内伤之病常表现为反复发作，病程长，伴他脏见证，缠绵不愈。

**案例1**

寿某，男。55岁。4月。

酒后触风引起湿痰，而致身热头疼咳嗽，痰稠胸闷，食减肢酸，舌苔白腻，脉弦。拟辛温解表法。

处方：桂枝尖2.4g，杏仁9g，炙前胡8g，炒香豉5g，荆芥5g，藿香6g，橘红6g，刺蒺藜8g，杜苏叶5g，宋半夏8g，象贝9g。

二诊：形寒身热已解，头疼咳嗽亦瘥，胸闷得宽，目尚昏眩，舌白脉缓，再以宣肺化痰。

处方：杏仁9g，宋半夏8g，象贝9g，炒苏子8g，白前6g，旋覆花（包煎）8g，炙款冬花9g，制南星4g，省头草6g，天麻5g，决明子9g。

**按** 外触风寒内蕴痰湿之证，故治用疏散风寒、宣肺化痰法，配佐芳香化湿之剂。

**注**：患者酒湿内蕴，外感风寒，聚湿成痰，上犯头目而头痛，外犯肌肤而身热，内应于肺而咳嗽；湿性重浊，痰湿阻于上焦而痰稠胸闷；痰湿困于中焦而食减；痰湿阻滞经络关节而肢酸；舌苔白腻，脉弦提示寒证、湿证，诊为咳嗽，辨为风寒束表、痰湿蕴肺之证，治以疏散风寒、宣肺化痰、芳香化湿。方取二陈汤合藿香正气散之义。药用桂枝尖解表散寒，杏仁宣肺止咳平喘，炙前胡降气化痰，炒香豉、荆芥、藿香、杜苏叶芳香化湿、解表散寒、行气宽中，橘红、宋半夏燥湿化痰，刺蒺藜平肝疏肝止头痛，象贝清热化痰。二诊时患者表证已解，尤有胸闷、目昏眩，舌白脉缓，提示风寒之邪已解，但痰湿未除，上蒙清窍，治疗以宣肺化痰为主。取前方之杏仁、宋半夏、象贝止咳化痰之品，加炒苏子、旋覆花降气止咳化痰，改炙前胡为白前，前者偏寒兼散风热，后者性温更善祛痰，炙款冬花润肺下气止咳化痰，制南星燥湿化痰，省头草化湿和中，天麻、决明子入肝经，清泻肝火，平抑肝阳。

省头草：①即石蝴蝶，活血生肌，止血解毒。②即罗勒，功效疏风行气，化湿消食（《中药大辞典》）。

**案例2**

金某，男，40岁。3月。杭州。

风热外袭，肺卫失肃，身热咳嗽，痰滞不爽，便秘溲赤，舌绛苔黄，脉象浮数。拟清热涤痰。

处方：桑叶9g，白杏仁（杵）9g，炒牛蒡子6g，青连翘9g，甘菊花6g，炙前胡6g，枇杷叶（拭，包）12g，天花粉9g，浙贝9g，全瓜蒌（杵）12g，竹茹12g。

二诊：痰为热留，热因痰困，痰热交煎，日耗气液，前以清热涤痰，热势已退，咳嗽如故，肺失清肃之令，痰浊尚恋，舌绛起有芒刺，津液未复故也。治拟肃肺涤痰，兼清余热。

处方：鲜石斛（劈，先煎）9g，橘红、橘络各5g，茯神15g，川贝9g，竹茹9g，黛蛤散（包）12g，天花粉9g，黑山栀6g，粉丹皮5g，白杏仁（杵）9g，白薇9g。

三诊：热退，咳痰减少，大便秘结，食入胀闷，头晕乏力，乃邪去正虚之征也。

处方：扁石斛（劈，先煎）9g，米炒麦冬9g，细生地12g，抱木茯神12g，生白芍5g，制木瓜2.4g，山楂肉9g，范志曲（包）6g，生谷芽9g，火麻仁（杵）12g，蜜制枳壳5g。

**按** 本例系风热两灼肺胃，酿痰咳嗽之证，故先以清热宣肺为主，继用清肺化痰。三诊时咳痰俱减，而大便不通，乃津伤热结之故。若投硝黄恐复伤阴，而用山楂肉、范志曲、蜜制枳壳疏利腑气，米炒麦冬、细生地、火麻仁滋液润肠，实为增液承气之变法也。

注：风热为阳邪，阳邪致病则阳盛，阳盛则热，故身热；风热袭肺，肺失清肃，肺气上逆，故咳嗽；肺热炽盛，灼伤肺津，炼液成痰，故痰滞不爽；里热炽盛，故便秘溲赤；舌绛苔黄，脉浮数，为风热袭表犯肺之征。诊为咳嗽，辨证为风热袭表犯肺证，治以疏风清肺，清热涤痰，方以桑杏汤加减。药用桑叶轻宣燥热，疏风解表；白杏仁宣降肺气，润燥止渴；炒牛蒡子疏散风热，宣肺祛痰；青连翘、甘菊花疏散上焦风热；炙前胡、枇杷叶降气化痰；天花粉泻火以清肺热，又能生津以润肺燥；浙贝、竹茹清热化痰；全瓜蒌清热化痰兼以润肠通便。

二诊时，身热已退，咳嗽如前，痰浊，舌绛起芒刺，提示表证已解，热入营血，肺胃津伤，治以肃肺涤痰，兼清余热。方取清营汤之意。药用鲜石斛、天花粉清热养阴生津；橘红、橘络理气化痰止咳；茯神宁心安神利水；改前方浙贝为川贝，两者皆有清热化痰之功，前者以苦味为主，性偏于泄，后者以甘味为主，性偏于润；竹茹甘寒性润，清化热痰；黛蛤散清火化痰止咳；白杏仁宣肺止咳；黑山栀、粉丹皮、白薇清热凉血。三诊时热退，咳痰减少，提示表热已去，但营阴已伤，肺胃津伤，肠道失濡，故大便秘结，食入胀闷，腑气不通，秽浊上逆而头昏，正虚则乏力，治以养阴生津，增液润燥。方以增液承气汤之意，去硝黄以防伤阴太过，而加火麻仁、蜜制枳壳以疏腑气。扁石斛、米炒麦冬、细生地养阴生津，抱木茯神健脾宁心安神，生白芍、制木瓜味酸养阴、生津止渴，山楂肉、范志曲、生谷芽消食和中、健脾开胃，火麻仁润肠通便，蜜制枳壳行气宽中除胀。

**案例3**

赵某，女，33岁。8月。余杭。

脾湿生痰，痰阻于肺，清肃不行，咳痰稠白，湿滞于中，胸脘室闷，饮食亦减，脉滑苔白。治宜理脾化湿，肃肺涤痰。

处方：白杏仁（杵）9g，泡射干4g，炒甜葶苈子（杵，包）6g，炒香枇杷叶（包）12g，化橘红5g，姜汁炒竹茹9g，宋半夏8g，茯苓12g，盐水炒前胡6g，金沸草（包）9g，炒苏子（包）9g。

二诊：进前方后，稠白之痰，日渐减少，咳嗽亦止，湿注于下，腰酸带多，舌苔白腻，脉濡而滑。再拟肺脾同治。

处方：赤白二苓各9g，制茅白术各5g，宋半夏8g，炙橘红5g，金沸草（包）9g，炒白薇6g，炙白前6g，煅赭石18g，炒杜仲18g，潼蒺藜9g，炙白鸡冠花12g。

**按** 脾为生痰之源，肺为贮痰之器，肺脾同虚，痰湿内阻，上泛成咳。初以肃肺化痰，服后痰少咳平，而又见腰酸带多，乃脾虚不能运湿，留湿下注，故接用二苓、二术，健脾燥湿，其中炙白鸡冠花一味，叶老治湿滞带下，每见卓效。

注：脾失健运，水湿不得运化，湿邪凝聚，郁积成痰。"脾为生痰之源，肺为贮痰之器"，痰湿犯肺，故咳痰稠白；痰湿为黏腻之邪，阻碍气机，气机运行失常，故胸脘室闷；脾为痰湿所困，运化失司，故饮食亦减；脉滑苔白，亦为痰湿之征。辨为痰湿困脾郁肺之证。治以理脾化湿，肃肺涤痰。方以二陈汤加减。药用白杏仁宣肺止咳，炒甜葶苈子泻肺止咳，炒香枇

杷叶、炒苏子、盐水炒前胡、金沸草降气化痰止咳，泡射干清肺泻火，宋半夏燥湿化痰、降逆和胃，化橘红理气燥湿、和胃化痰，使气顺则痰消，茯苓利湿健脾，使痰无所生。二诊时咳痰减少，但湿性趋下，脾为湿困，脾虚不能运湿，脾虚损及肾阳，而见腰酸带多，治疗以健脾益肾，燥湿化痰止带。故原方取二陈之宋半夏、炙橘红燥湿化痰；加赤白二苓、二术健脾燥湿；炒白薇，《圣济总录》言"白薇丸治妇人带下不止"；炙白前降气化痰；煅赭石质重坠，善镇逆气，降痰涎；炒杜仲补肝肾、强筋骨，补肾阳以益脾阳，《神农本草经》谓其"主腰脊痛，补中，益精气，坚筋骨，强志，除阴下痒湿，小便余沥"；潼蒺藜甘温补益，兼具涩性，补肾固精止带；炙白鸡冠花性甘涩，收涩止带。

**案例4**

殷某，女，32岁。杭州。

阴虚之体，感受风邪，初起失治，风从热化，热壅肺胃，发热干咳无痰，喉痛声哑，口干咽燥，喜饮，脉象弦滑，舌淡苔黄。拟用甘凉润剂。

处方：生石膏（杵，先煎）15g，知母9g，桔梗5g，生甘草5g，连翘9g，山豆根9g，牛蒡子（杵）6g，金锁匙9g，乌元参9g，石菖蒲5g，老蝉（去头足）3只。

二诊：前方服后，热退，喉痛已止，声音渐扬，口干咽燥减轻。宗原法，续服3剂，声音清朗，诸症俱瘥。

**按** 阴虚感邪，最易化热，热乘肺金，致声音嘶哑，为金实不鸣。方用辛凉清润，开宣肺气，热泻则不灼金，肺气清肃则声音自扬也。

注：阴虚之体，感受风邪，《素问·风论》曰："风者善行而数变。"风从热化，而见发热；肺阴虚失于滋润，肺失清肃，气逆于上，而见干咳无痰，热壅肺胃而喉痛声哑，金实不鸣，热甚伤津而口干咽燥，喜饮，脉象弦滑主热证，舌淡提示外感病轻浅阶段，《伤寒指掌》曰："苔黄专主阳明里证。"辨证阳明热盛证，治以辛凉清润，开宣肺气，方拟白虎汤合加味桔梗汤（《景岳全书》）加减。药取白虎汤之生石膏、知母清阳明大热，养阴生津，使热清而不伤津；加味桔梗汤之桔梗、生甘草、牛蒡子、乌元参清肺解毒、利咽开音；连翘、山豆根、金锁匙、老蝉（去头足）疏散风热、清热解毒、利咽开音；石菖蒲为芳香之品，醒脾胃，行气滞。

金锁匙：即一枝黄花（《中药大辞典》）。

## 二、辨病邪之寒热

咳喘的辨别要点，即为辨寒热。一般来说，风寒者表现为咽痒、咳嗽或者气喘，痰白或稀，口不渴为主症，治以发散表寒。风热者表现为身热口渴，痰咳不爽，喉间痰鸣，便秘溲赤等症，治以清热宣肺。寒热错杂者表现为恶寒身热，无汗或者少汗，咳嗽，痰黄，气急，口渴喜饮，治以外散风寒，内清痰热。痰湿为患者表现为咳声重浊，痰白黏稠，纳差肢软，治以宣肺化痰，芳香化湿。

**案例1**

宣某，男，39岁。4月。杭州。

风寒外袭，内有郁热，恶寒身热，咳嗽气急痰黄，胸胁阵痛，口渴喜饮，脉紧数，舌苔黄糙。麻杏石甘汤加味。

处方：生麻黄4g，白杏仁（杵）9g，生石膏（杵，先煎）15g，甘草3g，竹沥半夏8g，炙前胡6g，冬瓜子皮各9g，竹茹6g，茯苓9g，炙橘红4g，白茅根12g。

二诊：外寒束表，得汗身热渐解，里热内遏，咳嗽痰黄依然，胸痛气急如故，舌苔黄糙以转薄润。仍用前方加减。

处方：麻黄2.4g，生石膏（杵，先煎）18g，甘草3g，炙前胡6g，浙贝9g，白杏仁（杵）9g，炙橘红4g，竹茹12g，炙枇杷叶12g，白茅根4g，冬瓜子皮各9g，竹沥半夏8g。

三诊：表邪已解，寒热尽退，肺气犹未清肃，咳嗽欠爽。症势虽平，务慎饮食。

处方：赤白苓各9g，浙贝9g，仙露半夏5g，生蛤壳（杵）18g，蜜炙前胡5g，白杏仁（杵）9g，白茅根12g，冬瓜子皮各9g，炙枇杷叶12g，炙橘红4g，金沸草（包）8g。

**按** 恶寒身热，乃表寒外束，苔黄渴饮，为里热内盛。表寒里热，属麻杏石甘汤之正治。服药后表寒渐解，而里热尚盛，故仍宗原方，减少麻黄，加重石膏，用药细审，切于病情，深可可法。

**注**：此案中，虽无描述，但患者定可见恶寒身热，无汗，咳嗽较剧，气粗气急等"寒包热"之征象。恶寒身热，乃表寒外束，苔黄渴饮，为里热内盛。表寒里热，麻杏石甘汤乃属正治。麻杏石甘汤来源于《伤寒论》"发汗

后，不可更行桂枝汤，汗出而喘，无大热者，可与麻杏甘石汤"及"下后不可更行桂枝汤，若汗出而喘，无大热者，可与麻杏甘石汤"。麻黄开宣肺气以平喘、开腠解表以散邪，石膏清泻肺热以生津、辛散解肌以透邪。二药一辛温、一辛寒；一以宣肺为主，一以清肺为主，且都能透邪于外，合用相反之中寓有相辅之意。四药合用，解表与清肺并用，以清为主；宣肺与降气结合，以宣为主。此医案为叶老治疗外伤咳嗽之验案，叶老抓住表寒里热的关键，投用麻杏石甘汤是为正治，二诊患者服后表寒渐解，而里热尚盛，故仍宗原方，减少麻黄，加重石膏，是谓中病即止。

**案例2**

王某，男，16岁。9月。杭州。

哮喘自幼而起，每因外感诱发。昨起形寒肢冷，气喘不得平卧，胸闷痰多稀白，喉间如水鸡声，脉沉弦，苔白滑。拟用小青龙法。

处方：麻黄3g，桂枝2.4g，白杏仁（杵）9g，茯苓15g，生甘草2.4g，北细辛2.1g，泡射干4g，姜半夏9g，化橘红5g，炒白芥子（杵）5g，炒苏子（杵，包）6g，淡干姜2.4g，前胡6g。

二诊：形寒已解，肢冷转暖，气喘渐平，痰略亦松，喉中痰声已杳，夜卧尚可着枕，脉弦右滑。再守原法续进。

处方：炙麻黄3g，泡射干4g，北细辛1.5g，炒橘红5g，姜半夏9g，茯苓12g，炙甘草2.4g，桂枝2.4g，干姜2.4g，五味子2.1g，前胡6g，红枣3枚。

三诊：气逆已平，痰略亦爽，但人倦少力，纳钝胸闷，脉缓滑，苔薄白。再拟益气健脾而化痰湿。

处方：米炒潞党参8g，苏梗6g，枳壳2.4g，炒白术6g，茯苓12g，炙甘草3g，姜半夏9g，陈皮5g，淡干姜2.4g，桂枝2.4g，前胡6g，红枣3枚。

注：患者自幼肺气不足，阳虚阴盛，气不化津，痰饮内生，是为夙根。外感风寒，引发内饮，故哮喘之作，气喘不得平卧；痰湿郁肺，而胸闷痰多稀白，喉间如鸡水声；脉沉弦，苔白滑为寒湿之象。诊为哮喘病，辨为风寒束表，内有寒饮，治以宣肺散寒、化痰平喘，方拟小青龙汤合二陈汤加减。药用麻黄、桂枝发散风寒，白杏仁宣肺平喘，茯苓健脾利水以绝生痰之源，北细辛宣肺平喘，泡射干清肺化痰、降气平喘，姜半夏、化橘红燥湿化痰，炒白芥子、炒苏子、淡干姜温肺散寒化痰，前胡降气化痰，生甘草调和诸药。二诊时诸症减轻，加五味子敛肺气止咳喘，红枣合桂枝"辛甘化阳"以扶卫，合五味子"酸甘化阴"以助营，营卫合乎，则邪不可干也。三诊时，

咳喘好转，肺卫已平，但人倦少力，纳钝胸闷，提示脾虚。"脾为生痰之源"，治以健脾以杜生痰之源。方拟六君子汤加减。

**案例3**

赵某，男，36岁。8月。乔司。

感邪失解，肺胃痰热郁滞，身热口渴，喉间哮鸣，气逆，难以平卧，痰成稠黄，大便秘结，脉滑数，苔黄燥。风热夹痰之证，治用麻杏石甘汤加味。

处方：炙麻黄3g，生石膏（杵，先煎）15g，白杏仁（杵）9g，生甘草2.4g，炒黄芩5g，清炙桑白皮9g，炒甜葶苈子（杵，包）6g，莱菔子（杵）9g，旋覆花（包）9g，海石12g，瓜蒌皮12g，广郁金9g。

二诊：热退便通，痰热已得开泄，咯痰得爽，哮喘渐平，舌苔黄薄欠润，脉滑带数，再清肺胃之热，佐以豁痰平逆。

处方：黛蛤散（包）12g，生石膏（杵，先煎）15g，知母8g，川贝6g，白杏仁（杵）9g，生甘草2.4g，清炙桑白皮9g，淡黄芩5g，鲜竹茹9g，旋覆花（包）9g，天花粉9g，鲜芦根（去节）一尺。

三诊：哮喘已平，痰少咯爽，卧能着枕尚安，苔转淡黄而润，脉来缓滑。当予清肺养胃，以撤余邪。

处方：南沙参9g，麦冬9g，天花粉9g，川贝6g，川石斛12g，清炙桑白皮9g，鲜竹茹9g，冬瓜仁15g，蛤壳（杵）18g，东白薇9g，枇杷叶（拭，包）12g。

**按** 案例2为饮湿内蕴，触受风寒，发为"冷哮"，故症见形寒肢冷，痰多稀白，苔白滑，脉沉弦。案例3乃感邪失解，痰火郁滞，属"热哮"，故症见身热口渴，喉间痰鸣，痰黄稠，苔黄燥，脉滑数。两者病因不一。故临床所见有异，治法亦各不同。如前者法小青龙合二陈加苏、芥二子，以散表寒，而蠲里饮；后者用麻杏石甘佐黄芩、桑白皮，葶、莱二子，清豁痰热，兼解表邪，此即同病异治也。

注：肺热壅遏，卫阳郁闭，故身热口渴；痰热胶结于肺，故喉间哮鸣；肺气失宣而气逆，难以平喘；肺与大肠相表里，故大便秘结；脉滑数，苔黄燥为痰热之象。诊为哮喘病，辨为风热夹痰证，治以清泻肺热，方拟麻杏石甘汤加减。药用小量炙麻黄宣肺平喘，"火郁发之"，使里热外达；生石膏辛甘大寒，五倍于炙麻黄清泻肺胃，透热生津；白杏仁宣肺平喘，清炙桑白皮、炒甜葶苈子泻肺平喘，炒黄芩清泻肺及大肠实火；莱菔子、旋覆花降气

化痰；海石，《丹溪心法》谓其"热痰能降，湿痰能燥，结痰能软，顽痰能消"；瓜蒌皮清热化痰，宽胸理气；《本草汇言》言广郁金为"清气化痰散瘀血之药也"。二诊时热退便通，但邪热伤津，治拟清肺胃之热，养肺胃之阴，佐以豁痰平逆。药用黛蛤散清热利肺，天花粉、知母生津润燥止渴，川贝清热化痰、润肺止咳，鲜竹茹清热化痰，鲜芦根清泻肺热、生津止渴，利尿，使热从小便而解。三诊时哮喘已平，治拟清肺养胃，以撤余邪。留一分津液，存一分生机。生痰之源。方拟六君子汤加减。

## 三、辨病证之缓急

急者治其标。《金匮要略·脏腑经络先后病脉证》曰："夫病痼疾加以卒病，当先治其卒病，后乃治其痼疾也。"危急之际，则必先治其标。缓者治其本。《素问·标本病传论》曰："本而标之，先治其本，后治其标。"标本兼治，叶老认为，在标本俱重或者标本俱轻之际可运用。

**案例1**

张某，男，12岁。2月。于潜。

患者哮喘起已十载，时发时止，迩因新感，引起宿患，咳嗽阵作，气逆痰鸣，鼻流清涕，胸闷胁痛，脉滑苔黄。先拟泻肺豁痰。

处方：猴枣粉（分吞）0.6g，炙桑白皮6g，白杏仁（杵）9g，甜葶苈子（包）6g，炒苏子8g，前胡6g，宋半夏6g，金沸草（包）8g，蜜炙橘红5g，茯苓12g，冬瓜子皮各9g。

二诊：哮喘未平，有痰不能外吐，气逆难以平卧；但胸闷胁痛，不若前甚，脉弦滑，苔薄黄。

处方：马宝粉（分吞）3g，蜜炙前胡6g，茯苓12g，酥炙皂荚子5g，炙苏子8g，仙露半夏8g，甜葶苈子（包）6g，白杏仁（杵）9g，生灵磁石（杵，先煎）30g，白毛化橘红5g，煅鹅管石12g。

三诊：新感已解，哮喘趋平，咳减痰少，而能平卧，胃纳亦醒，仍守原意出入。

处方：宋半夏8g，茯苓12g，蜜炙橘红5g，炙苏子（包）8g，煅鹅管石9g，白杏仁（杵）9g，酥炙皂荚子4g，海石12g，生灵磁石（杵，先煎）30g，金沸草（包）8g，柿霜（分冲）9g，马宝粉（分吞）3g。

按 哮虽宿疾，多夹新感，本例表邪郁肺，酿痰生热，上壅气道，呼吸受阻，而致咳逆满闷，难以平卧。初用猴枣粉开豁痰热，炒苏子、甜葶苈子泻肺降逆，复以马宝粉、酥炙皂荚子、海石等，导痰下行，使火降痰消，症乃缓解。此标急之候，法在权变耳。

注：《证治汇补·哮病》曰："哮及痰喘之久而常发者，因内有壅塞之气，外有非时之感，膈有胶固之痰，三者相合，闭拒气道，搏击有声，发为哮病。"《丹溪心法·哮喘》曰："哮喘……专注于痰。"肺司呼吸，患者痰阻于肺，为哮喘之夙根，因外感而发，痰升气阻，肺失宣降，故咳嗽阵作；痰气搏结，壅塞气道，而致气逆痰鸣；肺开窍于鼻，风寒犯肺，故鼻流清涕；外邪入里化热，痰热内盛，壅塞肺气，故胸闷胁痛；脉滑苔黄为痰热内盛之象。诊为哮喘病，辨为风寒束表、痰热郁肺证，治以泻肺豁痰，方拟桑白皮汤合二陈汤加减。药用猴枣粉消痰镇惊，清热解毒；炙桑白皮、白杏仁、炒苏子、甜葶苈子泻肺平喘，利水消肿；前胡性寒清热，降气化痰；宋半夏、蜜炙橘红燥湿化痰；金沸草性善疏散，降气行水化痰；"肺为贮痰之器，脾为生痰之源"，加茯苓健脾利水以杜生痰之源；冬瓜子皮清肺化痰，湿从小便而解。二诊时，患者有痰不能外吐，气逆难以平卧，提示痰为胶结之性，继予泻肺豁痰。方以皂荚丸加减。药用酥炙皂荚子味辛而性窜，祛顽痰，"通肺及大肠气"，痰热从大便而解，实为"釜底抽薪"之法；"肾为气之根"，生灵磁石质重沉降，纳气归肾，益肾纳气平喘；煅鹅管石温肺，《本草品汇精要》谓其"主咳嗽痰喘及小儿诸嗽"。三诊时诸症减轻，遵原意。

**案例2**

张某，男，65岁。11月。杭州。

喘嗽已历二十余年之久，每在气候转变或过于疲劳即发。入冬以来，宿喘举发，咳嗽短气，抬肩挺肚，饮食不进，口干唇燥，脉象沉细而软，舌淡苔燥。实喘治肺，虚喘治肾，如今肺肾同亏，治拟益气补肾。

处方：移山参（先煎）9g，麦冬12g，北五味子2.4g，炒玉竹9g，川贝6g，熟地黄炭18g，茯苓12g，炒杜仲12g，紫石英（杵）15g，胡桃肉（连衣打）3枚。

二诊：虽能略进饮食，而喘促未平，口干咽燥如故，小溲短少，脉象沉细，本元已虚，病深日久，难图速效，再宗原法出入。

处方：移山参（先煎）9g，麦冬12g，大熟地炭15g，淡苁蓉9g，炒杜仲9g，茯苓12g，北五味子2.4g，煨补骨脂9g，紫石英（杵）15g，川贝9g，胡桃肉（连衣打）3枚，炒怀牛膝9g。

三诊：前方服后，气逆略平，胃纳渐增，而小溲仍然短少，脉象沉细，舌苔转润。既见效机，原意毋庸更改。

处方：移山参（先煎）6g，麦冬12g，北五味子3g，茯苓12g，炒杜仲12g，淡苁蓉9g，大熟地炭12g，山萸肉6g，泽泻6g，米炒怀山药9g，胡桃肉（连衣打）3枚。

四诊：气逆已平，纳食如常，而小溲仍然不多，脉象沉细，苔白。肺气虽得肃降，而肾虚未复，再以济生肾气丸加减。

处方：桂心（研粉，饭丸吞）1.8g，大熟地炭12g，淡附片5g，山萸肉6g，淡苁蓉9g，车前子9g，炒怀牛膝9g，茯苓15g，泽泻9g，米炒怀山药12g，甘枸杞子9g，制巴戟6g，胡桃肉（连衣打）3枚。

五诊：气平，小溲增多，肾气丸12g，每日分2次送吞。

**按** 治喘不离肺、脾、肾三脏，病在脾肺，化源未亏，根蒂未伤，其病犹浅；在肾者，病出下焦，肾不纳气，阴阳枢纽失交，其病即深。本例证属肺肾同亏，本末俱病，故以金水同治。前三诊用生脉散合温肾镇纳之剂，服后肺得清宁，肾得蛰藏，气逆渐平，口干咽燥转润，而独小便不多，乃肾虚开阖失司，故续用济生肾气丸加减，温肾化气行水。五诊小溲增多，脉转细缓，易汤为丸，以资巩固。

注：《类证治裁·喘证论治》有云"肺为气之主，肾为气之根"。《素问·评热病论》指出"邪之所凑，其气必虚"。清·叶天士在《临证指南医案》中指出"在肺为实，在肾为虚"。患者为老年人，喘嗽十余年，久病肺虚，气失所主，气阴亏耗，不能下滋于肾，肾元亏虚，肾不纳气而喘促；《灵枢·经脉》指出"肾足少阴之脉……入肺中，循喉咙，挟舌本"，故肾元亏虚则口干唇燥；脉沉细而软、舌淡苔燥为肺肾不足之象。诊为喘证，辨为肺肾不足证，治以益气补肾。方拟生脉散加味。药用移山参大补元气，益肺生津；麦冬滋阴润燥；北五味子益气生津，敛肺止咳；炒玉竹养肺胃之阴而不碍邪，清胃热；川贝清热化痰；熟地黄炭滋补真阴；《神农本草经》言茯苓"主胸胁逆气……咳逆，口焦舌干，利小便"；《神农本草经》言紫石英主"心腹咳逆邪气，补不足"；胡桃肉补肾益精，温肺定喘，润肺通便。二诊、三诊遵原法出入。四诊时气逆已平，纳食如常，肺胃之气得复。肾司二便，小溲仍然不多，提示肾虚未复，拟济生肾气丸加减。五诊时小溲增多，易汤为丸，巩固疗效。

## 四、辨脏腑之偏胜

《素问·咳论》指出"五脏六腑，皆令人咳，非独肺也"。叶老认为，肺与肾母子相依，肺与脾太阴所系，《素问·刺禁论》指出"肝生于左，肺生于右"，故外邪犯肺可致咳，其他脏腑阴阳失调，亦会引起咳喘，主张补肾、健脾、益肺、清肝并进，参入化痰肃肺之剂。

**案例1**

杨某，男，29岁。5月。杭州。

阴虚火升，火刑金烁，咳而咽燥，两胁阵痛，午后有虚潮之热，脉象弦数，舌红而干，延有失血之虞。

处方：清炙桑白皮6g，地骨皮9g，黛蛤散（包）12g，煅赭石12g，天花粉6g，川郁金5g，橘红、橘络各5g，粉丹皮5g，蜜炙白薇9g，川贝9g，冬瓜仁12g。

二诊：潮热已减，咳嗽胸痛见瘥，脉不数，失血之累或可幸免矣。

处方：白杏仁（杵）9g，地骨皮9g，蜜炙枇杷叶12g，炙白薇9g，清炙桑白皮6g，代赭石15g，蛤壳（杵）12g，川贝6g，炒橘红5g，川郁金5g，泡射干2.4g，炙紫菀6g。

三诊：火不烁金，金润始复，热退咳减，胁痛已止，脉弦，舌红。再拟清润养肺。

处方：南沙参9g，麦冬9g，甜杏仁（杵）9g，代赭石12g，蛤壳（杵）15g，炙紫菀6g，川郁金5g，炒橘红5g，冬瓜仁12g，蜜炙款冬花9g，川贝6g，杜仲12g。

**按** 脉见弦数，舌质干红，咳而咽燥，两胁阵痛，为肝阴不足，木火偏亢，上刑于肺，必然耗伤肺阴。阴虚火扰，易伤阳络，故谓有失血之虞。治用养阴润肺，镇肝降火，乃使气火下降，肺气得以清肃，则咳嗽自平矣。

**注**："阴虚火升，火刑金烁"，提示肺阴虚，肝火旺。肺阴虚，咽喉失润而咽燥；肺失清肃而咳；肝经分布于胁肋部，故两胁阵痛；阴虚阳无所制，虚热内炽，而见午后有虚潮之热；弦脉在脏应肝，数脉主热；舌红而干提示邪热入里伤阴动血之势。辨为肝火犯肺证。治以清肝泻肺。方以泻白散合黛蛤散加减。药用清炙桑白皮甘寒入肺，清肺热，泻肺气，平咳喘；地骨皮甘淡而寒，直中阴分，泻肺中伏火，退虚热；黛蛤散清肝泻火，化痰止

咳；煅赭石重镇降逆，降气降火，凉血止血，以防内火动血；天花粉清热泻火，生津止渴；川郁金入肝经血分而凉血降气止血；橘红、橘络理气化痰；粉丹皮、蜜制白薇清热凉血；川贝、冬瓜仁清热化痰。二诊时潮热已减，脉不数，提示肝火减轻，原方减天花粉、粉丹皮、冬瓜仁等清热之品，加白杏仁、蜜炙枇杷叶、炙紫菀、泡射干等清肺止咳。三诊时重在养阴润肺，二诊方去桑白皮、地骨皮等清肺之品，加用南沙参、麦冬、蜜炙款冬花润肺养阴，杜仲补肾纳气。

**案例2**

洪某，男，29岁。3月。杭州。

相火内炽，肾水不济，上则咽喉作痛，咳嗽痰中夹血，下则梦遗失精，腰背酸楚，脉来左寸右尺数劲。病属金水两亏，久延防成虚损。

处方：根生地15g，元参9g，生首乌15g，甘草3g，原麦冬9g，粉丹皮6g，潼蒺藜9g，盐水炒川柏4g，马勃5g，芡实9g，生牡蛎（杵）18g，茯神12g。

二诊：咳轻血止，咽喉之痛已瘥，近日亦未梦遗，仍守原方增损。

处方：大生地15g，制女贞子9g，潼蒺藜9g，麦冬9g，陈山萸肉6g，茯神12g，生牡蛎（杵）18g，芡实12g，粉丹皮6g，怀山药9g，元参9g。

**按** 肾居坎中，内寓相火，相火一动，龙火随起，火性炎上，水无以济，上为咽痛咯血，下为梦遗腰酸。盖精与血原系一体，精血既耗，故防有入损之虑。立方未见治咳，而重在壮水制火，所谓辨证求因、审因论治也。

注：肺属金，肾属水，金水相生。若相火内炽，肺阴亏耗，不能输布津液下达于肾，则肾水之上源竭；肾水既亏，水不制火，则虚火上炎而烁金，故咽喉作痛；虚火蒸肺，伤及血络，故咳嗽痰中带血；《素问·六节藏象论》指出"肾者主蛰，封藏之本，精之处也"；肾水既亏，封藏失常，故梦遗失精；"腰为肾之处"，故腰背酸楚，脉来左寸右尺数劲，左寸候心，尺候肾，提示心肾阴虚火旺，辨证为金水两亏。治以壮水制火。"壮水之主，以制阳光"。方取百合固金汤之意。根生地、元参滋肾壮水以制虚火，其中根生地兼能凉血止血，元参兼能治咽喉燥痛，生首乌养血固精益肾，原麦冬养肺阴、清肺热，粉丹皮清热凉血止血，潼蒺藜、芡实补肾固精，盐水炒川柏入肾经而善泻相火，马勃清肺利咽、凉血止血，生牡蛎重镇安神、潜阳补阴固精，茯神宁心安神。二诊时诸症好转，扔拟原方出入。

**案例3**

王某，男，69岁。10月。绍兴。

高年气虚，肺肾两亏，肃纳无权，久咳不已，腰背引痛，动生气逆，痰多稀白，脉沉细，苔薄白。治拟温肾健脾，肃肺化痰。

处方：炒菟丝子（包）9g，炒杜仲18g，盐水炒桑椹子9g，盐水炒甘杞9g，米炒上潞参9g，茯苓12g，宋半夏8g，天冬9g，炙款冬花9g，炮姜3g，拌捣五味子2.4g，参贝制陈皮5g。

二诊：咳逆俱瘥，痰亦减少，但体虚一时难复，仍宗前法加减再进。

处方：米炒潞党参12g，炒冬术6g，云苓12g，盐水炒甘枸杞子9g，炮姜3g，拌捣五味子2.4g，炙款冬花9g，炒橘红5g，宋半夏9g，盐水炒杜仲15g，盐水炒菟丝子9g，潼蒺藜9g。

按　本例治法，补肾阳不用刚燥，滋肾阴而避滋腻。肺为肾之母，肾乃肺之子，子能令母实，补肾即益肺；脾为肺之母，培土则生金。恙由三脏俱虚，益肺、健脾、补肾同进，权衡可识矣。

注：年过半百而正气自半。《景岳全书》曰："肺为气之主，肾为气之根。"肺肾两亏，肺失宣降，肾虚不能纳气，故久咳；腰为肾之府，故腰背引痛。动则耗气，气虚则宣降失司，故劳则气逆，《医学心悟》指出"湿痰滑而易出，多生于脾""肺为贮痰之器"，痰白稀多，提示肺、脾、肾三脏阳虚，水之气化失司，脉沉细，苔薄白，提示脾肾阳虚。辨证为脾肾阳虚，痰湿壅肺，治以培土生金、温肾健脾，肃肺化痰，方以五子衍宗丸合二陈汤加减。药用炒菟丝子补肾阳，盐水炒桑椹子、盐水炒甘杞、拌捣五味子补肾阴益精，取二陈汤之宋半夏、参贝制陈皮、茯苓燥湿化痰、健脾渗湿，米炒上潞参补脾肺之气，天冬、炙款冬花养阴润肺化痰，炮姜专入脾经，温脾阳。

## 第三节　圆机活法治胃病

### 一、和降通达为首务

脾胃相合，俱属土脏。脾为脏，属太阴而恶湿，胃为腑，属阳明而喜润，故脾为阴土，胃为阳土。《素问·五脏别论》云："五脏者，传精气而不泻；六腑者，传化物而不藏。"胃属腑，以通为用，以降为和。盖胃之通降，有赖腑阳之温运，亦需津液之濡润，若有太过或不及之变，则通降失常，于是胀痛诸症作矣。叶老认为阳明通降失司的病因与治法有四。

（一）胃火过亢

《素问·至真要大论》曰："诸逆冲上，皆属于火；诸呕吐酸，皆属于热。"胃火过炽，伤津杀谷，以致阳土失柔，胃气不和，通降亦失正常，于是胃脘胀痛及呕酸、嘈杂、善饥、口干、口苦等症悉由所起。热者清之，叶老喜用川连、银花、蒲公英苦寒清胃家有余之火，配合沙参、花粉、石斛甘寒濡阳明不足之液，再参入醋香附、盐水炒娑婆子疏达消胀止痛，或加海螵蛸制酸。若大便偏干而小溲短赤，神烦寐不安者，佐入黄芩、制军苦泻，或再加生姜、半夏而成苦辛开泻之法，泻心胃之火，复阳明之用。

**典型病案：** 金某，男，38岁。5月，上海。

热郁中焦，胃失降和，食入即吐，口干而苦，齿龈肿痛，心烦寐劣，大便不畅，小溲短赤，脉象弦数，舌苔黄燥。治拟泻火降逆。

处方：姜汁炒川连八分，炒黄芩二钱，制大黄一钱半，黑山栀三钱，姜汁炒竹茹二钱，盐水炒橘皮一钱半，淡吴茱萸四分，姜半夏二钱，炒枇杷叶（包）三钱，生姜二片，原干扁石斛（劈，先煎）四钱。

二诊：前方服后，呕吐已止，大便畅通，口干咽燥，不若前甚。仍守原方出入。

处方：姜汁炒川连八分，黄芩一钱半，姜汁炒竹茹三钱，茯苓四钱，原干扁石斛（劈，先煎）四钱，黑山栀二钱，姜半夏二钱半，淡吴茱萸五分，盐水炒橘皮一钱半，生姜二片，麦冬三钱。

**按** 患者口苦烦懊不寐属心火，渴饮牙龈肿痛为胃热，热结脘膈，中焦不能飞渡，因而食入即吐。寻释方意。脱胎于泻心、左金、橘皮竹茹等方。为苦辛开泻、寒热反佐之法。服后郁开热降，胃气得和。

《素问·至真要大论》曰："诸逆冲上，皆属于火；诸胀腹大，皆属于热。"该患者胃火炽盛，伤津杀谷，以致阳土失柔，胃气不和，通降失司，故胃脘胀痛，食入即吐，口干口苦，大便不畅，小溲短赤。胃火上炎则齿龈肿痛。热扰心神则心烦寐劣。热盛伤津则舌苔黄燥。治拟泻火降逆。方中姜汁炒川连、炒黄芩清胃家有余之火。原干扁石斛甘寒濡阳明不足之液。姜汁炒竹茹、淡吴茱萸、炒枇杷叶降逆止呕。盐水炒橘皮行气。制大黄通腑、黑山栀清热利湿通淋，分别给邪以出路。佐入生姜、姜半夏辛开，泻心胃之火，复阳明之用。服后郁开热降，胃气得和。

（二）胃阳不足

胃阳内虚，阳虚生寒，寒性凝泣而主收引，以致气行不畅，腑阳失运，出现脘胀胃痛，甚者彻背，或兼嗳噫、呕吐、不渴、肢冷畏寒。寒者温之，治用桂枝、吴茱萸、干姜或川椒、荜茇、甘松，配合甘草、生姜、制香附、醋延胡索、姜半夏、茯苓等辛热逐寒，辛甘通阳，辛香开痹，合成温中逐寒、行气和胃之剂。夹湿者加入制茅术、制川朴、生米仁；夹食滞参以炒麦芽、焦山楂、炒神曲；若寒客厥阴，兼见少腹胀痛，酌加天仙藤、台乌药、白檀香；呕酸者，苔薄白加海螵蛸，苔白腻加煅白螺蛳壳。方中香附一味，无湿者用制香附，夹湿者用生香附，取其辛燥以除脾湿、散气结，临床用之，其效益彰。

**典型病案**：罗某，男，51岁。10月，杭州。

病起饥饱不匀，劳倦伤中，中虚温化无权，气机失调，胃脘不时作痛，十年于兹。痛时喜按，形寒肢冷，腰背酸楚，脉来细弦无力，面色少华，属虚寒之证也。

处方：东洋参（先煎）一钱半、炒白术二钱半、炮姜二钱半、清炙黄芪三钱、炒当归四钱、炒广皮二钱、姜半夏二钱半、醋炙香附三钱、甘松二钱半、蔻壳二钱、煅白螺蛳壳六钱、玫瑰花五朵。

二诊：进温补通阳之剂，脾阳得展，胃痛减，腰背酸痛亦瘥，饮食见增，胃气日振矣。

处方：米炒上潞参三钱、炙黄芪三钱、炮姜二钱、炒当归四钱、姜半夏二钱、醋炙香附二钱半、炙刺猬皮三钱、甘松二钱半、焦枳壳一钱二分、玫瑰花五朵、煅白螺蛳壳六钱、红枣四枚。

**按** 本例属中虚胃寒，故立方以东洋参、清炙黄芪、炒白术、炒当归补气血，炮姜、醋炙香附、姜半夏温中散寒，此为补中有疏之法。

注：该患者胃痛，不通则痛，治疗当通，通则不痛。叶天士云，"通字须究其气血阴阳。"这里不能局限于狭义的通法，要从广义的角度理解和运用。此例患者中焦虚寒，温中散寒、扶正补虚即通。该患者饮食不匀，劳倦伤中，脾气虚弱，运化失职，不能运化水谷精微，肢体筋脉失却濡养，气血两虚，则面色少华，脉象细弦无力。脾阳不足，寒自内生，胃失温养，则虚寒胃痛，胃痛喜温喜按。阳虚肢体失却温煦，则腰背酸楚，形寒肢冷。

首诊方中以东洋参、炒白术、清炙黄芪、炒当归气血双补；炮姜、姜半夏温中；炒广皮、甘松、蔻壳、玫瑰花、醋炙香附行气止痛，使补而不滞；煅白螺蛳壳制酸和胃。服后脾阳得展，胃痛减轻，腰背酸楚得瘥，饮食渐增，胃气日振。二诊在上方基础上加炙刺猬皮治胃痛，红枣补脾益气。如此诸恙悉减。

（三）脾胃湿阻

湿困中州，遏阻阳气，脾阳不舒，胃阳不展，腑气通降失常，以致脘胀胃痛，纳呆不渴。叶老认为胃湿之萌，过在脾土，故凡湿滞胃脘者，常兼见纳呆、肢软、疲乏、便溏等脾经见症，脾虚与嗜酒之人每多见此。盖酒者质寒而性热，随人体之阴阳偏性而演化，故凡胃火旺者从阳而化热，成为湿热壅结之证，中阳虚者从阴而化寒，演成寒湿困阻之候。治寒湿困阻致病者，叶老喜用良附丸合陈平汤、胃苓汤之类以治，除去甘草之满中，常用高良姜、生香附、制苍术、制厚朴、炒陈皮、姜半夏、茯苓、生姜等，寒盛痛著加干姜、川椒，其他如党参、白术之益气健中，木香、甘松之理气消胀，均随证而投之。

（四）燥土失润

胃属燥土，宜柔宜润，胃阴不足，母病及子，往往肺阴亦亏，肺之肃降力弱，胃之通降失调，发为胃部隐痛，兼见嗌干、干恶，甚者呕吐泛酸。叶老治此，仿叶天士甘寒凉润法，采张仲景麦门冬汤意。凡胃阴不足兼有胃热者，常用沙参、玉竹、川石斛、甘草、白芍等甘寒濡养合甘酸化阴为主，配合银花藤、蒲公英微苦清热，或加青盐制陈皮、淡竹茹降胃逆，或参枇杷叶、饭蒸桑叶肃肺气以佐之，亦有投入枸杞子、木瓜等酸守津还者。若胃阴不足而兼气虚者，往往胃热不著，改用麦门冬汤为主方，出入以治。

## 二、脏腑关联需详察

叶老根据《素问·至真要大论》中"谨守病机，各司其属，有者求之，无者求之"的理论，注重详析病机，着意于脏腑之间的相互关联与影响，认为治疗胃痛，对于有症之所当求之，无症之处亦当详究，因而临证中除胃腑本身以外，对肝、心、脾、肾及大肠等脏腑的病机变化十分注意。叶老的这种观点在其临床治疗中反映明显。

## （一）肝木犯胃

肝强横侮其胃，土虚招致木贼，木能克土，此为五行乘侮之常也。《素问·宝命全形论》又有"土得木而达"之说，肝木疏泄适度，中土枢运如常。叶老认为木能克土，亦能疏土。凡木横而克，或木郁不疏，都能影响胃之通降，胃气通降失常则胃脘胀痛、恶心、呕酸等症纷起，甚或痛引两胁。如此者，其病在胃而其治在肝，或肝胃并治，临床中如肝气犯胃，肝胃不和，肝胃郁热，肝胃阴虚者俱属此类。盖五志俱从火化，气郁久则生热，大凡肝木犯胃之胃脘痛，以气滞热郁者为多见。叶老治此，常以左金丸合河间金铃子散为主方，以黄连清胃热，川楝子除肝热，吴茱萸与上药合成苦辛以散气结，制延胡索行血中之气而止痛，苦辛相合，寒热并用，并通过药物量上的配伍变化，或以降为通，或开中寓泄，按郁热之轻重而调制。《素问·脏气法时论》云："肝苦急，急食甘以缓之；肝欲散，急食辛以散之；以辛补之，以酸泻之。"故再以甘酸相合之芍药甘草汤与上药配合。此外，肝血不足则肝气有余，加当归、桑椹子合白芍养肝血；肝阴不足则肝热内萌，用生地、枸杞子配白芍养肝阴；再如夏枯草、石决明之凉肝散结，川石斛、天花粉之生津濡胃等俱可随证以进。若肝气郁滞而内热不著者，则除去左金丸，加入绿梅花、佛手柑、小青皮等，兼胁痛者，金沸梗亦可加入。对气郁不达、郁勃太过以致痛胀剧烈者，每加苏合香丸行气止痛；若夹湿夹食，胀痛不休而舌苔黄厚者，改以越鞠丸治疗。还有土虚木贼致肝胃不和、肝气不疏、胃气内虚者，则用异功散与芍药甘草汤为主参入白蒺藜、八月札、制香附与玄胡等出入以治。

**典型病案**：李某，女，49岁。11月，余杭。

忧思郁结已久，肝失疏泄，胃失和降，土德不振，脾轴失运，浊阴窃据中焦，阳气不得敷布，先有两胁刺痛，继而胃脘亦痛，呕酸，嗳气，口苦食减，腹满便秘，小溲短少，舌苔白腻而厚，脉象左弦右濡。先予疏肝和胃，理气泄浊。

处方：苏合香丸（研吞）一粒，姜半夏三钱，制茅术二钱，制厚朴二钱，茯苓六钱，淡吴茱萸二分，炒川连六分，旋覆花（包）三钱，代赭石六钱，四制香附三钱，青盐陈皮一钱半，广郁金二钱，炙绿萼梅一钱半，炒白芍二钱，盐水炒枳壳二钱。

二诊：前方服后，胁脘胀痛已减，二便畅通，腹满得宽，呕酸嗳气不若前甚，苔腻转薄，渐思纳食而有馨味。仍予肝胃兼治。

处方：姜半夏三钱，橘红、橘络各一钱半，茯苓五钱，盐水炒枳壳一钱半，炒竹茹三钱，四制香附三钱，广郁金三钱，炙佛手柑三钱，煅瓦楞子八钱，炙绿萼梅一钱半，炒白芍二钱半，旋覆花（包）二钱半，制延胡索二钱。

三诊：纳食复常，惟有两胁胀痛迄未尽除，脉转小弦而滑，久痛入络，仍予前方佐入当归三钱，红花一钱半，拌丝瓜络三钱，以活血行瘀通络，续服6剂而愈。

**按** 患者由情志怫郁而起，肝失疏泄，两胁为肝之分野，因而先见胁部刺痛，木气横逆，中土不和，胃失通降，浊阴内停，清气不升，浊气不降，清浊相干，气机失调而致胃脘疼痛，嗳气泛酸。叶老治本病，是用疏肝理气、温脾和胃之法，使中枢运转，气得畅行，通则不痛。清升浊降，酸亦自止也，初方中苏合香丸有化浊、理气、止痛作用，常见叶老用于气滞作痛者颇效。

注：胃痛，又称胃脘痛，是以上腹胃脘部近心窝处疼痛为主症的病证。胃痛的发生，主要与外邪犯胃、饮食伤胃、情志不畅和脾胃素虚等而致胃气郁滞，胃失和降，不通则痛有关。临床上，肝气犯胃型胃脘痛越来越多见，其诱因与当今社会生活节奏加快、工作压力加大所致的情志失调紧密相关，这也使病情易反复发作。女子以肝为先天，此例患者忧思郁结，伤肝损脾，肝失疏泄，横逆犯胃，胃气阻滞，胃失和降，而发胃痛。如《沈氏尊生书》所说："胃痛，邪干胃脘病也……惟肝气相乘为尤甚，以木性暴，且正克也。"胃气上逆则呕酸，嗳气。肝乃将军之官，性喜条达，主调畅气机，忧思郁结，使肝失条达，疏泄不利，气阻络痹则两胁刺疼。肝气横逆乘脾，脾失健运，气机不畅则腹满便秘，水液运化失司则小溲短小、舌苔白腻而厚。其脉象为肝郁脾虚之表现。治拟疏肝理气，健脾和胃。初方中之苏合香丸，叶老常用于气滞作痛者。苏合香丸是温开剂的代表方，既是治疗寒闭的常用方，也是适用于气滞寒凝者的有效方剂。王子接《绛雪园古方选注》说："苏合香能通十二经络、三百六十五窍，与安息香相须，能内通脏腑。龙脑辛散轻浮，走窜经络，与麝香相须，能内入骨髓。犀角入心，沉香入肾，木香入脾，香附入肝，熏陆香入肺，复以丁香入胃者，以胃亦为一脏也。用白术健脾者，欲令诸香留顿于脾，使脾转输于各脏也。诸脏皆用辛香阳药以通之，独心经用朱砂寒以通之，以心为火脏，不受辛热散气之品，当反佐之，以治其寒阻关窍，乃寒因寒用也。"如此可见此方用于气滞寒凝者，颇有良

效。对于此患者，既可治其肝气郁滞，又可治其脾虚湿阻。肝体阴而用阳，方中炒白芍柔肝体，四制香附、广郁金、炙绿萼梅、盐水炒枳壳养肝用。另方中制茅术、制厚朴、二陈汤健脾化湿。淡吴萸、旋覆花、代赭石降逆止呕。首诊后胸脘胀痛减，二便畅通，腹满得宽，呕酸嗳气不若前甚，苔腻转薄，渐思纳食。仍予肝胃兼治。煅瓦楞子制酸止呕，制延胡索理气止痛等。三诊时惟两胁胀痛未除，脉小弦而滑，乃因气郁日久，血行不畅，瘀血渐生，阻于胁络，不通则痛，导致瘀血胁痛。《临证指南医案》说："久病在络，气血皆窒。"故加用丝瓜络、红花、当归等活血化瘀通络之品，获得良效。

（二）土虚火衰

心阳衰于上，肾阳虚于下，君相之火不足，不能暖中温土，以致胃阳内虚，脾气失运，伴以旷阳不展，阴霾窃踞，症见心下疼痛，呕吐清涎，胸闷，心悸，肢冷，畏寒。叶老认为此证寒因虚起，宜补宜温，痛由寒生，宜辛宜通。常用桂枝加附子汤合良附丸为主方，以桂枝、附子护阳祛寒，良姜、香附逐寒通痹，白芍、甘草缓急止痛为主，夹痰者配合瓜蒌、薤白、半夏，气虚者与六君子汤合用，或加天仙藤、娑罗子行气消胀，或佐荜茇、干姜温胃止痛。总之，叶老治此证以辛热通阳、宣痹散结为常法。

**典型病案**：胡某，男，34岁。9月，杭州。

食入脘闷作胀，朝食暮吐，宿谷不化，大便秘结，形寒恶冷，按脉迟细，舌苔白润。脉症相参，病属中土失运，肾阳亦衰，乃致水湿内停，上下失其通利。先拟温运通阳。

处方：淡附子一钱半，肉桂（研细，后下）一钱半，吴茱萸八分，公丁香（杵，后下）三分，姜半夏三钱，炮姜一钱八分，茯苓五钱，炒广皮二钱，炒建曲三钱，制苍术二钱，炒薏苡仁四钱，全瓜蒌（杵）五钱，厚朴一钱半。

二诊：阴霾满布，得阳光之煦而趋消散，水混已行，得通降，吐止纳增，大便亦通，脉细较前有力，苔薄白。续予附子理中加减。

处方：淡附子一钱八分，东洋参（先煎）一钱八分，炒冬术一钱八分，炮姜一钱八分，炒当归三钱，姜半夏二钱半，云苓五钱，新会陈皮二钱半，煨肉果一钱半，吴茱萸七分，炒薏苡仁三钱，建曲二钱半，红枣三枚。

**按** 患者中土虚寒，肾阳亦衰，致火不蒸土，难以腐化熟谷，水湿停聚于中，形成上下隔阂，上则作吐，下则便秘。《景岳全书》所谓"反胃系真火式微，胃寒脾弱，不能消谷"。治则先用淡附子、肉桂、炮姜、吴茱萸等以温脾暖肾，使阳气伸展，升降通调，水谷得以运化耳。

注：患者脾肾阳虚，肾阳虚不能温暖中土，胃阳虚胃失通降，则脘闷作胀，朝食暮吐，大便秘结。脾为后天之本，肾为先天之本。脾的运化水谷，是脾气及脾阴脾阳的协同作用，但依赖于肾气及肾阴肾阳的资助和促进，始能健旺，患者脾肾阳虚，脾失健运，则宿谷不化。肾阳为一身阳气之根本，肾阳虚不能温煦全身脏腑形体官窍，则形寒恶冷。其舌脉为脾肾阳虚之表现。寒因虚起，宜补宜温，痛由寒生，宜辛宜通。该患者当通补为宜，用辛淡之品，因辛能通阳，淡能趋下。不可守补，守中必致壅逆。该患者用辛温药姜半夏、淡附子、肉桂、炮姜、吴茱萸、公丁香、制苍术通阳。这些通阳药中的姜半夏为降逆止呕之要药，对此例胃寒所致的胃气上逆之呕吐尤宜，《金匮要略》中述及治呕吐，有大小半夏汤。淡渗药茯苓、炒薏苡仁渗下。炒广皮、全瓜蒌、厚朴理气。炒建曲消食。服后阳气伸展，升降通调，诸症缓解。

（三）脾胃同病

脾之与胃，脏腑相合，同属中土而为后天之本。胃病者，久而及脾，脾病者亦往往及胃，以致脾胃同病，土德不振，中轴失运，升降失调。《素问·阴阳应象大论》曰："清气在下，则生飧泄、浊气在上，则生䐜胀。"症见胃脘隐痛，空腹著，食后缓，或痞满，纳少便溏，乏力神怠，四肢不暖，脉细苔薄白或薄腻。叶老治疗以建立中阳，恢复腑运为宗则。盖阳虚生内寒，对于脾胃气虚、因虚生寒者，治用建中合理中二方为主，重用炙甘草、炮姜甘温补中，参入南木香、制香附温中行气，或加清炙芪、炒当归补气和血，呕酸者佐入海螵蛸、浙贝。叶老治疗胃脘痛对姜的应用比较讲究，生姜用于和胃止呕，干姜用于温中止泻止痛，炮姜用于暖胃止血。有时取其性，如以姜汁炒竹茹，有时减其味，如用淡姜渣味淡微温以舒胃气。叶老用建中汤每以炮姜易干姜，取其色黑入肾而寓补命火以暖中土之意，循此法以进，则诸如附片、肉桂等温补肾阳之品均可随证酌情选用。至于对脾胃气虚而内寒不著者，治疗以甘温甘平为主，常用如异功散合芍药甘草汤，加制香附行气，制延胡索止痛，呕酸者参入海螵蛸、浙贝，夹湿苔腻者改用白螺蛳壳。此方疗效明显，后由他人实践总结后制成胃灵合剂，专用于对胃、十二指肠溃疡病的治疗。尚有脾虚胃热夹湿者，症见脘部痞胀或痛，口干饮少，不喜纳谷，食入则不适益著，大便或软或溏，苔黄厚腻，脉沉滑数，此与仲景泻心汤证相近，治疗则采用吴鞠通之加减泻心汤为主方，以黄连、黄芩、半夏、干姜为主药，参入茅术、米仁燥湿渗湿，厚朴、神曲除满消积，脘胀及腹而脉沉有力者，亦暂加制军以通因通用。

**典型病案**：唐某，男，30岁。9月，杭州。

胃脘痛起已多年，受凉易发，食入脘胀不舒，近来更加溏薄，夹有紫褐瘀块，肤色萎黄，寐况欠佳，舌淡红，苔白腻，脉象迟细。脉症两参，病属中焦虚寒，脾阳不运，胃气失和。治宜温摄脾阳。

处方：炒於术二钱半，炮姜一钱半，炙黑甘草二钱半，煨南木香一钱半，姜半夏三钱，炙新会陈皮二钱，炒谷芽四钱，炒秫米（包）四钱，红藤四钱，旱莲草三钱，蒲公英四钱，红枣五枚。

二诊：前方服后，脾阳渐运，脘痛减轻，便中瘀块已少，精神亦较前为振。仍守原法出入。

处方：炒於术二钱半，炙黑甘草三钱，炮姜一钱半，炒赤芍二钱，槐米炭三钱，红藤四钱，煨南木香一钱半，炒香谷芽五钱，蒲公英三钱，旱莲草三钱，红枣五枚。

三诊：脘痛已止，胃纳见增，便色转黄。惟寐中尚多梦扰，乃胃气未和耳。

处方：炒於术三钱，姜半夏三钱，炒秫米（包）四钱，炮姜一钱，炒赤芍二钱，清炙草三钱，煨南木香一钱，蒲公英三钱，旱莲草四钱，红藤四钱，槐米炭四钱，红枣五枚。

四诊：服食二便如常，苔腻转薄，脉尚迟细无力。再予理中加味续进。

处方：米炒上潞参二钱半，炒於术二钱，炮姜一钱二分，清炙甘草二钱半，红藤四钱，新会陈皮二钱半，槐米三钱，煨南木香一钱二分，带壳春砂（杵，后下）一钱，蒲公英三钱，云苓四钱，红枣五枚。

五诊：迭进温运，中寒已祛，脾阳得展，健运有权，诸恙消失，肤色亦转润泽，精神渐趋振作，舌净，脉缓。再当治本。

处方：米炒上潞参三钱，炒於术二钱半，清炙甘草二钱半，米炒怀山药三钱，炒白芍二钱，炙新会陈皮一钱半，姜半夏三钱，红藤四钱，焦麦芽五钱，煨南木香一钱半，盐水炒娑罗子三钱，红枣七枚。

按　患者因中虚脾阳不运，气机失于条达而致胃脘疼痛。脾虚不能统血，则血溢于下，故便色紫黑。前三诊以温运脾阳为主，其中用炙黑甘草与炮姜，甘缓温中而又止血，炒赤芍和营止痛，煨南木香、姜半夏调气和胃，服后脾阳得运，血自归经，便色转黄，痛亦遂止。以后宗原意改用香砂六君加减，接服20余剂而获痊愈（五诊后处方因增减不多，不载）。本例患者曾在浙江省中医院检查为"十二指肠球部溃疡"，共服药40余剂，症状完全消失，体力渐复，3个月后复查，情况良好，壁龛已愈合。

注：《临证指南医案》云："夫痛则不通，通字须究气血阴阳，便是看诊要旨矣。"慢性胃痛病程长，病情缠绵。其辨证首先当辨其虚实寒热。此例患者慢性胃痛为脾胃虚寒所致。患者素体脾阳不足，则寒自内生，胃失温养，则虚寒胃痛。脾虚水谷、水液运化失司，则食入脘腹胀满，大便溏薄，苔白腻。脾失健运，不能化生充足气血，筋肉皮毛不能得到充足营养，故肤色萎黄。脾虚血亏，心神失养，神不安舍则寐况欠佳。脾主统血，脾气虚弱，运化无力，气生乏源，气衰而固摄作用减弱，血液失去统摄，血随气陷而下溢出血，故见大便夹有紫褐瘀块。前三诊以温运脾阳为主。方中用炮姜，既能温经止血，因炮姜性温，主入脾经，主治脾胃虚寒，脾不统血之出血病症，又能温中止痛。《得配本草》云："炮姜守而不走，燥脾胃之寒湿，除脐腹之寒痞，暖心气，温肝经，能去恶生新，使阳生阴长，故吐衄下血，有阴无阳者宜之。"方中甘草，味甘，既能缓急止痛，又善入中焦，能补益脾气。炒於术、姜半夏、炙新会陈皮健脾燥湿。煨南木香既能行气止痛，又能健脾消食。炒秫米和胃安神。炒谷芽消食和中、健脾开胃。红藤、蒲公英、旱莲草止血。服后脾阳得运，血自归经，便色转黄，痛亦遂止。以后宗原意改用香砂六君加减，接服20余剂而获痊愈。在胃痛的治疗上，根据其不通则痛的病机，从通法入手来辨证施治。邪实者，疏而导之，令其通达；不足者，补而行之，复其通畅。正如《医学真传》所说："所痛之部，有气血、阴阳之不同。若概以行气、消导为治，漫云通则不痛。夫通者不痛，理也。但通之之法，各有不同。调气以和血，调血以和气，通也；下逆者使之上行，中结者使之旁达，亦通也；虚者助之使通，寒者温之使通，无非通之之法也。"因此此例中，脾胃阳虚者，温补脾胃阳气即是通。临证治疗以辨证施治为要，总可获得良效。

（四）胃肠痞结

足阳明胃及手阳明大肠，二者经脉相系，属腑而以通降为用。凡胃气痹塞于上则大肠壅阻于下，或大便秘结，腑气失降而浊气上逆，则胃痛、腹胀、便秘、嗳腐、恶心、口苦、厌食等症俱作。叶老按六腑宜通，胃气当降之机制，以透腑泄热、降逆和胃为治，主用三黄泻心，或与小承气、小陷胸合用，前者用于热重，后者兼有湿阻。应用导泻时叶老从不过剂，此亦长沙之意，故药后得溏便即止，遂即改以清热养胃和中降逆之剂为继，如蒲公英、银花、石斛、芦根、陈皮、竹茹、白芍、生甘草之类，或加瓜蒌通泄，或参香附利气，或投山楂、神曲消积。若再见便干不畅而舌苔不厚者，投以玄明粉5～10g冲入以润下。

**典型病案：** 孔某，男，38岁。10月，于潜。

嗜冷积食，气机不运，胃脘胀痛，食入不舒，大便不畅，肢冷，神倦乏力，苔白脉迟，治当温通。

处方：高良姜一钱半，甘松二钱，广木香一钱半，炙新会陈皮二钱，四制香附三钱，炒九香虫三钱，焦枳壳一钱半，山楂炭三钱，全瓜蒌（打）四钱，炙鸡内金三钱，酒制薤白二钱。

二诊：前方服后，大便通润，气得运行，痛止胀减，惟形寒肢冷如故，阳气未布耳。

处方：蜜炙桂枝八分，炒香麦芽五钱，全瓜蒌（打）三钱，山楂炭三钱，天仙藤三钱，炮姜一钱半，四制香附三钱，甘松一钱半，炒九香虫（包）三钱。

**按** 本例系饮冷食滞，胃气失其通降而致中脘胀痛，阳气不得敷布，因而四肢不暖。先后两法，用高良姜、蜜制桂枝、酒制薤白温中祛寒，广木香、四制香附、甘松、炒九香虫健胃理气止痛，焦枳壳、全瓜蒌、山楂炭导滞通肠，服后中阳鼓舞，腑气通调，诸恙悉减。

注：痞满是以自觉心下痞塞，胸膈胀满，触之无形，按之柔软，压之无痛为主要症状的病证，乃因感受外邪、内伤饮食、情志失调等引起中焦气机不利，脾胃升降失职所致。痞满按部位可分为胸痞、心下痞等。心下痞即胃脘部。中医对痞满论述古已有之，其首论源于《黄帝内经》，辨证论治奠基于仲景。后世医家对其多有论述。治痞当首辨虚实、次辨寒热。张介宾在《景岳全书》中指出"凡有邪有滞而痞者，实痞也，无物无滞而痞者，虚痞也。有胀有痛而满者，实满也；无胀无痛而满者，虚满也。实痞实满者，可散可消，虚痞虚满者，非大加温补不可"。痞满的诊治当总以调理脾胃升降、行气消痞除满为基本法则。

该患者有胀有痛，有邪有滞，当属实痞。患者素来嗜冷食积，寒凝胃脘，胃气阻滞，胃失通降，则食入不舒，大便不畅。寒凝胃脘，阳气被遏，气机阻滞，则肢冷，神倦乏力，脉迟。治拟温胃散寒，行气止痛。首诊以高良姜、酒制薤白温胃散寒，甘松、广木香、四制香附、炒九香虫、炙新会陈皮行气止痛。焦枳壳、山楂炭、全瓜蒌、炙鸡内金导滞消食积。服后气机得畅，故大便通畅，痛止胀减。然阳气未得输布，故肢冷未得缓解。二诊予蜜制桂枝辛温通阳，温通经脉，使阳气得以输布。炮姜温中散寒。甘松、四制香附、炒九香虫、天仙藤行气。炒香麦芽、山楂炭、全瓜蒌导滞消食积。继续除胀消寒积。如此中阳鼓舞，腑气通调，阳气输布，诸恙悉减。

## 三、气分血分当明辨

叶老宗叶天士"初病在气，久必入络"之说，认为胃脘痛者虽有属虚属实之异，或寒或热之别，在起病之初总属气机痹阻、通降失司之候，久之，气病及血，血因气瘀，于是络道不利，气血俱病。临床中十分注重其病之气分与血分的辨别。凡久病累及血络者，常见胃痛如刺，反复不已，按之益剧，或曾呕红，便黑。此积瘀不消，难于速拔其根。治疗或用失笑散加桃仁、赤芍、花蕊石、制香附活血化瘀，消瘀止痛；或以苏木、归尾、三棱、莪术、延胡索破积通瘀，推陈致新。瘀久化热者增入红藤、丹皮、夏枯草或制大黄少量；瘀而夹寒者投以黑炮姜、桂枝、川椒；中焦虚寒者配合理中汤，除党参，改干姜为炮姜，再加红枣、蒲公英。其中炮姜与蒲公英同用，寒热相济，既温经又柔络。按气为血帅，气行则血行，故如郁金、川芎及广木香、娑罗子等理气药，均酌情选入。

**典型病案**：王某，男，40岁。11月，余杭。

嗜酒伤胃，湿热蕴郁，气滞瘀阻，中脘胀痛，痛处拒按，大便色如黑漆，舌紫绛，脉弦滑，失笑散加味。

处方：酒炒蒲黄二钱半，五灵脂（包）五钱，桃仁（杵）二钱，赤芍二钱，花蕊石一钱半，煅白螺蛳壳六钱，四制香附三钱，姜半夏二钱半，甘松二钱半，陈皮二钱，盐水炒娑罗子三钱。

二诊：前方服后积瘀渐化，气机得运，痛胀俱轻，惟大便尚带黑色。原法增减续进。

处方：制军一钱，桃仁二钱，炒归尾二钱半，苏木屑（包）三钱，花蕊石五钱，酒炒蒲黄二钱半，五灵脂（包）五钱，姜半夏二钱半，四制香附三钱，煅白螺蛳壳六钱，炒娑罗子三钱，赤芍二钱。

**按** 患者酷嗜曲糵，谅有湿热蕴郁于胃，伤及阳明，而致血瘀凝积，故症见脘痛拒按，便色漆黑，初方用"瘀则宜消"之法，以失笑散加花蕊石、桃仁、赤芍、四制香附等，服后虽痛止胀轻，而大便尚带黑色，说明瘀未尽祛，次方又增制军、苏木屑、炒归尾破积通瘀，推陈致新，盖瘀积不消，难拔其根也。

注：叶天士云："初病在气，久必入络。"慢性胃痛起病之初总是气机痹阻、通降失司之候，然而气为血之帅，气行则血行，气滞则血瘀，气滞日久影响血络通畅，气病及血，络道不利，气血俱病。因此慢性胃痛患者多兼有血瘀，"胃病久发，必有聚瘀"。该患者素来嗜酒，湿热聚于胃肠，日久成瘀。其胃痛拒按、大便色黑如漆、舌紫绛为瘀血色脉征。积瘀不消，难于速拔其根。该患者用失笑散加桃仁、赤芍、花蕊石、四制香附、煅白螺蛳壳活血化瘀，消瘀止痛；盐水炒娑罗子、陈皮、甘松理气；姜半夏燥湿。服后气行瘀化，诸症悉减。

### 四、脾肾兼顾克水饮

《黄帝内经》之云饮病，即水病。《金匮要略》所论之痰饮，乃为饮病，"痰"即淡，通澹，《说文解字》中解为水摇动貌。常认为，历代医家对于痰饮的论述，大致以宋代为分水岭，宋以前，详于饮而略于痰，盖水饮同病；宋以后，详于痰而略于饮。杨仁斋的《仁斋直指方》中首先将饮与痰的概念做了明确的分离，提出饮清稀而痰稠浊，严用和提出"气滞生痰"，认为气滞津凝则生痰饮，为后世所尊。

《金匮要略》所载之支饮证，即为水饮病。其以"咳逆倚息，气短不得卧，其形如肿"为主要临床见症。其"水在心，心下坚筑短气""水在肺，吐涎沫""水在脾，少气身重""水在肝，胁下支满，嚏而痛""水在肾，心下悸"者，皆为支饮者饮邪侵及脏腑所致。仲景指出，若内有饮停而复感外邪，表里合邪而壅阻于肺，则症见"满喘咳吐"以外，伴有表邪引起的"寒热，背痛，腰疼"，甚则咳剧而目泣出，喘甚而身瞤剧，急者小青龙汤主之。《黄帝内经》认为其本在肾，其末在肺；诸湿肿满，皆属于脾。究其饮邪不化，内停致病之原因，《金匮要略》虽未论及，但从"夫短气有微饮，当从小便去之，苓桂术甘汤主之，肾气丸亦主之"中亦可揣度脾肾之别。

水肿，即水气、水病，水胀，其主饮而非痰。《灵枢·水胀》中曰："水始起也，目窠上微肿，如新卧起之状……其水已成矣。以手按其腹，随手而起，如裹水之状，此其候也"，《黄帝内经》立"平治于权衡，去宛陈莝……开鬼门，洁净府"之宗，仲景附"诸有水者，腰以下肿，当利小便；腰以上肿，发汗乃愈"，皆为治水之王道。至宋·严用和首次提出阴水、阳水的概念，朱丹溪认为阳水乃遍身肿，烦渴，小便赤涩，大便闭；阴水则遍身肿，不烦渴，大便溏，小便少，不赤涩，对其进一步做了区分。由此确立后世阳水祛邪，发汗解表攻逐，阴水扶正，健脾温肾，辅以行气活血利水的治则。

至清代乾隆年间，叶天士宗《金匮要略》，受诸家医论启发，认为"脾阳虚者为外饮，肾阳虚者为内饮"，提出"外饮治脾，内饮治肾"的观点。叶老为叶天士门下传人的弟子，宗仲景与天士诸说，他认为水即是饮，饮即是湿，本属一体，俱为阴邪。无阳则阴无以化，或脾阳不足，或肾阳内虚，脾肾阳虚则阳不化气，气不化湿，以致水湿不化而成饮邪，故叶老医案中常载"阳虚水寒成饮"之说。叶老指出"脾主运化，饮食于中全赖脾土之蒸化转运，而脾阳又赖于肾阳之温煦，故肾阳不足则火衰不能熏土，土虚不能化物，以致水谷难化精微，而化为痰饮"。水积于阴则为饮，饮由肾寒水泛而成；饮凝于阳则为痰，痰从脾阳不运而生。故叶老认为，外饮者，水从外而来，脾虚困于湿，治以健脾利湿，方苓桂术甘汤主之，脾虚甚者辅以六君子汤、参苓白术散，外台茯苓饮、理中汤之类；内饮者，阴水内生，乃肾阳虚，阳不化气之故，治以温肾化气，方金匮肾气、真武汤主之，阳虚甚者投黑锡丹，黑锡丹乃药石之品，中病即止。笔者认为，结合叶老的经验和理论，除了外饮治脾，内饮治肾，表饮治肺也是其重要机制之一。表饮者，外邪袭表，肺气不宣，或水饮内停，或郁而化热，治以宣肺解表，温而（通阳）化饮，方越婢汤类、大小青龙汤类主之。

痰饮病之形成以脾肾两虚为根本病因，饮邪犯肺而生咳喘乃系基本病机所在，感受外邪，年老阳衰与肝脾失调则是诱发与加重疾病的重要因素。其中，脾肾之间以肾为主，脾为次；脏腑与饮邪之间以脏腑为本，饮邪为标；内饮与外邪之间以内饮为本，外邪为标。因此，叶老认为调和肝脾，少进生食肥腻，勿嗜烟酒，远居水湿之地，服用膏方补命门火衰等都对水饮病的治疗有益。脾气之健运尚有赖于肝气的疏泄，肝脾失和亦是导致脾运失调、停湿成饮的重要原因，所谓"木横侮土，土郁而水谷不化，湿乃化饮"。常年居住在阴暗潮湿之地，则易酿湿生痰，此外保持良好的生活习惯，注意饮食调摄，忌"嗜酒生湿，酿痰成饮"，年长势衰之际能补脾肾之本，则可缓"年届花甲，命火式微，阳不胜阴，火不敌水，水寒成饮"之证。

叶老将《金匮要略》"治未病"的思想贯穿于痰饮证的治疗之中，认为"支饮每交冬春而发""阳虚痰饮，受寒触风，在冬春雨季猛发""痰饮……历来秋末冬初，受寒触风即作"，饮证之发作具有明显的季节特点，与气候因素密切相关，并按《黄帝内经》"春夏养阳，秋冬养阴"的理论，对于久患饮病者，主张在春夏阳盛季节，病情稳定之时，趁机培补脾肾阳气，意在阳得阳助则取效更速，收效益著。此种治法，开启了近代冬病夏治之先河。或在冬令收藏之季，在病情相对稳定时给服由肾气丸、右归丸、六君子汤与苓桂术甘等随证组合而成的膏方补药，滋肾健脾与通阳化饮并进，达到当年进补，来年饮病少发或不发之目的。

（一）表饮（外感表邪，内停水饮）

**案例1（水肿病）**

林某，女，22岁。2月，杭州。

始有寒热，治后虽退，而咳嗽不已，由上而下全身漫肿，头大如斗，双目合缝，气逆不耐平卧，小溲短少，食入腹筒作胀，按脉浮滑而数，舌苔白薄。水气内停，风邪外袭，两者相搏，溢于皮肤成肿。《黄帝内经》云："病始于上而盛于下者，先治其上。"拟大青龙法。

处方：生麻黄一钱，白杏仁（杵）三钱，生石膏（杵，先煎）五钱，甘草八分，桂枝木八分，陈皮一钱半，粉猪苓三钱，生姜皮五分，茯苓皮四钱，清炙桑白皮三钱，炒椒目（包）一钱半。

二诊：气逆略平，汗出无多，咳嗽如故，肿势未消，按脉浮滑，舌苔薄白。水气逆肺，肺失肃降，气机不利，水湿难消。再拟疏风宣肺，行气利水。

处方：生麻黄一钱，白杏仁（杵）三钱，桂枝木一钱半，生石膏（杵，先煎）五钱，冬瓜子皮各四钱，陈皮一钱半，带皮苓三钱，清炙桑白皮三钱，炒椒目（包）一钱，生姜皮八分，紫背浮萍二钱。

三诊：肺气得宣，汗出尿增，水肿十去五六，咳嗽大减，气逆渐平，脉浮，苔白。病有转机，再拟原法出入。

处方：生麻黄五分，白杏仁（杵）三钱，桂枝木一钱，茯苓三钱，炒晒白术一钱半，炙陈皮一钱半，炒枳壳一钱半，泽泻二钱，大腹皮三钱，防己一钱半，清炙桑白皮二钱。

四诊：水肿已退八九，气逆亦平，食后腹笥仍胀，脉弦而细，舌苔白薄。水为阴邪，水湿久停，中阳不展，脾失健运，再拟温中化气利水。

处方：桂枝木一钱半，姜皮一钱，冬瓜子皮各四钱，清炙桑皮三钱，茯苓皮五钱，泽泻二钱，炒晒白术二钱，猪苓三钱，炒椒目一钱，平地木五钱，大腹皮三钱，红枣五枚。

五诊及六诊：水肿已消，咳嗽气逆俱平，继服六君子汤加猪苓、泽泻、桂枝等健脾化湿，连续进10余剂而告痊愈。

**按** 古人以先喘后胀治肺，先胀后喘治脾。肺主一身之表，与皮毛合，风邪袭表，则肺气不宣，气滞则水不行，流溢肌肤成肿。《金匮要略》云："诸有水者，腰以下肿，当利小便，腰以上肿，当发汗乃愈。"患者初起形寒身热，先肿头面，由上而下，属风水，治当发汗。迭进泻表行水之剂，服后汗出，咳逆渐平，水肿消去大半，病势显有转机，而两脉仍有浮象，既已汗不宜过汗，故继用通阳利水，五苓、五皮加减，少佐麻黄宣肺利气，以通水道。以后水肿已消，但水湿内聚，属于阳气不足，故续以六君子加味和中煦阳，使中焦阳气日隆。则水有所制，而不复聚。

注：叶老治水肿宗《金匮要略》法，又师丹溪阴水阳水之辨。临床中以辨别表里虚实寒热为首务。在表者按"风水"论治，以实为主，或实中夹虚，亦有属虚者，甚少见，又以江南气温，故属热者多，属寒者少。热证采越婢汤、越婢加术汤、越婢加附子汤诸方为主；寒证每以甘草麻黄汤或麻附细辛汤，或与五苓散同用。虚证选用防己黄芪汤合五苓同用，盖肺脉起于中焦，肺金生于脾土也。在里者，证候变化良多，或虚，或实，或虚实夹杂，或寒，或热，或寒热错杂，但总以虚寒为多，实热较少。治疗重在脾肾，兼及肺肝，并注意对兼夹症之处理。叶老主张治病求本，反对一味渗利逐水，常以"过利伤肾"为戒。用药以《金匮要略》方为主，随证变化，不拘于一格。

阳水热证，继发于风热外感之后，多已表解热退，或咽痛，咳嗽未除。面目浮肿，亦有兼以足肿，甚或一身悉肿者，小溲短少而黄。叶老宗"病始于上，而盛于下者，先治其上"。从肺论治，主以疏肺气，清余热，宣通三焦法，采《金匮要略》越婢汤原方，以姜皮易生姜，并与五皮饮合用。兼有足肿者加白术，畏风恶寒者加附子少许。叶老认为此证表邪已解而热仍不清，肺气不宣，三焦失利，治疗方法为消肿不在渗利，而在宣肺气利水道，盖三焦利，水道通则水自下行而肿自消也。良以表邪已解，故不必用生姜配麻黄发散，改以姜皮合麻黄，姜皮辛凉，和脾而行水也。若脚肿明显而按之窅，或肿及全身而不渴便溏者，则以越婢与五苓合用，手足太阴并治，或再加椒目行水，若表邪未解，则采大青龙法。

表寒证者，始于风寒外感之后，表已解或未解，头面浮肿，或伴足肿，恶寒怕风，无汗，鼻塞咽痒或兼咳嗽为主症。此为风寒束表，肺气失以宣畅，三焦为之不利，叶老宗《金匮要略》"腰以上肿，当发汗乃愈"，采用甘草麻黄汤合五皮饮。叶老用五皮饮，除姜皮、苓皮、陈皮、大腹皮以外，属热者用桑白皮，属寒者改用五加皮之辛苦温以祛风胜湿。若寒甚卫虚而恶寒明显，神怠自汗者，改以麻黄附子细辛汤为主方加味以治。麻黄者，生用力峻，蜜炙力缓，量多力峻，量少力缓，合桂枝或苏叶、生姜等发汗力峻，功在发汗解表、宣散风寒，若无此类药物相佐，则发汗力弱，长于宣肺涤痰、止咳平喘，主要用于祛痰平喘。若麻黄用量在五分以内，亦可止汗，效同麻黄根、麻黄节。

风水，表邪未解，多以热证为见，治越婢类加减，表寒盛者，当发汗乃愈，方甘草麻黄汤合五皮饮类。阳水表邪已解而余热未清者，弱发散而重宣肺，利三焦，治越婢合五苓之类，若表邪未解而热盛者，法大青龙汤。不可一味渗利，防过利伤肾。

**案例2（痰饮病）**

孟某，男，49岁。9月，余杭。

夙有饮病，复受外感，咳嗽气喘，痰不易出，脉象弦滑而数，苔白中黄。伏饮与新感相激，饮邪夹热之证，小青龙加石膏法。

处方：炙麻黄八分，川桂枝七分，石膏（杵，先煎）八钱，干姜一钱，拌捣炒五味子七分，炙甘草七分，细辛八分，白杏仁（杵）三钱，茯苓四钱，宋半夏二钱半，酥炙皂荚子一钱二分，炒白前二钱，炒苏子（杵，包）二钱半。

**案例3（痰饮病）**

黄某，男，55岁。1月。

## 第四章 高超医术

触感引起支饮复发，形寒壮热无汗，咳嗽气逆，痰多白黏，胸闷气塞，食欲不振，苔腻，脉来滑数，仿长沙法。

处方：清炙麻黄一钱半，杏仁三钱，生石膏四钱，甘草五分，橘红二钱，宋半夏二钱半，清炙前胡二钱半，蛤壳五钱，甜葶苈子二钱，茯苓四钱。炒北秫米（包煎）四钱。

二诊：前方服后仍不见汗，形寒如故，体温高至39℃，热甚谵语，咳嗽痰稠难吐，气逆未平，大便虽下，溲仍短赤。原方出入再进。

处方：甜葶苈子二钱，麻黄一钱半，生石膏四钱，炙前胡二钱半，橘红二钱，茯苓三钱，竹沥半夏二钱半，杏仁三钱，冬瓜仁四钱，冬桑叶四钱，生甘草三分，大枣三枚。

三诊：见薄汗，身热渐退，咳逆较平，寐中仍有谵语，痰未尽消耳。仍宗前法，佐镇降之味。

处方：麻黄一钱二分，杏仁三钱，生石膏五钱，炙前胡二钱半，蛤壳五钱，橘红二钱，辰茯神三钱，竹茹三钱，旋覆花（包煎）三钱，甜葶苈子二钱，灵磁石一两，3剂。

四诊：热退咳减，气逆渐平，并思纳食，惟寐中尚多梦扰，舌净，脉缓无力。当予顾本。

处方：上党参二钱，茯神四钱，橘红二钱，炙前胡二钱半，冬瓜仁四钱，稆豆衣三钱，竹茹三钱，炒晒术一钱半，夜交藤三钱，蛤壳五钱，5剂。

**按** 痰饮夹感，咳喘多痰，治宜泻肺化饮平喘。案例2患者为外寒内饮兼有郁热，用小青龙加石膏，散寒蠲饮，兼清郁热。方中加酥炙皂荚子一味，叶老取其滑降，以治顽痰难出、风痰壅盛屡效。案例3患者痰热壅盛，肺金失肃，故用麻杏石甘合葶苈大枣加味，以清热泻肺，化痰降逆，药后热清痰消，效如桴鼓。

注：仲景治支饮，立小青龙汤解表散寒，温肺化饮，垂治疗支饮夹外感证之规范。叶老认为病痰饮者，良以饮邪充斥，淹蔽阳气，以致阳不外卫，无力御邪，所以稍有冒寒触风，即可引动内饮夹感而发，故对于饮病夹感之证，当以散外邪、化内饮，标本同治为是。临床中对于外感风寒激动内饮而发病者，每以小青龙汤为主方随证加减以治。盖小青龙汤系麻、桂二方相合，减去杏仁、大枣，增入半夏、细辛、五味子组成。此方以麻、桂二药为君，桂枝与麻黄同属辛温解表之药，但桂枝长于解肌化饮，麻黄功在散寒祛痰。故凡饮病夹感而发，症见营卫失和、形寒肢冷显著者，重用桂枝，或不

用麻黄，若寒邪束肺咳逆痰不易咳者，重用麻黄，或不用桂枝。至于干姜、细辛、五味子三味合用，功在散寒化饮，敛肺平喘，叶老在临床应用时，按咳、喘、痰三者之孰轻孰重而变化，咳逆而咳痰不爽者重用干姜、细辛，减少五味子用量，气喘较甚而咳痰不多者重用五味子，酌减干姜、细辛之剂量。细辛与干姜，前者散寒，后者温脾，凡痰多充斥于肺而外寒盛者主用细辛，饮盛内伏于脾而内寒著者主用干姜，表里邪盛则二者同用。五味子酸温而涩，上收肺气耗散之金，下敛少阴不足之肾，除与干姜、细辛同用，治疗饮邪夹感之咳喘之外，亦可用于治疗自汗、盗汗，以及津气大伤之汗多欲脱者，然治喘者用量宜少，每剂五分左右。

此外，如若外邪郁而化热，出现恶寒发热，口渴，咳嗽痰浓，脉浮滑数，苔白腻兼黄者，治以小青龙加石膏或麻杏石甘汤，或大青龙汤急治其标，热盛者加黄芩清肺，喘息者合葶苈子泻肺。但俱以散寒蠲饮为主，增入清热涤痰为治。

麻杏石甘汤系仲景方，本为风寒束表，痰热壅肺之恶寒、无汗、发热、咳嗽、喘息之证而设，亦可用以治疗内伤证之痰热咳嗽。临证用法，凡风寒未解宜佐入苏叶，合麻黄发散风寒，痰多稠黄加黄芩，伍石膏以泻肺家之热；胸闷咳痰不爽增大力子、甜葶苈子，佐杏仁泻肺降气涤痰平喘。他如前胡、浙贝、芦根、天花粉等，均可随证采入。

**案例4（痰饮病）**

童某，男，53岁。10月，杭州市。

痰饮内留，受寒而发，咳嗽气逆，不得平卧，形寒肢冷，纳少呕恶，舌苔白腻，脉浮弦而滑。拟小青龙汤加减。

处方：蜜炙麻黄八分，桂枝七分，姜半夏二钱，茯苓四钱，生甘草八分，炒橘红一钱半，炒白芍一钱半，白杏仁（杵）三钱，炒苏子（杵，包）三钱，干姜一钱，拌捣炒五味子五分，煅鹅管石四钱。

二诊：服小青龙汤2剂，喘逆咳嗽顿瘥，形寒呕恶均除，风寒已解，饮未尽化，脉转缓滑。再以苓桂术甘汤加味。

处方：桂枝七分，茯苓四钱，炒白术三钱，炮姜一钱，拌捣炒五味子四分，炙甘草七分，旋覆花（包）三钱，煅代赭石五钱，姜半夏二钱，鹿角片三钱，炒橘红一钱半，炙紫菀二钱。

**按** 本例为外感风寒、内停水饮之证，故用小青龙汤解表化饮，止咳平喘。二诊继用苓桂术甘合旋覆花、煅代赭石、鹿角片等温肾蠲饮，斡旋中枢，方虽两例，而治饮大法已备典范。

注：《素问·经脉别论》有云："饮入于胃，游溢精气，上输于脾，脾气散精，上归于肺，通调水道，下输膀胱。水精四布，五经并行。"水液代谢过程，包括了升与降两个方面，先升而后降。所谓升，就是脾的散津作用，使之上奉于肺，所谓降，就是肺的气化作用，肺气调才能通调水道，使下输膀胱的功能正常。此外，三焦是水液流通的通道，其功能依赖着肺气宣降，膀胱是贮排水液的地方，其功能仰助于肾气之化。肺、脾、肾三脏失职，三焦失于疏通之功，则水邪泛滥，溢于肌肤。水精四布，赖肺、脾、肾三脏，三焦膀胱二腑之合力而行。治以开鬼门，洁净府，去宛陈莝，温衣，缪刺其处，可去其郁于肌表之水湿，壅于体内之积邪，通利三焦以流通四肢之水，或温其表而散其邪，或刺其穴以通其经。

五脏阳气不足，特别是肺气内虚，不能通调三焦，引起水道不通，或复感外邪，引动内水，以致水液充斥于肌肤之中，脏气虚于内，水湿壅于外，出现了全身浮肿，甚则肺气为水湿所阻，上逆而喘。治当助阳气、祛水湿，即扶正祛邪各表。一则祛肌肤郁阻之水，发汗开鬼门，如越婢汤，逆而上喘者小青龙汤主之，利湿洁净府，如五苓散、实脾散；二则逐体内壅积之邪，可用牵牛散、四将军汤之类。

此表饮者，外邪感肺，水饮内停，逆而咳喘，里热未盛，故取小青龙汤解表温肺化饮平喘。二诊时外邪已散，内饮未尽，需顾护中土，脾喜燥恶湿，予接苓桂术甘汤健脾利湿，佐以炮姜、鹿角温肾，乃治未病之法。《金匮要略》云："知肝传脾当先实脾。"土虚则金水不生，采脾肾同治之法。

（二）外饮（脾虚湿困）

**案例1（痰饮病）**

陈某，男，65岁。10月，余杭。

脉来细弦而滑，火衰不能熏土，土虚不能化物，日进水谷，难化精微而为饮，咳嗽气逆，痰多白沫，阳虚气馁，畏寒肢冷，起动无力，动则气促。大气出于脾胃，根于丹田，治用健脾温肾，以蠲水饮。

处方：米炒东洋参（先煎）二钱半，姜半夏二钱，清炙甘草八分，茯苓五钱，炒於术二钱半，炮姜一钱，淡吴茱萸六分，炒杜仲四钱，炒胡芦巴三钱，煨补骨脂三钱，陈皮二钱，炒当归三钱。

二诊：咳嗽气逆已瘥，痰亦减少，起动稍感有力，胃纳亦可，惟畏寒肢冷如故，脉仍细滑，苔白。原意增减再进。

处方：米炒上潞参四钱，炒於术二钱，云苓五钱，炮姜一钱，姜半夏三钱，川桂枝八分，煨补骨脂三钱，炒胡芦巴三钱，炒橘红一钱半，清炙甘草八分，炒白前二钱。

**按** 痰饮系阴盛阳衰、本虚标实之证，健脾温肾，原属正治，意在补火生土，健脾蠲饮；兼以温肾纳气。

注：叶老治水饮重视脾肾两脏，强调内饮与外饮之区分，治疗上突出重点，却又兼顾。尝云："痰从脾阳不运而生，饮由肾寒水泛而成""脾阳虚为外饮，肾阳虚为内饮"；认为"外饮治脾，内饮治肾"。痰饮初起，系脾虚湿滞成饮为患，其病在脾而及肺，病浅而较轻，为外饮，责之于脾虚运弱。饮为阴邪，非温不化，仲景曰"病痰饮者，当以温药和之"，立苓桂术甘汤治外饮。苓桂术甘汤功在辛甘通阳，甘温健脾，淡渗除湿，系通阳健脾化饮之剂，组方十分严密。方以桂枝、甘草通阳化饮，白术、茯苓健脾渗湿，中阳复振则阴饮乃化。叶老治痰饮亦常以此方为主，凡多年饮病或老年患者，症见形寒肢冷，咳嗽痰稀，苔白腻脉迟或缓滑者，每用之。叶老认为苓桂术甘汤本为痰饮病中脾虚者治本之剂，方中白术与甘草，二味虽能健脾补中，终究厌其呆滞，尤其是甘草，味甘性缓，有满中之弊，所以凡痰湿较重者常除去而易之以陈皮、姜半夏。叶老认为痰饮留聚为患，桂枝、茯苓、半夏三味为要药。桂枝味辛性温，能通阳化饮；茯苓淡渗能利湿健脾；半夏温燥，可燥湿蠲饮。三药相参，切合健脾利湿，通阳化饮之宗旨。对于脾虚甚者，尚嫌其健运之药力不足，故叶老对于饮邪内停而形体虚弱、神倦身重、四肢乏力、纳谷不馨、大便溏泻者，配以六君子汤、参苓白术散健脾化饮，常与外台茯苓饮、理中汤之类合用，俾中阳鼓舞，脾轴健运，则饮食不失其度，运行不越其轨，痰饮之邪潜移而默化。若肝郁气滞而中虚停饮者，合用制香附、台乌药、沉香曲、炒枳壳等理气化饮；中阳不足、寒饮较盛者，常以干姜、细辛助桂枝温中祛寒；饮邪上逆、喘咳气促者，则与旋覆代赭、苏子降气辈合用以降逆化饮。

**案例2（水肿病）**

蒋某，男，24岁。8月，杭州。

脾土为湿所困，健运失权，阴寒偏胜，全身漫肿，已达两月未退，胸宇塞闷，口淡无味，胃纳减退，小溲短少，大便溏泄，两脉涩迟，舌苔白腻。脾阳不振，浊阴停滞，水反侮土。治拟温中实脾。

## 第四章 高超医术

处方：桂枝木一钱，制苍术二钱，淡附子二钱，姜皮一钱半，京小葫芦五钱，茯苓皮五钱，煨草果二钱，陈皮一钱半，枣儿槟榔（杵）三钱，平地木五钱，制川朴一钱半。

二诊：服实脾饮加减，小溲增多，水肿略见消退，腹胀较宽，大便已不溏薄，而胃纳不佳如故，脉象细迟，舌苔白薄。脾阳未展，浊阴难消。再守原法出入。

处方：桂枝木一钱，炒苍术一钱半，冬瓜子皮各四钱，制川朴一钱半，煨草果二钱，茯苓四钱，枣儿槟榔（杵）三钱，生姜皮一钱半，冬葵子三钱，平地木五钱，淡附子三钱，炙陈香橼皮一钱半。

三诊：脾阳有来复之渐，小溲增多，全身肿胀，已去其半。日前又受外感，形寒身热，鼻塞头痛，稍有咳嗽，脉浮数，苔白薄。先拟解表疏邪，杏苏散加减。

处方：杜苏叶一钱半，白杏仁（杵）三钱，炙橘红一钱半，炙前胡二钱，薄荷叶（后下）一钱，桔梗一钱半，宋半夏二钱，茯苓四钱，炒枳壳一钱半，青防风一钱半，生姜二片。

四诊：感冒已愈，小溲亦多，惟纳食欠馨，口淡而腻，腹笥仍胀，脉象沉细，舌苔白薄。中阳久伤，纳运失和，表证已解，仍当治本。

处方：淡附子三钱，茯苓四钱，桂枝木一钱半，制川朴一钱半，炒晒白术二钱，炒枳壳一钱半，平地木八钱，陈皮一钱半，煨草果一钱半，杜苏叶一钱半，炒椒目（包）一钱。

五诊：水肿消退七八，腹笥胀满已宽，纳食增加，而神倦乏力如故，脉象沉细，较前有力，舌苔白薄。脾阳得展，浊阴无以再存，前法仍可再进。

处方：淡附块三钱，茯苓四钱，米炒上潞参二钱，炙陈皮一钱半，桂枝木一钱半，姜皮一钱半，冬葵子三钱，冬瓜子皮各四钱。

六诊：迭进崇土温运之剂，全身水肿已退，胃纳亦复正常，脉象较前有力，舌苔白薄。阳气得振，水湿自行，再拟健脾温肾。

处方：米炒上潞参三钱，桂枝一钱，淡附块二钱，茯苓四钱，炒晒白术二钱，炙陈皮一钱半，平地木三钱，川朴一钱半。冬葵子三钱，制巴戟三钱，炒胡芦巴三钱。

七诊：水肿消后，胃纳转佳，邪去正虚未复，再拟温补脾肾。

处方：淡附块三钱，桂枝一钱，大熟地四钱，制巴戟三钱，炙黄芪三钱，茯苓四钱，米炒上潞参三钱，陈皮一钱半，米炒怀山药三钱，炒胡芦巴四钱，泽泻二钱。

八诊：以桂附八味去丹皮，加党参、黄芪、巴戟、胡芦巴，又服20余剂后，易汤为丸，继服。

**按** 患者全身浮肿2个月未消，曾服五皮、五苓、导水茯苓汤等，而无显效，今胸腹胀满，纳食减退，大便溏薄，两脉涩迟，舌苔白腻，为脾阳虚弱，运行失职，水湿停滞，溢于肌肤而肿。《医学入门》云："阴水，宜苦温燥脾胜湿，辛热导气扶阳。"治用实脾饮加减。方用茯苓皮、制苍术实脾，淡附子、煨草果温脾，京小葫芦、平地木利水，枣儿槟榔、制川朴、陈皮行气消水，桂枝木通阳行水。盖气者水之母也，土者水之防也，气行则水行，土实则水治。连续五诊，均以此方增损，以后改用两补脾肾，共服60余剂，诸症消失。

注：叶老认为脾阳不振，中寒内生，浊阴停滞，水反侮土，水湿泛溢，发为浮肿。症见脚肿或全身漫肿，常多时不消，或反复不已，口淡纳减，尿少便溏，困怠肢软，或胸宇塞闷。宗《医学入门》"苦温燥脾胜湿，辛热导气扶阳"治法，喜用实脾饮为主方以治，盖土属卑滥，喜燥恶湿，职本制水而反为水侮，土在水中，生机当泯。故治疗首在扶脾阳如附子、干姜，补脾虚如白术、甘草，燥脾湿如川朴、草果，消脾积如木香、槟榔，再以桂枝合茯苓及冬葵子、平地木等通阳渗湿以复脾运。叶老治病重在治本，阳不复则脾不运，脾不运则湿不化，水无以制，肿无以消。虽水肿较著者，利水消肿之药用之不多，力也不峻，以防过利伤肾。浮肿基本消退以后，改用脾肾双补法，以四君补脾虚、淡附块、制巴戟、炒胡芦巴扶肾阳，参以平地木、冬葵子，或合桂枝消未尽之肿。最后以桂附八味丸去丹皮，加党参、黄芪、巴戟、胡芦巴等善后。

**案例3（痰饮病）**

李某，女，52岁。4月，余杭。

中虚停饮，肝气郁滞，咳嗽胸胁引痛，背寒肢冷，大便溏泄，脉来右弦滑左细缓，仿严氏四磨饮法变通之。

处方：沉香（磨汁，分冲）六分，麸炒枳壳一钱，台乌药一钱半，姜半夏二钱，茯苓八钱，炙甘草八分，炒白前二钱，炮姜八分，五味子四分，新会陈皮一钱半，原怀山药（杵）三钱，代赭石六钱，红枣四枚。

二诊：前进四磨汤合二陈汤，服后胸脘转舒，咳减，气亦渐平；惟大便仍溏，乃中州脾土虚寒耳。续以理中加味。

处方：米炒东洋参（先煎）三钱，土炒白术二钱，炮姜八分，炙甘草八分，带壳阳春砂（杵，后下）一钱二分，台乌药一钱半，茯苓五钱，赭石六钱，新会陈皮一钱，姜半夏三钱，原怀山药（杵）三钱，沉香（磨汁，分冲）六分。

**按** 本例系中虚停饮，气机郁滞，处方用理气化饮，先治其标，继以温中健脾，乃顾其本。叶老认为脾气之健运尚有赖于肝气的疏泄，肝脾失和亦是导致脾运失调、停湿成饮的重要原因，故治水病不可一味补土，亦调肝之疏泄。仲景有云："病痰饮者，当以温药和之。"以理中汤温中健脾，常合用制香附、台乌药、沉香曲、炒枳壳等理气化饮。

### （三）内饮（肾虚水泛）

**案例1（痰饮病）**

陈某，男，56岁。11月，昌化。

脾肾阳虚已久，水寒化饮，侵之于肺，咳嗽气逆，动则更甚，腰背酸痛，不耐久坐。腰为肾府，督脉行脊，肾虚督脉不充故也。两脉迟滑无力，拟壮肾阳，温化水饮。

处方：淡熟附块三钱，炮姜二钱，淡吴茱萸五分，姜半夏二钱，白茯苓四钱，炒橘红一钱半，补骨脂三钱，盐水炒胡桃肉三钱，淫羊藿三钱，五味子一钱，煨狗脊四钱，盐水炒杞子三钱。

二诊：服前方后，脾肾之阳稍复，咳逆见瘥，腰背之痛亦减，苔白薄，脉如前，原方出入再进。

处方：淡熟附块三钱，姜半夏三钱，米炒上潞参三钱，炒於术二钱，茯苓四钱，制巴戟三钱，炮姜一钱，拌捣炒北五味子一钱，鹿角片二钱，甘杞子三钱，化橘红一钱半，胡桃肉三钱，补骨脂三钱，清炙款冬花三钱。

三诊：续服右归丸、六君丸各三钱，每日和匀分吞。

**按** 内饮之因，源于脾肾，治用暖肾通阳，温脾化饮。盖肾不暖则阳无以通，脾不温则饮无以化，所谓治病必求其本也。

**案例2（痰饮病）**

赵某，女，50岁。11月，昌化。

阳虚，水饮停滞，咳逆，痰多稀薄，终日形寒恶冷，腰背酸疼，苔白，脉象沉细。宗《金匮要略》法。

处方：黑锡丹（杵，吞）二钱，炙桂枝一钱，茯苓四钱，炒白术二钱，炙甘草一钱，干姜一钱，姜半夏一钱半，五味子八分，炙紫菀三钱，鹿角霜三钱，炙白前二钱，炒苏子（杵，包）三钱。

**按** 痰饮系阴盛阳衰、本虚标实之证，健脾温肾，原属正治，此案重在扶阳化饮，温肾纳气，以化里饮。黑锡丹以硫黄、黑铅为主药，性热有毒，久用则重坠伤胃，温燥劫液，只宜暂用，不可久服，用量亦不宜过大，吞服以3g左右为宜，包煎在12g上下。

注：《素问·汤液醪醴论》云："其有不从毫毛而生，五脏阳以竭也。"如若饮病久发，脾虚及肾，肾阳内虚，阳不化气，气不化水，水泛为饮，则其病在肾而及脾与肺，病深且重，属内饮，咎在肾阳虚衰。《金匮要略》设苓桂术甘汤治外饮，肾气丸与真武二方治内饮，叶老宗之。对于饮病久发，多年不已，气短脉微，畏寒肢冷，腰脊酸楚，甚或面浮脚肿、喘逆不能平卧者，随证选用肾气丸或真武汤，或配合黑锡丹共奏温煦下元、化气蠲饮、重镇摄纳之功。鉴于饮为有形之阴邪，不宜厚味黏滞之呆补，故叶老应用温肾蠲饮之剂常取附子、熟地、怀牛膝为主药，其中熟地用砂仁拌捣或炒炭以去其滋腻，怀牛膝用盐水拌炒以引经入肾，两味配合附子，守王冰"欲补其阳，当于阴中求阳"之法。同时合用补骨脂、巴戟、淫羊藿、胡桃肉等温阳纳肾，或佐黑锡丹镇逆祛痰以平喘。对于老年饮病久发，喘咳频作，动辄喘息，甚或口张息促，额汗如珠，面青肢冷，脉形沉微者，此为下元虚极、真气衰惫、孤阳欲脱之象，急投以大剂参附，佐入蛤蚧、炮姜、五味子，痰多者再加黑锡丹，峻补下元，以冀转危为安。

**案例3（水肿病）**

魏某，男，7岁。10月，昌化。

全身浮肿，日久未消，迩又咳喘之增，胸闷纳呆，渴不欲饮。前医曾用宣肺疏表，肿势未消，两脉沉细，乃脾虚不能制水，水气泛滥，上侵于肺，而致咳喘不已。治拟宣肺温脾，以消浊阴。

处方：桂枝木一钱，炒橘红七分，冬瓜子皮各三钱，制巴戟一钱半，仙半夏二钱，茯苓四钱，淡熟附块一钱半，泽泻一钱半，炒胡芦巴二钱半，生姜皮一钱，杏仁（杵）三钱。

二诊：前用通阳利水，阴霾渐消，反不口渴，全身浮肿逐渐消退，中脘胀闷亦减。前方既效，再守原法出入。

处方：桂枝木一钱，茯苓四钱，淡熟附块二钱，陈皮二钱，炒胡芦巴二钱半，姜皮一钱二分，平地木三钱，泽泻一钱半，冬瓜子皮各三钱，陈香橼皮三钱，制巴戟二钱。

此方服3剂后，肿退症状消失。

**按** 此案属脾肾阳虚，肾虚不能行水，浊阴泛滥，脾虚失于运化，水湿停滞。全身浮肿日久不消，水气上冲渍肺，而致咳喘，故用温肾助阳，崇土制水之法。

**案例4（水肿病）**

陈某，男，49岁。11月，杭州。

全身浮肿，按之没指，两月未消，面色苍白，腰背酸痛，纳食减退，少腹阴冷，大便溏薄，两脉沉细乏力，舌苔白薄。命门火衰，脾失温运，治当益火之源，以消阴翳，金匮肾气丸加减。

处方：砂仁八分，拌捣熟地五钱，泽泻二钱，淡熟附子二钱，陈萸肉二钱，平地木五钱，制巴戟三钱，肉桂心（研细，饭和丸吞）一钱，茯苓四钱，炒胡芦巴三钱，瞿麦三钱，怀牛膝三钱。

二诊：前进温补下焦，少火生气，中州得暖，水湿运行。小溲日益增多，水肿逐渐消退，而腰背酸痛如故，口干而不喜饮，乃阳气抑郁，津液不能上腾。再守原法出入。

处方：砂仁八分，拌捣熟地五钱，泽泻二钱，肉桂心（研细，饭和丸吞）一钱，茯苓四钱，冬葵子三钱，制巴戟二钱，炒胡芦巴四钱，米炒怀山药三钱，炒怀牛膝三钱，淡附子三钱，炒椒目一钱半。

三诊至五诊：水肿继续消退，仍宗原法，增损不多。

六诊：水肿尽消，纳食如常，惟脉象沉细无力如故，舌苔白薄。水湿久留，真阳埋没，虽然迭进温补之剂，浊阴已消，而肾气久伤，恢复非易，再拟温肾益脾，俾使元阳来复，则阴邪无以再存。

处方：鹿角胶（另烊，冲）二钱，米炒上潞参三钱，陈萸肉二钱，茯苓四钱，清炙黄芪三钱，炒杞子三钱，砂仁八分，拌捣熟地四钱，泽泻二钱，米炒怀山药三钱，炒胡芦巴一钱，淡附子一钱。

上方共服30余剂，体力复常，恢复工作，以后常吞金匮肾气丸巩固。

**按** 患者两脉沉细，少腹阴冷，食少便溏，为命门火衰，火衰不能温土，土虚无以制水，水积气壅，泛滥成肿，用金匮肾气丸加减，乃仿益火之源以消阴翳，俾使阴从阳化，三焦决渎有权，水道通利，溲多肿消，而脉象沉细如故，乃浊阴久停，肾阳一时难复，故六诊中再加米炒上潞参、清炙黄芪、鹿角胶、炒杞子等益气温肾，使之巩固。

注：命门火衰，脾失温运，水无所主，亦无所制，泛滥横溢，遂成浮肿。症见浮肿，按之没指，或伴腹大，甚者息促，畏寒怕风，神惫腰酸，溲少便溏，纳食减少。叶老治用益火之源以消阴翳法，以《金匮要略》八味肾气丸为主方。用药如肉桂、附子、熟地、山萸肉、怀山药、茯苓、泽泻、砂仁、巴戟、胡芦巴、平地木、冬葵子等。俾阴从阳化，则三焦决渎有权，水道得以通利，溲增而肿势可消。对于肿势较甚而小溲量少，叶老宗急则治标法，加大利水消肿药物之应用，除茯苓、泽泻、椒目以外，好用平地木、冬葵子、瞿麦之类，以其力缓而不伤正气也。待肿消以后，仍以金匮肾气为主方，加入党参、黄芪、枸杞子、甘草、鹿角胶等，或去肉桂、丹皮为巩固治疗。

**案例5（痰饮病）**

俞某，男，60岁。10月，临安。

脾阳虚则积湿为痰，肾阳惫则蓄水成饮。痰饮上泛，咳嗽气逆，痰味带咸，形寒畏冷，脉象滑而无力，舌苔薄腻。体虽虚，腻补难投，虑为痰饮树帜耳。

处方：炮姜一钱，拌捣炒五味子七分，细辛八分，姜半夏二钱，茯苓四钱，炙橘红一钱半，金沸梗（包）三钱，煅代赭石五钱，煅灵磁石五钱，炒杜仲四钱，沉香末（分冲）六分，炙紫菀三钱，红枣三枚。

按 《明医杂著》载："痰之本，水也，原于肾；痰之动，湿也，主于脾。"此案脾阳既虚，肾阳亦衰，症见气逆息短，为肾气失纳，痰有咸味，乃肾虚水泛。主方不用肾气之类，恐其腻补碍邪，故用二陈汤理脾化湿，炮姜温中，五味子敛肺，细辛温肾行水，沉香末、二石镇逆纳气。方从青龙汤化裁，用药颇为灵动。

**附：臌胀**

臌与胀有别，前人以中空无物为胀，水液停蓄为臌。叶老认为胀不兼臌，臌必兼胀，故将臌证命为臌胀。其治疗注重肝、脾、肾三脏，水气瘀三邪，并认为病至成臌，由来非暂，故病不在一脏，邪亦非一种，往往错综复杂，必须详于辨析。

此外，叶老认为前人虽有实胀宜下之说，但臌胀一证病根深固，难以速除，且又实中夹虚，故不求速效，慎用攻逐。对于十枣丸等峻烈逐水之剂，慎之又慎，很少应用，间或用之，亦仅以己椒苈黄加商陆以进，且得泻即止，从不过剂，以免重伤正气，抑或导致便血，转成败证。

**案例6（臌胀）**

冯某，男，30岁。5月，杭州。

起由饮食所伤，气机阻塞，血不畅行，水血相混，腹胀如鼓，青筋显露，兼有寒热，纳食不佳，小溲短少，脉来弦涩。肝脾同病，治以理气行瘀。

处方：鳖血炒柴胡一钱，醋炙地鳖虫四钱，生鳖甲五钱，醋炒蓬术二钱，五灵脂（包）三钱，山楂炭二钱，晚蚕沙（包）四钱，炙青皮一钱半，大腹皮二钱，炒桃仁（杵）一钱半，生赤芍二钱，镇坎散（吞）二钱。

二诊：肝气乘脾，气滞血瘀，腹笥胀大，前用攻瘀之剂，腹胀略消，小溲增多，脉弦苔白，前方既效，循序而进，可望转机。

处方：麸炒枳实一钱八分，炒蓬术一钱半，炒江西术三钱，泽泻三钱，醋炒地鳖虫四钱，炙陈皮二钱，醋炙鳖甲四钱，桃仁（杵）二钱，梗通草三钱，五灵脂（包）二钱半，山楂肉二钱，镇坎散（吞）二钱。

**按** 先起伤于饮食，脾气已虚；又因情志抑郁，肝失条达。脾虚运化失职，浊气蕴滞，肝郁气机不利，瘀阻隧道，水气内聚，乃成臌胀。故以炒桃仁、醋炒蓬术、五灵脂、醋炙地鳖虫活血破瘀，鳖血炒柴胡、麸炒枳实、山楂肉疏肝导滞，镇坎散行气消水，方药妥帖，服后即见转机。但病情错综复杂，非数十剂而能起色。奈三诊后处方业已散佚，难窥全豹，深为可惜。

注：此为肝脾同病。由情怀不畅已久，肝失调达，木乘脾土，脾运为之失职，于是枢机不利，隧道瘀塞，水气停聚，酿成臌胀。症见腹大如鼓，胀及胸宇，饮食减少，食下其胀益著，小溲短少，或腹部青筋显露，或兼有虚潮寒热，四肢瘦削，或见轻度足肿者。良以气为血帅，气滞既久，血行失畅而致瘀结内留。故治以疏肝利气、消水破瘀为法。仿导气丸法。以柴胡、枳实、青皮疏肝导滞，莪术、五灵脂、地鳖虫活血破瘀，鳖甲、山楂消坚散结，泽泻、镇坎散等行气消水。叶老认为此证肝强而脾弱，标实而本虚，当腹大胀甚时，予破气行瘀消水之法，待证势少缓则攻逐不宜太过，并酌加白术，俟胀势十去其六，再加党参、当归、白芍等，合成攻补兼施之治法。最后以逍遥散为主方，肝脾气血兼调以善后。此乃李中梓"先以清利疏导，继以补中调摄"之治法。

**案例7（臌胀）**

陈某，男，40岁。4月，广德。

肝脾失于疏和，气滞水不畅行，浊阴凝聚，渐致腹笥膨胀，按之甚坚，小溲不利，而成膨胀重症，脉象迟细。当用温通。

处方：官桂一钱半，川椒目一钱，制厚朴一钱半，煨草果一钱半，姜半夏二钱半，炒晒术二钱，麸炒枳实一钱二分，生山楂三钱，花槟榔三钱，地骷髅五钱，冬葵子二钱，红枣四枚。

二诊：蓄水未消，腹胀如故，浊阴上泛而欲呕吐，脉象如前，仍守原法。

处方：熟附块三钱，川椒目一钱，淡干姜二钱，桂枝木一钱，淡吴茱萸五分，制川朴二钱，京小葫芦五钱，虫笋五钱，冬葵子三钱，地骷髅五钱，镇坎散（另吞）二钱。

三诊：两进温通利水之剂，中阳稍振，浊阴不泛，呕恶已除，腹部之胀略宽，形寒脉细，再拟温肾助阳继之。

处方：熟附块三钱，桂枝木一钱，炮姜一钱半，淡吴茱萸五分，茯苓四钱，川椒目一钱，制巴戟二钱，炒胡芦巴四钱，京小葫芦四钱，虫笋五钱，炒车前子三钱，冬葵子三钱，镇坎散（分吞）二钱。

按　此系肝脾先病，继伤肾阳，故初用实脾饮法，重在温运脾阳，化气利水；续方加熟附块、淡干姜、炒胡芦巴、巴戟为暖肾助阳，冀其脾肾之阳振复，则阴霾之邪自消，徒用攻逐，非所宜也。

注：此为脾肾同病，此由肝脾先病，经久不已，继伤肾阳。见症如腹笥膨胀，青筋显露，按之坚满，小溲不利，或下肢肿，按之窅，畏寒怯冷，四肢不暖。治以温运脾肾，化气利水。常用实脾饮为主方。用药如熟附块、淡干姜、淡吴茱萸暖三阴，京小葫芦、虫笋、地骷髅加桂枝木、川椒目、镇坎散通阳利水，或参制川朴、花槟榔、麸炒枳实消胀，制巴戟、炒胡芦巴、炮姜温肾，炒晒术健脾，他如茯苓、车前子、冬葵子等利水之品俱可酌情加入。叶老治此证采用标本兼治法，具体用法或偏于攻邪，或偏于顾本，按证势之缓急而变化，但对于利水药常采用力缓之品，慎用峻逐，尤恐过利而再伤其肾也。

**案例8（臌胀）**

王某，男，42岁。5月，吴江。

久居湿地，太阴受困，脾湿有余，无阳以化，浊阴凝聚而成膨胀，腹大如瓮，肌肉消瘦，渴不喜饮，胃纳不佳，脉象弦细，舌苔白腻。湿阻气滞，清浊相混，治拟温中行气。

处方：制苍术一钱半，赤苓四钱，焠针砂（先煎）一两，丹参三钱，制香附二钱，焦神曲二钱，炙陈香橼皮二钱，炒川连八分，炒椒目一钱半，姜半夏二钱半，大腹绒三钱。

二诊：用小温中丸加减，小溲增多，腹胀略宽，胃纳转佳。脾阳有鼓动之渐，气机有斡旋之意，原法既效，大意毋庸更改。

处方：焠针砂（先煎）一两，赤苓三钱，姜半夏二钱半，猪苓二钱，制香附二钱，丹参三钱，桂枝木一钱，青皮二钱，大腹绒三钱，陈香橼皮二钱，制苍术二钱。

三诊：腹胀逐渐见宽，胃气已苏，纳食亦有馨味。太阴湿困已久，再拟扶脾理气。

处方：米炒於术一钱半，焠针砂（先煎）一两，陈香橼皮一钱半，茯苓四钱，麸炒枳实一钱，焦神曲二钱，炒丹参三钱，桂枝八分，制香附二钱，平地木五钱，大腹皮三钱。

按　五脏六腑，皆能为胀，而其本出于脾胃。胃主受纳，脾司运化，脾胃为病，纳化失司，气滞湿停，渐致成胀。本例由湿困太阴所致，仿丹溪小温中丸加减，温运脾阳，气行则水行，腹胀自宽矣。

注：此为湿胜困脾，证因久处湿地，太阴受困，无阳以化，浊阴凝聚。症见腹大如瓮，脘宇满闷，肌肉消瘦，渴不喜饮，肢软困怠。叶老认为此由湿阻气机，清浊相混，宜以温中行气为治。主用小温中丸为主方。选用姜半夏、陈皮、茯苓化痰湿以舒脾郁，合大腹皮、椒目、针砂下水消胀，香附、神曲温中导滞，白术、丹参健脾和血，湿郁化热者加川连，湿胜内寒者入桂枝。小温中丸与越鞠丸均为丹溪方，主治湿郁，前者偏温，后者偏凉，其组方异曲而同工，故叶老应用小温中丸治湿胜困脾之臌胀时，去苦参之大苦大寒，改以丹参之和血，可谓真知灼见，深谙丹溪用药之奥妙。待证势缓解以后，改用六君子汤善后，或与苓桂术甘相配，或与平胃散合用，辨证以进。

**案例9（血分病）**

丁某，女，30岁。闲林镇。

产后冲任两竭，汛事先断，久而血残气惫，八脉支离。血积胞宫，水泛肓膜，少腹结痛，痞满肿胀，遍身浮肿，形寒肢冷，腰脊酸坠，延成冷痼。脉细，苔光舌淡。病起五年，难取速效，先拟温通。

处方：瑶桂心（另吞）六分，抚芎一钱五分，川楝子三钱，香附二钱，全当归四钱，冬瓜子三钱，杭白菊三钱，广郁金二钱，紫石英五钱，炮姜一钱，淡吴茱萸五分，大腹皮二钱，山楂炭二钱。

二诊：前进温通奇经之剂，水道已有所泻，肿胀渐消，胃阳略醒。脉沉而细涩，仍宗原法出入。

处方：淡附片八分，炒米仁四钱，抚芎一钱五分，炒冬葵子三钱，桂心六分，胡芦巴三钱，山楂炭四钱，泽泻三钱，泽兰三钱，白芍一钱五分，制香附二钱，当归三钱，紫石英五钱，茯苓六钱。

三诊：继进金匮法，胀满虽十去六七，头面手臂浮肿未消。是水气仍未下行，邪干阳位之征也。

处方：黑肾气丸（晨吞）三钱，椒目一钱，紫石英四钱，茯苓五钱，梗通草三钱，冬瓜子皮三钱，陈香橼皮三钱，川芎一钱五分，附子八分，炒米仁三钱，当归三钱，广木香一钱，桂心七分，冬葵子三钱，平地木四钱。

按　产损冲任，经事不行，恶血内留，日久化水，以致腹中痞满肿胀，遍身浮肿。此仲景所谓病"血分"是也。《金匮要略》说："经水前断后病水，名曰血分。"因血而病水，血病深而难通，故仲景认为"此病难治"，是以痼疾已有数年之久。考其病源，由寒客胞宫，上伤厥阴之脉，下伤少阴之络所致。《素问·异法方宜论》曰："脏寒生满病。"满在表则温而散之，满在里则温而行之，故叶老治用温通之剂，佐以调血，使寒祛阳运而水泄，病势得减。

注：此为臌胀瘀血内结之证。其罹病多年不愈，或值产后汛事不行，恶血内留，久而血残气惫，日久化水。症见腹部臌胀，全身水肿，形寒肢冷，腰脊酸坠，或右胁，或少腹，结痛时作。叶老认为此与《金匮要略·水气病脉证并治》之"血分证"相近，按《黄帝内经》论血脉有"寒则凝泣，温则通"之说，治用温通，佐以理血，仿小调经散之意。药用肉桂心、炮姜、紫石英或合附块、胡芦巴温肾阳，暖冲任，香附、川芎、当归、白芍养血和血，茯苓、泽泻、冬葵子、大腹皮利水消肿。右胁或少腹结痛者，川楝子、制延胡索、吴茱萸等亦常加入。叶老治此证，虽因血瘀，但应用活血破瘀之品较少而以温经理血药物为主，盖血者神气也，久病之人不宜过于攻伐。

## 五、经带胎产重八脉

叶老不仅是一位内科大家，亦是一位妇科大家。对月经失调、带下病、胎前产后病、妇人杂病等病证，辨证明晰，治必效验，来就诊者络绎不绝。现将叶老治疗经、带、胎、产等妇科经验，作一一论述。

## （一）月经失调

月经病是以月经的周期、经期、经量异常为主症，或伴随月经周期，或于经断前后出现明显症状为特征的疾病。叶老治疗月经病，常从以下几个方面入手。

**1. 调脾胃，益气血**

《妇人良方大全》指出"妇人以血为本"。脾胃为后天之本，气血生化之源。脾气得健，则水谷精微得以转化，气血充盈。《血证论》曰："血之运行上下，全赖乎脾。"叶老调理月经，非常重视脾胃的功能。脾气健运则气血生化有源，血循常道而行；脾气虚则生化乏源，统摄无权，血溢脉外而致经期延长、崩漏等症。治疗上常补气健脾、益气摄血，方以四物汤、归脾汤加减，药用当归、党参、黄芪、茯苓等。

**案例1**

陆某，女，30岁。10月。杭州。

去岁血崩，气血俱虚，经行愆期，色淡量少，拖延时日，头昏心悸，腰楚跗软，面色少华，舌淡红，苔薄白，脉涩无力。证属冲任两伤，治当调摄奇经。

注：大熟地24g，炙当归9g，炒阿胶珠12g，炒枣仁9g，制远志4g，炙黄芪9g，炒柏子仁6g，炒白芍9g，猪心血炒丹参9g，炒川断9g，制川芎1.5g。

二诊：前方服后，头昏心悸，腰酸均减；但寐况欠佳，纳食乏味。续以心脾两顾。

处方：米炒上潞参9g，炒冬术6g，炙当归9g，炒枣仁12g，制远志4g，炙黄芪9g，清炙甘草2.4g，广木香5g，炒杜仲9g，潼蒺藜9g，炒川断9g，炒阿胶珠12g。

三诊：寐况好转，面色较前红润，经汛降临，腰酸又甚，脉缓滑，苔白薄。原法出入。

处方：米炒上潞参9g，丹参12g，炙当归9g，茯苓12g，炒菟丝子9g，制川断9g，炒枣仁12g，炒白芍9g，制川芎2.4g，大熟地12g，炒杜仲12g。

四诊：此届经来如期，色量正常，脉缓，苔白薄。再拟养血调经。

处方：炙当归9g，炒丹参12g，益母草9g，炒白芍9g，制川芎3g，炒菟丝子9g，炒杜仲12g，炒阿胶珠9g，炒白术5g，新会陈皮5g。

**按** 患者去岁血崩，冲任二脉已伤，气阴俱耗，以致经行愆期，量少色淡，脉涩无力，心悸寐劣，纳食不佳。辨证推因，关键在于心脾，故治疗以四物汤、归脾汤随证加减，气血同顾，气壮则能摄血，血和自得归经。服后经行按期，色量正常，获效显然。

注：《素问·上古天真论》指出女子"二七而天癸至，任脉通，太冲脉盛，月事以时下"，患者去岁血崩，气随血脱，气血俱虚，故月经愆期，《医宗金鉴》认为"经来前后为愆期，前热后滞有虚实。淡少为虚不胀痛，紫多胀痛属有余"。冲任之本在于肾，肾气不足，冲任失约，故拖延时日；《素问·脉要精微论》曰："腰者，肾之府。"肾虚则腰楚胻软；血虚无以上荣头面，故头昏、面色少华；血虚不能养心，故心悸寐差；舌淡红、苔薄白、脉涩无力为一派气血虚弱之象。诊为月经愆期，辨为冲任两伤，治以调摄奇经，方以阿胶四物汤加减。药用阿胶四物汤养血和血止血；加炒枣仁、炒柏子仁养心安神；制远志交通心肾；炙黄芪补气摄血；猪心血能以心归心、以血归血，补血、养心止血；《本草纲目》认为丹参能"破瘀血、补新血"；炒川断调理冲任止血。二诊时，服前方后，阴血得养，头昏心悸均减，但寐况欠佳，纳食乏味，提示心脾两虚，继予归脾汤加减。三诊时，经汛降临，提示气血下降于胞宫，加入炒菟丝子、制川断、炒杜仲促进阴阳转化，重阳转阴，月经来潮。四诊时，经行如期，色量正常，拟养血调经。

**案例2**

王某，女，36岁。10月。上海。

每次经来，色鲜量多，拖延时日，面色萎黄，心悸不宁，纳少便溏，脉象细小，舌苔白薄。心脾两亏，主统无权，拟补益心脾。

处方：米炒上潞参9g，清炙黄芪9g，炒晒白术6g，炒归身5g，炙甘草2.4g，炒杵枣仁9g，制远志3.5g，炮姜1.5g，炒阿胶珠9g，砂仁（拌炒）1.5g，大熟地12g，煨广木香3.5g，龙眼连核5只。

二诊：前方连服10剂，经漏即止，胃纳亦增，继服归脾丸，以善其后。

按　患者心脾两虚，主统失司，血不归经，冲任失固，故而经来淋漓不清，治用归脾汤加味，补气益血，以摄奇经。经漏止后，继服丸剂，缓图其功，以杜覆辙。

注：心主神明，赖血以养之；脾主统血，由气以摄之。气虚则冲任不固，经血失于制约，故色鲜量多，拖延时日；血虚不能上荣头面，故面色萎黄；脾虚不运，气血生化乏源，而心神失养，神明不安而见心悸不宁；脾虚不运则纳少便溏；脉象细小，舌苔白薄为气血两虚之象。诊为月经过多，辨

为心脾两虚证，治以补益心脾，益气养血，以摄奇经，方拟归脾汤加减。药用清炙黄芪、米炒上潞参健脾益气，炒晒白术、炙甘草健脾补中，炒枣仁、制远志、龙眼连核宁心安神；炮姜走血分，温经止血；炒归身、炒阿胶珠养血补血止血；大熟地滋肾养阴；砂仁、煨广木香理气醒脾、补而不滞。

**2. 调厥阴，疏肝气**

女子以肝为先天。《素问·五常政大论》曰："发生之纪，是谓启陈，土疏泄，苍气达，阳和布化，阴气乃随，生气淳化，万物以荣土。"肝主疏泄功能正常，则气机调达，气血调和，冲脉充盛，月事以时下；肝主疏泄不及，则肝郁气滞，表现为情志抑郁、胸胁胀满等症；肝主疏泄太过，则肝郁化火，表现为躁怒不安、头胀痛、腰胀痛等症。叶老治疗月经不调等症，多以疏肝为要，方以逍遥散、金铃子散加减，药用香附、柴胡、青皮、郁金、白芍等。

**案例1**

孟某，女，21岁。3月。上海。

肝郁气滞，冲任失调，经来超前，量少色褐，乳房作胀，少腹疼痛，腰背酸楚，五心烦热，脉弦小数，口苦苔黄。治拟养血疏肝调经，丹栀逍遥散加减。

处方：炙当归9g，炒赤芍9g，柴胡3g，茯苓12g，丹皮6g，黑山栀9g，炙青皮5g，川郁金6g，甘草2.4g，四制香附8g，薄荷梗5g。

二诊：此届经来，瘀滞减少，量亦较多，乳胀腹痛，不若前甚，脉象弦滑。再拟疏肝调经。

处方：炙当归9g，丹参9g，赤白芍各6g，柴胡2.4g，炙青皮5g，丹皮6g，川郁金6g，制香附5g，益母草9g，路路通6g，炙甘草2.4g。

按 肝气抑郁，郁则化火，火盛迫血，因而经水超前，量少色褐。乳头属厥阴，乳房属阳明，故而乳胀腹痛。方用丹栀逍遥散清热疏肝，养血调经，使木气条达，则血得畅行。

注：女子以肝为先天。肝主疏泄。七情郁结，肝郁气滞，郁久化热，热扰冲任，冲任失调，迫血下行，而经来超前；肝郁疏泄失调，血海失司，而量少；肝气郁结，气滞血瘀，而色褐；《灵枢·经脉》指出"肝足厥阴之脉……是动则病腰痛不可俯仰……妇人少腹肿……"气滞肝经而少腹疼痛、腰背酸楚；肝火扰心而五心烦热；脉弦小数，口苦苔黄为肝郁化热之象。诊为月经先期病，辨为肝郁化热证，治以养血疏肝调经，方以丹栀逍遥散加

减。药用炙当归、炒赤芍养血柔肝，柴胡、炙青皮、川郁金、四制香附、薄荷梗疏肝解郁，黑山栀泻火除烦、清心凉血；茯苓健脾补中、培土疏木；甘草调和诸药。

二诊时肝郁气滞减轻，症状好转，遵原意化裁。

**案例2**

沈某，女，33岁。8月。杭州。

前次月经愆期五月方来，此届又逾期未行，小腹胀痛，昨见鼻衄，量多色红，颜面烘热，头痛而胀，神烦寐劣，大便燥结，舌白薄黄，脉象滑数。此血热逆行故也。

处方：丹皮9g，赤白芍各6g，益母草12g，泽兰9g，炒桃仁（杵）8g，生卷柏9g，川牛膝8g，杜红花5g，全当归9g，茅根30g，川芎5g。

二诊：前方服后，衄止寐安，月经未行，少腹胀痛如故。上行之血已有下达之渐，原方仍可续进。

注：全当归9g，泽兰9g，生卷柏9g，炒桃仁5g，益母草12g，川牛膝5g，赤芍9g，杜红花5g，丹参9g，凌霄花9g，陈茅根30g。

三诊：月经已行，色鲜量少，小腹胀痛已除。再拟气血两顾，以调冲任。

处方：米炒上潞参9g，炒晒白术5g，云茯苓9g，炙当归9g，炒白芍9g，大生地12g，清炙甘草2.4g，陈皮5g，阿胶珠9g。

按　患者素体血热，气火上升，血不下行，月经逾期不来，倒行逆施，而致鼻衄，此倒经也。方用凉血清热，导血下行，泻火于阴，使血归经而衄自止，月经得以通调。

注：月经后期，逾期未行，瘀阻胞中而小腹胀痛；血热夹冲气上逆，迫血妄行，出于鼻者而为鼻衄；热伤血络而量多色红；肝火上扰清窍而颜面烘热、头痛而胀；肝火扰心而神烦寐劣；热灼阴津而大便燥结；舌白薄黄，脉象滑数为血热内盛之象。诊为经逆，辨证为肝经郁火证，治以清热降逆平冲、引血下行调经，方以血府逐瘀汤加减。药用丹皮清热凉血，透阴分伏热；赤白芍清热凉血，散瘀止痛；益母草、泽兰清热解毒，活血调经；炒桃仁、杜红花活血化瘀；生卷柏泻下焦相火，除骨蒸，治烘热；川牛膝补肝肾，引血下行；全当归、川芎养血补血和血；茅根性寒入血分，清血分之热而凉血止血（《妇人良方大全》鼻衄以白茅花汤调服即止）。二诊时衄止寐安，月经已有下达之势，循原方之意。加凌霄花，《神农本草经》认为其

"主妇人产乳余疾,崩中,癥瘕,血闭,寒热羸瘦",改丹皮为丹参破宿血,补新血,《妇科明理论》有"一味丹参散,功同四物汤"之说。三诊时月经已行,气机条达,冲任气畅,故小腹胀痛除。继予调补冲任、补气健脾以增生化之源以益冲任。方拟八珍汤加减。加用阿胶珠,其为血肉有情之品,滋阴养血。

**案例3**

汤某,女,32岁。5月。上海。

情志抑郁,肝失疏泄,经停年余,饮食日减,头晕目眩,腰楚跗软,脘腹胀且痛,脉来细涩,舌苔白薄。气机失调,冲任不和,治拟疏肝调经。

处方:炒娑罗子9g,制延胡索6g,三角胡麻9g,炙当归9g,炒小茴香(包)2.4g,炒川芎5g,杭白芍8g,泽兰9g,炒金铃子9g,酒炒丹参9g,决明子12g,四制香附5g,青陈皮各5g。

二诊:前方服后,脘腹痛减,纳食见增,而头目眩晕如故,腰酸虽减未除,脉细苔薄。仍守原法出入。

处方:炒娑罗子9g,炙当归9g,三角胡麻9g,制延胡索6g,酒炒丹参12g,炙川芎5g,制牛膝9g,炒赤芍9g,四制香附6g,泽兰6g,青陈皮各5g。

三诊:前方连续服10剂后,脘腹之痛已止,月经昨日已临,但量少色淡,脉转缓滑。再拟养血调经。

处方:炒当归9g,酒炒丹参12g,炙川芎5g,炒赤芍9g,泽兰6g,炒小茴香2.4g,制川断9g,炒娑罗子9g,四制香附8g,煅石决明12g,炒川楝子9g。

**按** 此为肝气郁结,损及心脾。《素问·阴阳别论》云:"二阳之病发心脾,有不得隐曲,女子不月。"心脾虚则血无以滋生,故而经停年余不行。叶师不治心脾而治肝胃者,乃穷源返本之计也。

注:女子以肝为先天。《素问·评热病论》曰:"月事不来,胞脉闭也。"《万氏妇人科》云:"忧愁思虑,恼怒怨恨,气郁血滞而经不行。"七情所伤,肝失疏泄,气行则血行,气结则血滞,冲任瘀滞,胞脉闭阻,故经停年余;《灵枢·经脉》指出"肝足厥阴之脉……抵小腹,挟胃……布胁肋……连目系,上出额,与督脉会与巅""是动则病腰痛不可以俯仰……妇人少腹肿……"肝气郁结,是故头晕目眩、腰楚跗软、脘腹胀且痛;脉来细涩亦肝郁气滞故也。诊为闭经,辨为气机失调、冲任不和,治以疏肝调经,方以金铃子散加减。药用炒娑罗子理气宽中,和胃止痛;三角胡麻,即茺蔚

子，《神农本草经》谓其"主明目，益精，除水气"，活血调经、清肝明目；制延胡索、炒金铃子清热疏肝、活血止痛；炙当归、炒川芎、杭白芍、酒炒丹参活血养血调经；泽兰活血调经、引血下行；决明子清泻肝火、平抑肝阳；四制香附、青陈皮疏肝理气。二诊时诸症减轻，月经未转，仍遵原意。三诊时脘腹痛已止，月经转，肝主疏泄已复，但量少色淡，提示血虚，治以养血调经兼疏肝理气。方拟四物汤加减。

**案例4**

冯某，女，43岁。7月。乌镇。

情志抑郁，肝失疏泄，月经数月一转，量少色紫，年余于兹，自觉少腹有块不时攻痛，面色暗滞，肌肤甲错，舌紫，脉象弦涩。气滞血瘀，任脉为病，治拟疏肝理气，活血行瘀。

处方：抵当丸（分二次吞）6g，丹参15g，生薏苡仁15g，泽兰6g，小青皮5g，云茯苓12g，广木香（拌炒）2.4g，白芍5g，制香附6g，小茴（拌炒）2.4g，当归9g，郁金5g，白术5g，桑海二螵蛸各9g。

二诊：前方服后，少腹攻痛不若前甚，而月经仍然未行，脉象弦涩，舌紫。仍守原法出入。

处方：抵当丸（分二次吞）6g，丹参15g，木香（拌炒）2.4g，白芍5g，炒川芎5g，炒金铃子6g，郁金5g，小茴（拌炒）2.4g，当归9g，炒白术5g，杜红花2.4g，小青皮5g，制香附6g，桑螵蛸、海螵蛸各9g。

三诊：昨日月经来临，量多色紫，夹有血块，少腹之痛已除，肌肤甲错如前。再拟养血调经。

处方：炒当归9g，炙川芎3g，炒丹参15g，炒白芍9g，益母草9g，藏红花3g，云茯苓12g，郁金6g，炒川楝子9g，青皮5g，制香附6g。

**按** 患者由于情志抑郁，气滞血瘀，而致月经不调，数月一行，且腹内有块攻痛，系有形之物，为癥瘕之类。用攻坚破积之法，瘀去则经水通行。

注：情志抑郁，肝失条达，冲任气血郁滞，则月经数月一转，量少色紫；血行受阻，气聚血凝，积而成块，阻滞冲任胞宫，日久成癥瘕；不通则痛，而自觉少腹不时攻痛；精神抑郁，面色暗滞，肌肤甲错，舌紫脉象皆为气滞血瘀之象。诊为癥瘕，辨为气滞血瘀证。《医学入门》指出"善治癥瘕者，调其气而破其血，消其食而豁其痰，衰其大半而止，不可猛攻峻施，以伤元气。宁扶脾胃正气，待其自化"。治拟疏肝健脾、活血破瘀，方以抵当丸加味。抵当丸破血下瘀；丹参、泽兰、当归活血调经；生薏苡仁、云茯

苓、白术健脾扶正；小青皮、制香附、郁金疏肝理气；广木香醒脾疏肝；白芍养血柔肝；小茴散寒止痛；《神农本草经》言桑螵蛸"益精，生子，女子血闭，腰痛"，海螵蛸"主女子漏下……血闭……癥瘕"。二诊时遵原意。三诊是月经已转，则养血调经兼活血。

**案例5**

陈某，女，34岁。10月。于潜。

每届经来淋漓不畅，色紫而暗，夹有血块，小腹胀痛，痛甚拒按，手足心内热，五月于兹，舌紫绛，脉细涩。气滞瘀阻，失笑散加味。

处方：酒炒蒲黄5g，酒制延胡索6g，青蒿梗6g，泽兰9g，五灵脂15g，青皮5g，赤白芍各5g，生鳖甲21g，酒炒当归12g，生山楂12g，酒炒柴胡5g，盐水炒川楝子9g。

二诊：经行畅通，痛胀显减，手足心热亦除。治用原方去失笑散、青蒿、鳖甲，加郁金四制香附续服。

按 本例为气滞血不畅行而成瘀阻，以致经行不畅，腹痛拒按。治用失笑散合金铃子散行气逐瘀，为塞者通之之法。

注：肝失条达，冲任气血郁滞，经血不利，而经来淋漓不畅；不通则痛，而下腹胀痛，痛甚拒按；肝体阴用阳，肝阴不足而手足心热；舌紫绛，脉细涩为阴虚血瘀之象。诊为经期延长、痛经病，辨为阴虚血瘀证，治以活血化瘀、行气止痛、养阴退热，方以失笑散加减。药用五灵脂、酒炒蒲黄行血通经，消瘀止痛；《本草纲目》认为酒制延胡索"行血中之气滞，故能专治一身上下诸痛"；青蒿梗清热除蒸；泽兰活血调经；青皮、酒炒柴胡、盐水炒川楝子疏肝理气；赤白芍养肝阴以顾肝体；鳖甲为血肉有情之品，生用滋阴退虚热；酒炒当归养血活血；生山楂性温兼入肝经血分，通行气血，活血止痛。

**3. 调冲任，利八脉**

《素问·上古天真论》曰："二七而天癸至，任脉通，太冲脉盛，月事以时下，故有子。""冲为血海"，"任主胞胎"。《傅青主女科》谓："经水出诸肾。"《格致余论》云："主封藏者肾也。"肾虚则封藏失司，月事非时以下，冲任亦损，八脉失固。表现为崩漏、经期延长、腰酸潮热等症。治当补肾固精，以利八脉。方拟胶艾汤、固经汤等加减，药用熟地、山萸肉、龟甲、阿胶等益肾填精之品。

**案例1**

师某，女，12岁。9月。上海。

年未二七，经汛已临，量多色鲜，延已五旬未净，面容少华，午后有虚潮之热，唇色淡红。冲任已损，有入怯途之虑，亟拟固摄奇经。

处方：熟地黄炭18g，山萸肉5g，煅龙骨12g，清炙黄芪9g，炒白芍9g，炒阿胶珠12g，炙侧柏叶9g，艾叶炭3.5g，旱莲草15g，陈棕炭9g，煅牡蛎30g，小蓟炭9g。

二诊：前方服后，经漏顿止，而潮热未清，脉虚无力。血去阴伤，再拟滋养肝肾，以利八脉。

处方：熟地黄炭18g，阿胶珠12g，炒白芍9g，炙侧柏叶9g，旱莲草15g，清炙黄芪9g，小蓟炭9g，黄芩炭5g，制女贞子9g。

按　患者经事拖延五旬未净，又见潮热，面色少华，虚象显然，故谓有入损之虞。叶师治以脾肾着手，固摄下元，一诊即获显效，经漏止后，改用滋补肝肾，以调营血。

注：《素问·上古天真论》明确指出"女子七岁，肾气虚，齿更发长；二七而天癸至，任脉通，太冲脉盛，月事以时下，故有子""经水出诸肾"。此患者年未二七，经汛已临，提示相火偏旺，肾失封藏，冲任失固，不能制约经血而成崩漏，故量多色鲜，五旬未净；血虚不能上荣头面，故面容少华，唇色淡红；阴血亏虚，不能制阳，阳气偏旺，故午后有虚潮之热。诊为崩漏，辨为肾阴虚证。冲任已损，阴血不固，崩漏不止，急则治其标，亟当塞流止血防脱，固摄奇经。治以补肾健脾，摄血固冲，方拟胶艾汤加减。药用熟地黄炭质润入肾，善滋补肾阴，填精益髓，"大补五脏真阴"；山萸肉入下焦，补肝肾，固冲任以止血；煅龙骨味涩能收，收敛固涩，《神农本草经》谓其"味甘平，主……女子漏下"；清炙黄芪补气摄血；炒白芍养血敛阴；炒阿胶珠血肉有情，养血止血；炙侧柏叶收敛止血；艾叶炭温经止血；旱莲草滋补肝肾、凉血止血；陈棕炭、小蓟炭收敛止血；煅牡蛎固摄止血。二诊时崩漏已止，但潮热未清，脉虚无力。血去阴伤，治因求本，澄源以防复。拟滋养肝肾，以利八脉。方拟二至丸加味。

**案例2**

王某，女，38岁。7月。富阳。

经行半月未止，量多色殷，午后潮热，掌心如灼，心悸头晕，夜寐不安，口干心烦，足跟隐痛，脉来虚数，舌红中有裂纹。肝肾之阴不足，虚火内扰，冲任失固，治拟固经汤化裁。

处方：炒白芍9g，黄柏炭3g，醋制香附6g，炙樗皮9g，炙龟甲15g，炒黄芩6g，侧柏炭9g，地榆炭9g，仙鹤草30g，生地黄炭15g，地骨皮12g。

二诊：经漏已止，心悸头晕减轻，夜寐较安。治以前方去侧柏炭、地榆炭、仙鹤草，加旱莲草、女贞子，续服6剂。

按　肝肾之阴不足，虚火内扰，八脉失固，以致经漏不止，方用固经汤加味，以炙龟甲、生地黄炭、炒芍药固护营阴，黄柏炭清下焦之火，仙鹤草、地榆炭、侧柏炭清热止血，香附调气以和肝。醋制者，敛肝气而不动血。服后水得滋生，虚火自平，冲任得固，经漏始止。

注：《素问·阴阳别论》曰："阴虚阳搏谓之崩。"阴虚内热，热扰冲任，迫血妄行，故经行半月未止；血为热灼，故色殷；阴虚不能制阳，阳气偏亢而午后潮热；"心主手厥阴心包络之脉……是主脉所生病者，烦心、心痛、掌中热"，是故掌心如灼；《灵枢·经脉》指出"肾足少阴之脉……是主肾所生病者，口热舌干……烦心……足下热而痛"，是故口干心烦，足跟隐痛；脉来虚数，舌红中有裂纹者，为肾阴不足之象。诊为崩漏，辨为肝肾阴虚，热扰冲任，治以滋养肝肾，清热泻火，固经止血。方拟固经汤化裁。方中炙龟甲滋阴益肾，潜阳制火，《神农本草经》言其能"主漏下赤白"；炒白芍敛阴养血，柔肝止痛；炒黄芩清热泻火以止血，《本草纲目》言其能"治诸失血"，《神农本草经》言其"主崩中下血"；黄柏炭走下焦，泻肾火；炙樗皮清热固经而止血；醋制香附疏肝理气；侧柏炭、地榆炭、生地黄炭收涩止血；仙鹤草清热凉血止血；地骨皮退虚热。

**4. 调阴阳，逐邪气**

《金匮要略·妇人杂病脉证并治》曰："妇人之病，因虚，积冷，结气，为诸经水断绝。"妇人寒客胞宫，而见经期逾期、少腹冷痛、四肢不温等症。叶老宗"寒者热之"之法，治以散阴寒，暖冲任，调阴阳，方用桂枝汤、过期饮加减，药用肉桂、紫石英、炮姜等温通奇经。

**案例1**

程某，女，26岁。2月。上海。

经水每每逾期而来，色淡量少，少腹冷痛，得温则舒，四肢不暖，面色苍白，脉来涩迟。证属冲任虚寒，气滞血阻，仿长沙法。

处方：炙桂枝5g，炒白芍9g，酒炒当归12g，炒川芎5g，炙甘草5g，炙艾叶（包）5g，酒炒丹参15g，桂心（研粉，饭和丸，吞）2.4g，制香附9g，郁金5g，制川断9g，炮姜5g，红枣5只。

二诊：前方服后，腹痛减轻，肢冷转暖，脉象迟缓，苔薄白。前方既效，仍守原法出入。

处方：炙桂枝5g，炒白芍9g，酒炒当归12g，酒炒丹参15g，炙川芎5g，炙艾叶（包）5g，制香附9g，郁金5g，制川断9g，炮姜5g，益母草9g，桂心（研粉，饭和丸，吞）2.1g。

三诊：两进温通行血，胞宫寒凝，得暖而散，腹痛若杳，脉缓苔白。再拟益气养血。

处方：炙当归9g，炙川芎5g，炒杭芍6g，郁金9g，制川断9g，炙桂枝3g，炙甘草6g，炙黄芪9g，砂仁（拌）2.4g，熟地黄18g，米炒上潞参9g，制香附9g，红枣5只。

按 《金匮要略》云："妇人之病，因虚，积冷，结气，为诸经水断绝。"以上三者，均能形成经水之不调。本例患者，为寒客胞宫，血因冷而滞行，以致经来逾期，寒气郁于下焦，故见少腹冷痛。方用桂枝汤复加肉桂，意在助阳逐寒，调和营卫，为寒者热之之法。尝见叶师以此法用于治虚寒痛经，颇见获效，此举其一也。

注：阳气不足，气血生化不足，气虚血少，冲任虚寒，血海满溢延迟，故经水逾期而来，色淡量少；寒气阻于下焦，故少腹冷痛，得温则舒；阳虚不能温养四肢，故肢体不暖；血虚不上荣，故面色苍白；脉来涩迟为虚寒之象。诊为月经后期、痛经病，辨为冲任虚寒证，治以温经散寒、助阳逐阴、调和阴阳，方以桂枝汤复加肉桂。药用炙桂枝辛甘通阳，通行十二经脉，温经散寒；炒白芍、酒炒当归、酒炒丹参养血滋阴；酒炒当归配炒川芎，增温经散寒之力，又强活血祛瘀之功；炙艾叶、炮姜、桂心助炙桂枝温经散寒；制香附专入气分，疏肝理气，调经止痛；郁金入血分，活血行气止痛；加红枣，辛甘化阳，温阳散寒；"经水出诸肾"，制川断补益肝肾，调理冲任。二诊时诸症减轻，守原方出入。三诊时诸症好转，拟益气养血，方以十全大补汤加减。四物汤养血补血调经，小建中汤温阳守中、温中补虚，郁金、制香附疏肝理气调经。

**案例2**

盛某，女，20岁。7月。东岳。

室女经停三月未转，少腹冷痛，四肢不暖，脉来紧细。寒客胞宫，冲任失调，治当温通奇经。

处方：紫石英12g，桂心（研粉，饭和丸，吞）1.8g，三角胡麻9g，桃仁6g，当归尾6g，红花5g，酒炒白芍8g，卷柏9g，四制香附6g，川芎5g，炙地鳖虫12g，泽兰9g，盐水炒牛膝9g。

二诊：前方服后，腹痛减轻，脉见弦滑。寒气得温而散，瘀滞有下达之渐。仍守原法出入。

处方：紫石英12g，桃仁9g，三角胡麻9g，卷柏9g，酒炒蓬莪术8g，泽兰9g，酒炒川牛膝9g，制香附6g，路路通9g。

三诊：经泛已转，色量亦属正常。再拟调经继之。

处方：炙当归9g，川芎5g，炒白芍12g，泽兰6g，杜红花5g，路路通9g，制香附6g，酒炒牛膝9g，益母草9g。

**按** 患者经停三月，乃因寒客胞宫，积于冲任所致。因而少腹冷痛，四肢不暖，脉象紧细。治用《济阴纲目》过期饮加减，温通奇经。血得热则行，月经复来，诸症若失。

注：阳气不足，阴寒内盛，不能温养脏腑，血为寒凝，血海不能按时满溢，冲任失养，故经停三月未转；寒邪客于胞宫，气血运行不畅，不通则痛，故少腹冷痛；寒邪阻滞于内，阳不外达，故四肢不暖；脉来紧细为阴寒内盛之象，诊为闭经，辨为寒客胞宫、冲任失调证，治以温通奇经，方以过期饮加减。紫石英味甘性温，《神农本草经》言其主"女子风寒在子宫，绝孕十年无子，久服温中"；桂心温阳散寒；三角胡麻、泽兰活血调经；桃仁、红花活血化瘀；当归尾、酒炒白芍、川芎补血养血；卷柏清虚热以防温阳太过；四制香附疏肝理气、调经止痛；炙地鳖虫破血逐瘀、通经导滞；盐水炒牛膝补肝肾、引血下行。二诊时腹痛减轻，脉见弦滑，寒气得温而散，但月经未转，故加用酒炒蓬莪术、路路通破血行气，通经导滞。三诊时月经已转，治以养血调经，方以四物汤加减。

（二）带下病

带下病是指带下量明显增多或者减少，色、质、气味发生异常，或伴有全身或局部症状者。《傅青主女科》认为"带下俱是湿症……脾气之虚，肝气之郁，湿气之侵，热气之逼，安得不成带下之病哉"。叶老治带下病注重细分青带、白带、黄带、赤带的病理特征及辨证要点，精准施治，效如桴鼓。

**案例1（青带下）**

王某，女，27岁。4月。塘栖。

带下青色，腥臭稠黏，头胀目眩，口苦胁痛，脉来弦数，舌质红，苔黄腻。证属肝经湿火下注，拟泻厥阴之火，化膀胱之湿。

处方：龙胆草6g，黑山栀9g，炒白芍9g，甘草3g，青陈皮各3g，茯苓12g，绵茵陈15g，柴胡5g，川草薢9g，黄芩5g，炙白鸡冠花12g。

二诊：前方服后，头胀、目眩、口苦、胁痛均减，带下色转黄白，腥臭亦减，脉见弦滑，苔薄黄。再守原法。

处方：龙胆草6g，柴胡5g，黑山栀9g。茯苓12g，生甘草3g，淡黄芩5g，车前子（包）9g，泽泻9g，炒白芍9g，郁金6g，炙白鸡冠花12g。

三诊：带下不多，胁痛间或有之，脉弦，苔薄黄。再拟疏肝和营，兼清余热。

处方：炒柴胡5g，丹皮5g，黑山栀9g，当归9g，制苍术5g，茯苓12g，炒白芍6g，甘草2.4g，薄荷梗5g，郁金6g，炙白鸡冠花12g。

按　肝经湿热下注胞宫，而成青带。治疗先用龙胆泻肝泻火以燥湿，继以丹栀逍遥疏肝清热。肝得条达，气机通利，则湿热无所依存，带自止矣。

注：《灵枢·经脉》指出"肝足厥阴之脉……循股阴入毛中，过阴器……布胁肋……连目系，上出额……"肝经湿热下注胞宫，损伤任带二脉，故带下青色，腥臭稠黏；肝经湿热上炎，则见头胀目眩，口苦；脉来弦数，舌红，苔黄腻为肝经湿热之象。诊为带下过多——青带下，辨为肝经湿火下注证，治以泻厥阴之火、利膀胱之湿，方拟龙胆泻肝汤加减。药用龙胆草大苦大寒，上泻肝胆实火，下清下焦湿热，泻火除湿；黑山栀、黄芩皆苦寒，泻火解毒，燥湿清热；川草薢清热利湿，导湿热从水道除；青陈皮疏肝理气；茯苓健脾渗湿，运化水道；炒白芍柔肝；柴胡入肝经，疏肝；炙白鸡冠花性凉而涩，既能收涩止带，又能清热除湿，叶老善用其治湿滞带下，每见卓效。二诊时诸症减轻，守原法出入。三诊时带下减少，提示湿热已清；胁痛，脉弦，可见肝之气机未畅，治以疏肝清热，调畅气机，方以丹栀逍遥散加减。

**案例2（白带下）**

诸葛某，女，46岁。10月。兰溪。

去秋以来，白带清稀，绵绵不已，面色苍白，形寒肢冷，腰背酸坠，大便溏薄，舌淡红，苔薄白，脉见沉细。脾肾虚寒，带脉失约，治以温补固摄。

处方：鹿角胶5g，制巴戟9g，菟丝饼9g，清炙黄芪9g，米炒上潞参9g，煅牡蛎18g，生龙骨9g，淡附块9g，潼蒺藜9g，炙陈皮5g，茯苓12g，桂心（研粉，饭和丸，吞）2.4g。

二诊：腰酸背痛减轻，白带亦少，大便已不溏薄。前方既有效，原意毋庸更改。

处方：鹿角胶5g，淡苁蓉6g，菟丝饼6g，制巴戟9g，清炙黄芪9g，淡熟附块9g，米炒上潞参9g，煨益智仁6g，炒杜仲9g，茯苓12g，陈皮5g，米炒怀山药9g。

三诊：带净，腰酸已除，四肢亦暖，嘱内补丸每日6g吞服。

**按** 命门火衰，上不能熏蒸脾土，下不能温摄奇经，故见大便溏薄，腰酸肢冷，带下清稀，绵绵不已。方用桂心、淡附块、鹿角胶、制巴戟、淡苁蓉温肾助阳，米炒上潞参、清炙黄芪、茯苓、米炒怀山药补脾益气，乃脾肾两顾之法，俾肾阳升发，脾土运化有权，带脉得以约束，所患自可向愈也。

注：肾阳不足，命门火衰，封藏失职，带脉不固，精液滑脱而下，故白带清稀，绵绵不已；阳气不能外达，故形寒肢冷，面色苍白；腰为肾之府，肾阳虚则腰背酸坠；肾阳虚不能上温脾阳，故大便溏薄；舌淡红，苔薄白，脉沉细亦为肾阳虚之象。诊为带下过多——白带下，辨为脾肾阳虚、带脉失约证，"益火之源，以消阴翳"，治以温肾培元，固摄止带。方拟内补丸加减。药用鹿角胶血肉有情之品，味咸，性温，入肾经，补肝肾，益精血；制巴戟、菟丝饼、淡附块、桂心壮火之元，温养命门；清炙黄芪补气升阳；米炒上潞参、茯苓健脾补中；煅牡蛎、生龙骨收敛固涩；潼蒺藜温肾止腰痛；炙陈皮理气健脾燥湿。

**案例3（黄带下）**

沈某，女，38岁。4月。宁波。

带下黄稠，胸腹闷胀，食无馨味，神倦乏力，腰背酸楚，小溲赤热，脉滑苔黄。脾虚不能运湿，湿蕴化热，下注成带。治拟清热化湿。

处方：制苍术6g，猪苓6g，淡竹叶8g，制川柏5g，飞滑石（包）9g，草薢9g，赤白苓各9g，炒薏苡仁9g，甘草梢5g，炙白鸡冠花15g，炙新会陈皮6g。

二诊：前方服后，带下显减，腰背酸楚，胸腹胀闷，均不若前甚。使患者服二妙丸，每日9g，淡盐汤吞送。

**按** 患者因脾失健运，蕴湿化热，下注带脉，清浊混淆而成黄带。治用胃苓汤加减，清热化湿，实为因势利导，与虚寒带下之用温摄不同。

注：脾主运化，喜燥恶湿，湿困脾土，运化失司，阻碍气机，则胸腹闷胀，食无馨味；湿性重着，脾为湿困，则神倦乏力，腰背酸楚；湿郁化热，下注膀胱而小溲赤热；下注于带而带下黄稠。诊为带下过多——黄带下，辨为脾虚湿热证，治以健脾清热化湿，方拟胃苓汤加减。药用制苍术燥湿健脾，降浊和胃，芳香化湿；猪苓、赤白苓甘淡渗湿；淡竹叶、飞滑石、萆薢、炒薏苡仁清热渗湿利尿；炙新会陈皮燥湿健脾；炙白鸡冠花收涩止带；甘草梢调和诸药。

**案例4（赤带下）**

马某，女，32岁。4月。杭州。

冲任失调，每次经行愆期，湿火下注，带下赤白，腰酸两腿重滞，食少，神倦乏力，脉象弦滑，舌苔薄黄。二妙散加味。

处方：炒苍术6g，炒黄柏5g，飞滑石（包）9g，炙樗白皮9g，赤苓12g，川萆薢9g，薏苡仁12g，炙海螵蛸12g，炒赤芍6g，炙地榆9g，炙侧柏叶9g，丹皮6g。

二诊：带下赤白已除，腰酸腿重不若前甚。胃气渐振，原法加减。

处方：炒苍术6g，炒於术6g，炒丹参9g，炒芡实12g，炒薏苡仁12g，炒白芍6g，炙地榆9g，川萆薢9g，赤苓9g，新会陈皮6g，炒当归9g。

**按** 患者带下赤白，乃热盛于湿，故初方重在清热，结合化湿。二诊带下已净，又以健脾化湿而治其根源。

注：湿热流注下焦，损伤冲任，而经行愆期；流注带脉，而带下赤白；湿热流注下肢，而腰酸两腿重滞；湿困脾土而食少，神倦乏力；脉象弦滑，舌苔薄黄为湿热内滞之象。诊为带下过多——赤带下，辨为湿热下注证，治以清热利湿，燥湿止带，方拟二妙散加味。药用炒苍术主入脾胃，既内燥脾湿，又外散湿邪；炒黄柏主入下焦，清热燥湿；飞滑石、薏苡仁、川萆薢清热利湿；炙樗白皮清热燥湿，收涩止带；炒赤苓健脾利湿；炙海螵蛸收敛止血，固精止带；炙地榆、炙侧柏叶、丹皮凉血止血；炒赤芍清热凉血，散瘀止痛，止血不留瘀。二诊时带下已净，健脾化湿以治其根。

**（三）胎前病**

胎前病是指妊娠期间，发生与妊娠相关的疾病。叶老认为，妊娠疾病的发生，与其妊娠特殊的生理相关。一为胃气失调，冲气上逆；二为脾虚失运，水湿内阻；三为阴虚阳亢，风痰内扰；四为气阴两虚，冲任失固。治疗上，平冲降逆，补肾健脾，调和阴阳，安胎与治病并举。

**案例1**

郦某，女，34岁。9月。昌华。

经停三个月，纳减择食，呕吐泛酸，胸闷作胀，神倦乏力，苔色薄白，脉来弦滑。此妊娠恶阻耳。

处方：苏梗9g，姜半夏9g，姜汁炒竹茹9g，炒白术5g，盐水炒刀豆子9g，茯苓9g，玫瑰花8朵，煅石决明18g，盐水炒橘红6g，阳春砂（杵，后下）3g，左金丸（吞）2.4g。

二诊：前服调气和胃之剂，脘闷得舒，呕吐泛酸减少；惟倦怠思睡，舌淡苔白，脉较无力。再以调气健脾。

处方：米炒上潞参9g，炒白术5g，茯苓9g，姜半夏6g，炒橘红5g，炙甘草2.4g，阳春砂（杵，后下）3g，绿萼梅5g，盐水炒刀豆子9g，左金丸（吞）2.4g，生姜2片，红枣4只。

三诊：呕吐泛酸已除，渐思纳食，苔白，脉缓滑。再以香砂六君加减，二诊方去左金丸、盐水炒刀豆子，加桑寄生9g。

**按** 本例属妊娠后胃气失调，故用二陈汤合左金丸加苏梗调气和胃，药虽轻灵，效果显然。

注：《素问·至真要大论》曰："诸逆冲上，皆属于火。"冲脉起于胞中，隶于阳明，患者孕后血聚养胎，冲脉之气较盛，冲气循经上逆犯胃，胃失和降，故呕吐泛酸；脾胃虚弱，中阳不振，痰湿困脾，故胸闷，神倦乏力；肝经自病则胸闷作胀，脉来弦滑。诊为妊娠恶阻，辨为肝胃失调证，治以清肝和胃、降逆止呕，方拟二陈汤合左金丸加苏梗加减。药用苏梗宽胸利膈，顺气安胎；姜半夏燥湿化痰；姜汁炒竹茹清热降逆止呕；盐水炒刀豆子降气止呕；茯苓健脾渗湿，湿去痰消；玫瑰花、盐水炒橘红、阳春砂理气化痰，气顺痰消；煅石决明平肝清肝，制酸止呕；左金丸清泻肝火，降逆止呕。二诊时，服用调气和胃之剂后，脘闷得舒，方以六君子汤加减。

**案例2**

庄某，女，25岁。3月。余姚。

怀孕五个月，下肢浮肿，小溲短少，头晕身重，胸闷腹胀，脉缓滑，苔白薄。证属子肿，治当健脾利水，理气安胎。

处方：炒白术8g，天仙藤9g，带皮茯苓12g，苏梗8g，泽泻9g，清炙桑白皮9g，炒陈皮5g，冬瓜皮12g，大腹皮9g，广木香2.4g，生姜皮5g，阳春砂（杵，后下）5g。

二诊：小溲增多，下肢浮肿渐消，胸闷腹胀得宽，头晕亦轻。仍宗前方加减。

处方：米炒上潞参9g，炒晒术8g，天仙藤9g，带皮茯苓12g，苏梗6g，泽泻9g，炒陈皮5g，冬瓜皮12g，阳春砂（杵，后下）3g，桑寄生9g，炒杜仲9g，生姜皮3g。

**按** 妊娠五月，太阴司胎，脾虚中阳失运，水谷之湿内聚，外溢皮肤成肿。方宗天仙藤散合五皮饮，旨在健脾渗湿，理气安胎，脾得运则水自行，气得调则胎自安。

注：《医宗金鉴》认为"头面遍身浮肿，小水短少者，属水气为病，故名曰子肿"。《经效产宝》明确指出妊娠浮肿是由于"脏器本虚，因产重虚，土不克水"，"诸湿肿满皆属于脾"，水湿为病，其制在脾。妊娠五月，胎体上升，升降之机括为之不利，脾虚则运化无力，水湿内停，流于四末，泛于肌肤，而下肢浮肿；湿阻气机，膀胱气化不利，则小溲短少；清阳不升，则头晕身重，胸闷腹胀；脉缓滑，苔白薄为脾虚湿滞之象。诊为子肿，辨为脾虚湿滞证，治以运脾化湿、利水消肿、理气安胎；方拟天仙藤散和五皮饮加减。药用白术健脾渗湿以促运化，益气以安胎，利水消肿；天仙藤苦温燥湿，善治妊娠水肿；五皮饮利水消肿，理气健脾；苏梗宽胸行气安胎；泽泻利水消肿；广木香、阳春砂理气醒脾以促气化。二诊时浮肿减轻，肾主生殖，加用桑寄生、炒杜仲、米炒上潞参健脾补肾安胎。

**案例3**

白某，女，39岁。10月。杭州。

禀体阴虚，妊娠八个月，头晕目眩，面赤烘热，心悸瘛疭，下肢浮肿，今晨突然抽搐，不省人事，按脉弦滑有力，舌绛唇干。厥阴风木内动，夹痰火而上扰。证属子痫重症，仿羚羊角散化裁。

处方：羚羊角片（先煎）2.1g，老钩（后下）15g，生石决明（先煎）30g，天麻5g，甘菊花9g，生白芍9g，大生地18g，茯神12g，竹沥半夏9g，胆南星2.4g，当归6g，鲜竹茹9g。

二诊：前方服后，神苏，抽搐亦定；惟尚感头晕目眩，心悸，夜寐欠酣，脉弦滑，舌绛。再拟潜阳熄风，以杜反复。

处方：羚羊角片（先煎）1.5g，当归身6g，蛤粉炒阿胶12g，生石决明（先煎）24g，生牡蛎（先煎）18g，青龙齿（先煎）12g，麦冬9g，茯神12g，生白芍6g，大生地18g，老钩（后下）12g，炒橘红5g，鲜竹茹9g。

按 患者素体阴虚，妊娠血养胎元，则阴虚更甚。阴虚于下，阳扰于上，内风夹痰热而升腾，乃致猝见斯症。仿羚羊角散加减，冀其熄风潜阳，醒神涤痰，而使胎气得安。

注：素体肝肾阴虚，孕后血聚养胎，妊娠八月，阴血愈虚，肝阳上亢，故头晕目眩，面赤烘热；肝火扰心，心神不宁而心悸寐劣；气滞水停而下肢浮肿；肝火化风，筋脉动急而突发抽搐，不省人事；脉弦滑有力，舌绛唇干，为肝风内动之象。诊为子痫，辨为阴虚风动挟痰火证，方拟羚羊角散加减。药用羚羊角片咸寒入肝、心经、清肝经、熄肝风、止痉定搐；老钩、生石决明清热平肝熄风；天麻平肝熄风定眩；甘菊花清肝疏风；生白芍、当归养血柔肝，"治风先治血，血行风自灭"；大生地滋水涵木；茯神养心安神，竹沥半夏、胆南星、鲜竹茹清热化痰。

**案例4**

施某，女，29岁。10月。临安。

气阴两虚，冲任失固，迩又妊娠三月，漏红旬日未止，腰背酸楚，小腹下坠，头昏耳鸣，两腿软弱，小便频数，脉细滑无力，舌淡苔白。亟宜气阴两顾之法。

处方：米炒上潞参9g，炒白术5g，清炙黄芪9g，桑寄生9g，炒杜仲12g，川断炭9g，艾绒3g，炒阿胶12g，小蓟炭9g，炙侧柏叶9g，炒菟丝子（包）9g，大生地18g。

二诊：前方服后，漏红已止，小腹下坠、腰背酸楚均瘥，小便频数亦减。仍宗原意再进。

处方：米炒上潞参9g，炒白术5g，盐水炒菟丝子（包）9g，煨狗脊12g，炒川断9g，艾绒（炒）2.4g，阿胶12g，清炙黄芪9g，炙甘草2.4g，大生地18g，炒杜仲12g，炒陈皮5g。

三诊：诸恙悉减，胎气得安，脉亦较前有力，舌淡苔白。续服泰山磐石散，每隔五日进服1剂。

按 气阴两亏之体，往往虽孕易漏，胎以难长，而致滑堕。患者素有斯患，此次妊娠三月，又见漏红尿频，小腹胀坠，势恐重蹈覆辙，故急用米炒上潞参、清炙黄芪、炒阿胶、大生地两补气阴，以摄胎元。

注：肾系胞胎，冲任之本，肾虚冲任失固，不能载胎养血，胎元不固，气不摄血，故见漏红旬日未止；腰为肾之府，肾虚则腰背酸楚，肾虚胎元不固而下腹下坠；上不能温脾阳而清阳不升，故头晕耳鸣；下不能促膀胱气化而小便频数；两腿软弱，脉细滑无力，舌淡苔白为脾肾阳虚之象。诊为滑胎，辨为脾肾阳虚证，治以补肾健脾，益气安胎，方拟寿胎丸加减。药用米炒上潞参、炒白术健脾益气，以后天养先天，生化气血以益气安胎，黄芪补气摄血安胎；桑寄生、炒杜仲、川断炭补肾安胎；炒菟丝子补肾益精，固摄冲任安胎；炒阿胶养血安胎，《神农本草经》谓其"主心腹内崩，劳极……腰腹痛，四肢酸疼，女子下血，安胎"；艾绒温经止血，固冲安胎；小蓟炭、炙侧柏叶止血，大生地养阴止血安胎。

（四）产后病

产后病指产妇在产褥期内发生的与产褥有关的疾病。叶老认为，产后病的病理特征可以概括为产后多虚，易感外邪；产后多虚，亡血伤津；产后多瘀，血不循经；元气暴脱、气阴大伤。叶老在治疗上精准辨证，效如桴鼓，立起沉疴。

**案例1**

郭某，女，29岁。3月，杭州。

产后一候，夹感，先有形寒，继而壮热，胸闷，烦躁不安，口渴喜饮。今起恶露减少，色呈紫暗，小腹胀疼，苔黄而干，脉象浮数。有热入血室之虑，治以辛凉解表，佐以行瘀。

处方：青连翘9g、炒荆芥6g、黑山栀9g、炒香豉6g、天花粉9g、金石斛（劈，先煎）9g、冬桑叶9g、炒桃仁（杵）6g、炙当归9g、杜红花5g、炒蒲黄6g、益母草12g。

二诊：服后得微汗，身热已减，胸闷渐宽，烦渴亦瘥，恶露增多，小腹已不胀痛，苔薄黄，脉滑。再宗原法。

处方：炒荆芥6g、冬桑叶9g、川石斛12g、杜红花5g、甘菊6g、青连翘9g、新会陈皮5g、川郁金6g、天花粉9g、竹二青9g、炙当归9g。

**按** 新产发热，恶露未净，每易扰及血室，故立方重在清热行瘀，使表热迅解，瘀得畅行，法属两顾。

注：产后血室正开，胞脉空虚，卫阳不固，腠理不实，风寒袭表，正邪交争，故形寒、壮热；热扰心神，故胸闷，烦躁不安；热灼津液则口渴喜

饮；邪热入胞与瘀血互结，阻滞胞脉，故恶露减少，色呈紫暗，小腹胀疼；苔黄而干，脉象浮数均为外感夹血热之象。诊为产后外感，辨为外感风热、内有瘀热证，治以清热行瘀、疏散表邪，方拟生化汤合栀子豉汤加减。药用青连翘、冬桑叶清热解毒，轻宣透表；黑山栀辛散表邪，透热除烦，导火下行；炒荆芥、炒香豉透邪畅中；天花粉、金石斛清热解渴，养阴生津；炒桃仁、杜红花、炒蒲黄、益母草活血化瘀，炙当归养血活血。

**案例2**

姚某，女，22岁。8月。杭州。

新产血虚，营阴内伤，迄今近旬，恶露未净，大便秘结，少腹作胀，舌淡红，苔薄白，脉象细涩。治拟养血润肠。

处方：炒柏子仁（杵）12g，火麻仁9g，白杏仁（杵）9g，炒桃仁（杵）6g，全瓜蒌（打）12g，松子仁（打）9g，紫丹参12g，炙当归12g，蜜制枳壳5g，益母草9g，蜂蜜（分冲）30g。

二诊：服后肠道得润，大便自通，少腹之胀亦宽，脉细缓。原意出入续进。

处方：炙当归12g，紫丹参15g，炒柏子仁（杵）9g，枸杞子9g，炒玉竹9g，茺蔚子9g，新会陈皮5g，砂仁（捣）1.5g，熟地黄（包）15g，松子仁（杵）9g，粉甘草2.4g。

**按** 患者为新产血去过多，津液不足，血虚肠燥而致便难，故方用五仁汤加味，养血润肠，滋液通幽。

注：《金匮要略·妇人产后病脉证治》指出"新产妇人有三病，一者病痉，二者病郁冒，三者大便难"。新产血虚，血去过多，津液不足，肠道失荣，故大便秘结，糟粕内停，而少腹作胀；舌淡苔薄白为血虚之象。诊为产后便秘，辨为血虚证，治以养血润肠，方拟五仁汤加减。药用质润之炒柏子仁、火麻仁、炒桃仁、松子仁、全瓜蒌、蜂蜜润肠增液；白杏仁上可宣肺，下可润肠，有"提壶揭盖"之义；炙当归养血润肠；紫丹参、益母草祛瘀生新；蜜制枳壳理气通便。

**案例3**

田某，女，39岁。11月。杭州。

产后半月余，恶露仍多，来势如崩，血去过多，气阴大伤，面色苍白，四肢厥冷，自汗淋漓，头昏眼花，精神恍惚，舌质光淡，脉象沉细。有阴竭阳脱，危在顷刻之虑。

处方：别直参（先煎）9g，淡附块9g，川桂枝5g，炙当归身6g，炙黄芪12g，北五味5g，麦冬9g，五花龙骨（先煎）15g，生牡蛎（先煎）30g，炮姜5g，炙甘草5g，阿胶12g。

二诊：进服前方，崩虽止，而淋漓未净，四肢虽转暖，但自汗未尽收，头晕神倦如故，舌如前，脉仍细软无力。前方既效，增减再进。

处方：别直参（先煎）6g，大熟地24g，炙归身9g，炙黄芪12g，阿胶珠12g，北五味6g，麦冬9g，五花龙骨（先煎）15g，生牡蛎（先煎）30g，炒续断9g，淡附块5g，炙甘草5g。

三诊：恶露已净，自汗亦止，头昏见瘥，惟神倦如故，苔转白薄，脉细而缓。再拟两顾气血。

处方：炙黄芪18g，炙当归身9g，米炒上潞参12g，阿胶珠12g，制续断9g，炒冬术6g，炙甘草2.4g，砂仁（捣）1.5g，熟地黄18g，炒枣仁12g，茯神9g，龙眼肉9g。

**按** 患者产后两旬，恶露仍多，乃冲任已虚，调摄无权，继之来势如崩，势必营血大伤。故症见肢冷自汗，脉象沉细，为气血涣散，阴不抱阳，阳不摄阴，有阴阳离决之险，立方重用参、芪、附、桂挽脱救逆于顷刻，崩止之后，复投黑归脾汤合理中汤，心脾两益，以使中气鼓动，主统有权，卫气营血，自得恢复。

注：《妇人大全良方》曰："眼黑花，头目眩晕，不能起坐，甚至昏闷不省人事"，主张"下血多而晕者……补血清心药治之，下血少而晕者……破血行血药治之"。患者产后半月，血去过多，冲任已虚，调摄无权，故来势如崩，营血大伤；心失所养，故精神恍惚；血虚不能上荣于面，故面色苍白，头昏眼花；气随血脱，阳气不能达于四末，故四肢厥冷；营阴暴脱，阴不内守，虚阳外越，故自汗淋漓；舌质光淡，脉沉细为阴阳离决之危象。所谓"有形之血不能速生，无形之气所当急固"，急用参、芪、附、桂之品回阳救逆，挽脱于顷刻。方用参附汤加减。药用别直参、淡附块大补元气，回阳救逆；川桂枝通阳化气；炙当归身、炙黄芪补气养血摄血；北五味、麦冬养阴生津，阴中求阳；五花龙骨、生牡蛎收敛固涩；炮姜温经止血；阿胶为血肉有情之品，养血止血；炙甘草调和诸药。

# 第五章 学术成就

## 第一节 论治温病造诣精深

叶老早年所治温病最多，且卓有成效，此既得太夫子姚梦兰先生的亲授，亦是崇尚叶、薛、吴、王之说，对温热病证颇有研究，尤其擅长湿温诊治。叶老曾说："治湿温用药最宜细仔，热重者宜用苦泄，但过用苦寒则热易化燥；湿重者宜用芳化，但过于香燥须防湿以化热。用药最宜法中有变，变中有法。"临证中，叶老对外感热病临床辨证与治疗不仅有丰富的实践经验，而且见解独到。

### 一、辨证宗仲景、法天士

中医治病，关键在于辨证。温热时病，来势急骤，变化迅速。其治疗之难，既难于用药，更难于辨证。叶老治疗外感热病，博采众长，既宗仲景，又法天士，熔六经辨证与卫气营血辨证于一炉，合伤寒、温病学说为一体而取长补短，互为提高。叶老认为，古之伤寒与今之温病，皆四时外感之热病。伤寒以六经分表里，温病以卫气营血、三焦察深浅、别进退，皆总结归纳了外感热病的传变途径和变化规律，为治疗提供依据。其间并无矛盾，更无孰是孰非之争。《素问·热论》有"今夫热病者，皆伤寒之类也"的训教，叶天士有"其病有类伤寒"和"辨卫气营血虽与伤寒同"的论述，从理论上奠定了伤寒、温病一体的基础。所谓伤寒与温病，只不过因地域、气候和人体素质的不同，而见有不同的症候表现而已。伤寒温病虽病名不一，学说体系各异，但学术上各有千秋。故叶老在临床中参合伤寒、温病学说，融六经辨证与卫气营血、三焦辨证为一炉，使疾病表里、深浅、虚实病机清楚明晰，为施治提供了可靠的依据。正如吴鞠通在《温病条辨》中说的"《伤寒论》论六经由表入里，由浅入深，须横看；论三焦由上及下，亦由浅入深，须竖看，与《伤寒论》对待文字，有一众一横之妙。学者诚能合二书而细心体察，自无难识之证"。

综观叶老温热病验案，辨证明晰是其取得成效的重要经验之一。而这种慎思明辨的关键就在于善于将伤寒、温病等多种外感热病的辨证方法做出有机的结合。拒绝墨守成规，拓展辨证思维。对湿温症"微寒身热，胸次塞闷，咳嗽多痰，不思纳谷，时时欲呕"者，断病因为"浊邪犯于清旷""蕴湿留于中焦"，析病机则是"温邪挟湿，困于太阳阳明"，施治则当"宣畅气机，清除湿热"，用药既散太阳之表，又化阳明之浊，表里双解而使"热减咳稀"。又如湿温证"身热两候，朝轻暮重，胸闷懊侬，口渴喜饮，神识似清似昏，胸前痦点，细小不密"，采用卫气营血辨证，病因为湿热蕴蒸气分，弥漫三焦，病机是正不敌邪，有内陷之虑，施治以扶正祛邪，标本兼治，用药主以清透达邪，轻补津气，药后邪透热减而渐愈。再如温病"神识昏迷，手足瘛疭，颧红面赤，脉来细数，似丝无神，舌紫绛，苔燥黑如龟壳，齿龈衄血"之邪入营血重症，断其病因病机"乃伏邪不得从阳分而解，内陷厥少二经而阴液涸竭，虚阳浮越"。湿邪气分不解，深入营血，邪热鸱张久羁，阴液倍伤，一则心营受劫而邪陷心包，甚或神昧动血；一则肝肾告竭而风动木摇，甚则热深痉厥。此案下焦厥少枯竭，下虚上脱，法宜滋填潜摄。故治拟三甲复脉加减，养肝肾之阴液，潜浮越之亢阳，佐宣窍以达余邪。

## 二、施治善因势利导

叶老生平对《温病条辨》颇有研究。其对外感热病的辨证，必先明其病位、病性、病势而"先其所因"，施治则宗天士"在卫汗之可也，到气才可清气，入营犹可透热转气，入血犹恐耗血动血，直须凉血散血"的治疗大法，遵《黄帝内经》论治"必伏其所主"的经旨，把握病程阶段，掌握循序渐进。概其规律，一般分三个阶段而治之。

### （一）邪在上焦肺卫，治用辛凉透达

《温热论》云："温邪上受，首先犯肺，逆传心包。"故热病初起，温邪从外自上而入，首先犯肺，肺合皮毛，病必始于表卫。叶老认为除非所

感之温邪特盛，抑或患者素体过虚，再或曾为药物所伤，否则很少出现迅即陷入营血或见逆传心包之见证。在表之邪，宜从表解，使邪有出路，故常用辛凉宣透等法，使邪自卫表透达外出而解，亦即《黄帝内经》所谓"在表者汗而解之"之意。辛凉平剂银翘散疏风散热、辛凉轻解，最为叶老所习用。所谓平剂，取其辛凉轻散，而非寒凉骤进。此剂清宣兼长，故谓之平。因肺位最高，表分最浅，药重易过病所。悖于"治上焦如羽，非轻不举"之论。寒凉之品，其性阴凝，易遏表邪而致闭门留寇，也非透泄之本意。叶老认为银翘散系治疗风温初起、邪在肺卫之主方，但此方解表有余而清热不足，当随风热二邪之轻重不同而灵活变化，何况温邪最易伤津，江南地卑多湿，故又按伤津与夹湿之证候变化而随证出入。凡风温初起而热著者，加炒山栀10g，与银、翘相合，清热之力益彰。若热著脉数而细，或汗后脉数而热不减或微减者，加入知母10g，清太阴保少阴，清热之中固护津液，况知母长于清肺，肺热清则咳自减。又如咳嗽痰稠黄者，则加桑叶、杏仁、前胡、枇杷叶等以宣肺；夹暑兼湿则加桑叶、滑石、青蒿、芦根等清暑利湿。再如前胡、象贝之治咳嗽，陈皮、六曲之除中满，芦根、花粉之润津液等，皆属随证用药之常规。虽有因"日间冒暑受热，夜来露宿感凉……暑为表寒所遏，阳气不得伸越"者，而用辛香疏表之品，如苏叶、防风、银花、青蒿、藿香、佩兰、蔓荆子等微散之，需谨防辛温劫烁卫津。

温病湿热阳邪，其性燥烈，最易耗津伤液。虽邪在肺卫，治当宣透，临证中注重其恶寒之程度，有汗与无汗，汗出之多少，以及苔舌润燥、色泽、脉象之粗细等现象以窥探其津液之盈亏变化，作为处方用药与把握药力强弱之依据，其着眼点在于保护津液，注意顾护正气，故常于辛凉轻散之剂中佐以甘苦凉润之品，如天花粉、知母等，顾肺胃之津，冀其扶正以达邪，更防温邪之传里。太阳表卫之邪之所以得以传入阳明之里，多由于病体阳明胃津本伤故也。《伤寒论·辨阳明病脉证并治法》说："何缘得阳明病?太阳病若发汗，若下，若利小便，此亡津液，胃中干燥，故转属阳明。"故"胃中干燥，加之蓄热"是太阳表证传属阳明里证之根本病机。叶老深得仲景之心，治在表卫之证，即欲顾阳明之津，先安未受邪之地，则温邪得以外达而不致内传也。

（二）邪在中焦气分，法以寒凉清泄

温邪卫分未解，趋里入气。气分温病里热蕴蒸，其势已盛，故变证丛生。叶老遵《黄帝内经》"热者寒之""实者泻之"和叶天士"到气才可清气"之理论，法以寒凉清泄。并仿吴鞠通"温邪之热，与阳明之热相搏，故但恶热也，或用白虎，或用承气"，对于"邪热蕴蒸阳明，汗出壮热不退，渴欲冷饮，面红耳赤，舌红苔黄，脉来滑数"者，治以辛凉重剂白虎汤加味。盖苔黄热已深；渴甚津已伤；大汗系热逼津液；面赤、恶热系里热蕴蒸其邪欲出而未遂，故"非虎啸风生，金飚退热，而又能保津液不可"。对"阳明腑实，壮热神昏谵语，不大便"者，治以承气汤加味，冀其苦泄以去实，咸寒以泻热。更有寒热纷争，头疼目眩，耳聋，胸闷作呕，气分之邪流连三焦者，叶老结合《伤寒论》中的少阳辨证，又宗《温热论》"和解表里之半，分消上下之势"立法，仿王孟英"若风温流连气分……但宜展气化以轻清，如栀、芩、蒌、苇等味""分消上下之势者，以杏仁开上，厚朴宣中，茯苓导下""或其人素有痰饮者而言，故温胆汤亦可用"之治，温热以蒿芩清胆之类和解之，湿热用三仁、温胆之属分消之。又参照仲景治伤寒，柴胡为和解少阳之主药，叶老对邪蕴膜原，流连三焦，也以柴胡为运枢达膜之要药。或柴葛连前煎加减，或合蒿梗、夏枯草、佩兰等和解宣化之品，每每取得理想疗效。由清代医家成形的温病学派在诊治急性热病方面有巨大的贡献，但叶氏等治湿温、伏暑，力忌柴葛。至近代，医家陈存仁、秦伯未等对应用柴胡治疗湿热症则又有所发展。如陈存仁《湿温伤寒手册》指出"清代医家忌麻、桂、姜、辛甚是，忌柴葛则非"，认为"时方家对湿温不主张用柴胡，但在寒热起伏时期及缠绵时期，则不失为疏解的主药"。秦伯未也说："柴胡一药在湿温伤寒病中占有重要的地位和收有良好的效果。"叶老与以上二位处于同一时代，他不受温病学派中有关理论之约束，在治疗湿温证时善于应用柴、葛并取得良好的疗效，这是叶老在理论与实践上对温病学说之发展做出的贡献。

温病气分证治，或清，或泄，或和，或消，以清除里邪为目的。诸如苦辛降泻、苦寒泻火、苦甘咸寒之剂为叶老所习用。温病气分之邪亦有无形与有形之别，有形邪热壅结胃腑，其证与《伤寒论》阳明腑实证类同，亦用大承气辈苦泻下夺，清热荡涤。但在具体药物应用中，则按照温病之特性，对于苦寒之品用量较轻，咸润之药剂量独重，轻取大黄、枳朴之苦泻，重用玄明粉之咸润，每当药后燥结下泄，大腑见通，则苦寒不复再用，随即参入甘寒生津之剂。此等用药方法颇合《温病条辨》中"阳明燥证，里实而坚……已从热化，下之以苦寒"和"温病燥热，欲解燥者，先滋其干，不可纯用苦寒也。服之反燥甚"之戒。叶老虽用苦泻下夺，但慎用苦寒燥烈。盖，苦虽能除火，但苦味入心，其化以燥。温病恣用苦寒多致津液干涸不救，此正吴氏所谓"化气比本气更烈"之故也。所以叶老治阳明燥结，用大承气汤，实为釜底抽薪之法。叶老认为温病气分无形之热，亦以《伤寒论》中阳明经证之壮热、汗多、口渴、脉洪数为辨，此证在暑温证中尤易出现，故叶天士有"夏暑发自阳明"之说。然温病气分热盛与伤寒阳明经证亦有不同之处，良以温热阳邪，易耗津液，亦伤元气，一旦邪热转入气分，热势鸱张而津气内伤，每多演成实中夹虚之证，对于素体虚弱及失血亡津者更难避免，斯时，高热、干渴、汗多三症悉俱而脉形以濡数者为多见，况且液亏者热无以制，热盛者神为之扰，更有热与痰结、内蒙心窍与热激风动等变故，于是乎除了四大症以外，神倦嗜卧、神志似昏、谵语喃喃、四肢微搐等症皆可出现，此又与伤寒阳明经证之临床见证有所不同。至于治法，仍然以白虎汤为主方，药量不大，知母在9～12g，生石膏用30g左右，亦有用至数两者，此属个例，至于甘草与粳米，多以花粉、石斛、鲜芦根辈易之，良以温邪伤津也。

气分温病热势鸱张，津液易伤，阴津消耗则易内传。叶老十分注重甘寒生津、甘苦化阴之应用，常用者有鲜石斛、鲜芦根、天花粉、甘蔗汁、梨汁等，至于生地、玄参等阴腻者，缘因其性呆滞，易于恋邪而滋生痰热，用之尤慎，此符合叶天士气分病"慎勿用血药，以滋腻难散"之嘱。

（三）邪入下焦营血，治宜咸寒填摄

邪热深入营血，病情既重且危。盖邪陷心营，神为热扰，谵语神昏，躁狂无制，或谵语喃喃，昏不识人；热极生风，风动木摇，抽搐反张，或瘛疭难制；热伤血络，迫血外溢，血行不循常道，而现诸种出血；又或阴损及阳，元气为邪热所贼，最终亡阴夺气，肝肾告竭，元神散脱。故病至营血，往往险象毕露，刻不容缓。叶老治此类重症，每能正确把握标本之缓急，虚实之主次，或咸寒救阴以除热，或介类潜阳以镇摄，或芳香搜邪以开窍，或甘酸咸寒并用扶正以祛邪，因证而异，随证而治，多能取得显著疗效而活人无数。

营血病温，凡患体壮实，症见身热神昏，或神倦嗜睡，时有谵语，舌绛苔黄、脉细数，系温邪陷入心包。正如《温热经纬》中所云"此手太阴气分先病，失治则入手厥阴心包络，血分亦伤"。叶老遵《黄帝内经》"热淫于内，治以咸寒，佐以甘苦"之旨，治以咸寒甘苦之清营汤、清心汤及安宫牛黄、至宝丹等清营、透热、宣窍以治，若并见壮热，烦渴而脉大者，改用气营两清治法。清营、清宫以元参、犀角（水牛角代）、连翘、麦冬、生地为主药。热扰心营，神昏谵语，属水不足而火有余，且又每夹秽浊。离以坎为体，坎水不足则离火益炽，玄参咸苦属水，善补坎中之虚，犀角（水牛角代）味咸清灵，辟秽解毒通心气，且色黑补水，亦补坎中之水，此二物为此两方中之君药。牛黄丸、至宝丹，《温病条辨》谓其"此芳香化浊而利诸窍，咸寒保肾水而安心体，苦寒通火腑而泻心用""皆能补心体，通心用，除邪秽，解热结"，颇有拨乱反正之功。邪陷心包营血，神昏谵语是主症，燥结阳明气分，谵语神昧亦是主要症状之一。其病状虽同而证候各异。一者邪入心营、心主神明直受其扰；一者阳明燥热不为下夺，而上灼心主，正如《灵枢·经脉别论》所云"足阳明之证，上至脾，入于腹里，属胃，散之脾，上通于心"，可见阳明之络与心包络密切相关。前者以清营搜邪开窍为治，后者宜泄热通腑宁神为先。而辨证之法，当实、热、燥、结为据，遇神昧谵语，兼有"大便秘结""或旬日不大便""口气臭秽""舌苔黄糙"，必以阳明温病论治。此亦叶老治高热谵语的主要经验之一。

大凡温邪深入下焦，叶老认为多由禀质素虚，或肝肾先伤。因其真阴内虚而邪盛无制，邪热得以迅速内陷厥少二经，而呈现阴液涸竭、虚阳浮越、神志昏迷、肢体瘛疭、面赤颧红等危症。叶老宗吴鞠通"热邪深入，或在少阴，或在厥阴，均宜复脉"之论，每以加减复脉汤合至宝丹、紫雪丸"育阴潜阳、宣窍达邪"。下焦厥少温病，由温邪久羁中焦气分发展演变而来，多由燥热灼伤肾水而致。又少阴藏精，厥阴必待少阴精足而后能生。故二经均可主以复脉者，乙癸同源也。仲景复脉汤，本为治疗"脉结代、心动悸"之阴阳气血皆不足者。用人参、甘草、大枣补不足之气；桂枝、生姜辛甘发散益阳；麻仁、阿胶通心。现转用治疗伤于温之"阳亢阴竭"者，则人参、桂枝、生姜、大枣之助阳益气类断不宜应用，故除之，而倍加白芍佐地、胶、麦、麻敛三阴之阴，又加咸寒之牡蛎、鳖甲、龟板三味，存阴敛阴，搜邪镇潜。若见"阴液大伤，内风鸱张，两手颤动"，少阴阴虚阳亢，厥阴肝风肆虐，表现出少阴水亏不能涵木，导致厥阴木旺、由肾及肝的病理机制，叶老必以大定风珠浓浊填阴，介属潜阳，复入鸡子黄一味，"从足太阳下安足三阴，上济手三阴，使上下交合，阴得安其位，斯阳可立根基，俾使阴阳有眷属一家之义，庶不可致绝脱"。遇病重至阴竭而阳亦欲脱，舌光绛、根苔焦黑如龟壳，脉细数似丝无神者，予加减复脉汤，或大小定风珠中加入野山人参、移山参等大补元气、益气救脱之品，共奏益气育阴扶正祛邪之功。

## 三、治湿温经验独到

湿温是外感热病中较常见又缠绵难愈的一类病证，叶老治疗湿温有其独到的辨证治疗经验。

（一）注重病邪的特性和湿热的偏胜

湿温系感受湿热病邪所致，由于湿为阴邪，其性黏腻，淹滞难化，又"湿遏热伏，热在湿中"，湿热相搏，故湿温一证在证候变化与病机演变方面具有起病急、病程长、变证多而缠绵难愈等种种特征。盖湿邪阴滞，易损人阳气，若与热合，相互搏结，又能化热化燥，耗伤津液。叶老治疗湿温十分强调湿热二邪之孰多孰少，重在鉴别湿重于热、热重于湿、湿热并重及化燥与否等病证变化，辨病邪之深浅，探津液之存亡。治疗中非常注意湿邪之特性，遵叶天士"或透风于热外，或渗湿于热下，不与热相搏，势必孤矣"的理论，采吴鞠通"气化则湿化"的治法，主张清热必先化湿，化湿必先调气。凡湿重者治疗以化湿为首务；湿热并重而热势较著者，强调热在湿中，徒清不应，治以分消为法；湿温不羁而伤津化燥者，宗吴氏"化气比本气更烈"之说，清热生津润燥的同时，仍然注意祛除未尽之湿邪。

叶老治疗湿温采用三焦辨证为主，结合六经与卫气营血辨证的方法，在辨证中特别注重对于舌苔、二便与白㾦的观察，并据此判断湿热之轻重，邪正之消长和病势之进退，作为立法处方的依据。

（1）辨舌苔：当邪在上、中二焦时，其辨证重在舌苔的变化，若气营同病或陷入营血时，则舌质的变化尤为重要。大凡湿温初起之上焦证，每多湿重热轻，舌苔以白腻为常见，或薄或厚不等。随着病情发展，逐渐内传，则舌苔亦随之变化，由白腻演变为黄腻。黄腻之苔主湿热俱盛，其证已入中焦。中焦湿温有湿重、热重及化燥与否等种种病机变化，其舌苔亦有灰黄、焦黄与或腻或糙等区别，如若转为黄燥，属于湿从燥化，加以舌质变红，乃行将陷入营血之先兆。此外黄腻之苔尚有或薄或厚之不同，一般看法，苔薄者邪轻，苔厚者邪盛，慎防内闭之变。再如黄腻而厚之苔积于舌中，延及舌根，或见焦黄，伴有便秘腹痛拒按或腹痛下痢，此为邪结阳明之腑，亦有可泄以逐之者。叶老认为四诊必须合参，治湿温除详察舌苔以外，必须结合问诊，譬如了解患者之口渴与否，渴喜冷饮或喜热饮，以及饮水之多少，口味之变化等，以探其湿热之偏胜与津液之盈亏。对于舌质的观察，注意其红、绛、光、裂与润燥变化以判断邪热炽盛和津液耗伤之程度，以及邪在气营或陷入营血等证候变化。临床中以舌红为热浅，舌绛为热深；若光绛无苔或仅见舌根少量焦黑之苔，此系津气两伤，正气溃败，每用移山参、西洋参及麦冬、鲜石斛之类急顾护正气；如舌见光绛而质裂，证属营阴大亏，常以增液汤合加减复脉辈滋填下焦为治。叶老指出湿温之邪蕴结不解，症见舌尖边色绛红，上罩黄腻之苔，此为中焦之证，而非营分之候。若伏温初发，新感束表而营分热郁，则舌尖边绛而舌苔薄白。若温病初起而其人营阴素亏以致势将内传者，亦见尖边舌绛而苔薄白少津。故凡舌尖边绛红而上被黄腻之苔者，此为中焦湿温证之辨证要点之一，中焦湿温治当分消，若因舌绛而误作营热投以凉润，则反致壅遏，酿成他变。

（2）辨小便：叶老认为，患者的小便变化，在湿温辨证上很有参考价值，尤其在邪入中焦以后。凡小溲量少色赤质混，甚则涓滴不利，此乃湿无出路，不能渗湿于热下，势必酝酿助热而邪势愈炽。即使服药汗出，身热稍挫，亦多未几复炽，因中焦湿热，当从下渗而不从汗解，必待尿量增多，色淡质清，方属湿由下泄，热自里清，湿热分消之良好转归。叶天士有云："热病救阴犹易，通阳最难，救阴不在血，而在津与汗；通阳不在温，而在利小便。"故叶老治湿温注重患者小便之量、色、质的变化，判断病邪之消长进退，予以治疗。

（3）辨大便：叶天士曾指出"湿温病大便溏为邪未尽，必大便硬，慎不可再攻也，以粪燥为无湿"，乃指湿温邪退证减之际，判断湿邪已尽未尽而言。叶老尤注意患者大便的溏燥变化，以判断湿热是否化燥伤津。盖病于湿者，小便不利，大便反快。湿热蕴结，未从燥化，每见大便溏而秽浊，或如痢下，治宜苦寒淡渗如黄芩滑石汤、连朴饮之类。若湿从热化，津液被灼而热邪内郁，积于中焦，往往大便不通，腹胀脘痞，口气秽浊，脉来沉实，苔焦黄燥厚，与阳明腑实者相似。亦有夹热下痢者，治当苦泻，如朴黄丸之类加减以图之。如若热轻而燥著，改用调胃承气，重用玄明粉咸润下泄。其轻者，改以小陷胸汤之走泻。

（4）辨白㾦：叶老认为，白㾦系太阴（脾）湿热之邪与阳明（胃）腐谷之气相合所致。湿温见㾦，已非轻浅之候，乃属中焦之证，见㾦者其邪必盛，㾦出者病乃渐解。中焦湿热需借上焦肺气之宣达得以化㾦外透，故凡肺气之疏达，病邪之轻重，正气之强弱等，均系决定白㾦的明晦、疏密、粗细，以及能否顺利外透的重要因素。阳明燥热多战汗而解，中焦湿温常化痦而愈。战汗与化痦都是里邪外达的良好转归，惟战汗多一战而减，或再战而愈，白痦外透常一日数潮，须连透数日。随着白痦一再外透，其身热渐减，神情渐爽，症情逐日好转。若痦出不彻而又身热不减者，多属里邪壅盛，热为湿遏，一时难以透泻，多见胸宇痞闷，懊𢙐不安，势将内闭，亟宜疏达肺卫，使病邪随汗化痦而出。湿温见痦，始则现于胸项，粒少而疏，继则渐多渐密，遍及项背，或直达四肢，此属邪透之兆。但必须痦点饱满，大小均匀，晶莹清澈而有光泽，而且随着痦点之外透，热渐降而证渐安者为是。如若痦点粒小而疏，仅见于胸次，并见神倦、嗜卧、脉数无力等症，多系正虚邪实，津气不足，无力达邪外出之证，必用北路太子参、鲜石斛、鲜芦根、天花粉等，加于清热化湿宣透之剂中，急急扶正达邪外出为要。亦有痦点过粗过密，并见胸闷，烦躁，瘛瘲不安，口气秽浊，或多日不便，或溏泻如痢者，乃属里邪壅盛，出入升降之机窒塞，恐有昏昧痉厥之变，急以凉膈散为主方，重用连翘、山栀、大黄、枳实、川朴等，清泻逐邪，疏利枢机，待便下或痢止以后，再以清热、化湿、宣透、生津之剂为治。再有痦出不彻、胸宇痞闷、神倦嗜卧、渴不喜饮、便溏溲赤者，多因热为湿遏，气化受阻，肺失宣泄之故，则用三仁汤合黄芩滑石汤为主方出入施治。以上数则，都是叶老辨痦之要点。

（二）用药以宣化渗清为法

湿温证以邪从外透为顺，内陷入里为逆，故叶老治疗湿温之邪在中上二焦及初入下焦营分者，俱以透邪外出为要务，并按湿邪之特性与湿热之间的因果关系，强调热在湿中，徒清不应，而以化气、除湿、清热为大法。临床中治上焦湿温以宣肺透表、达邪外出为主；中焦湿温以化湿清热、分消开泻为治；湿从热化初入营分，尚可清营透热，转气外出。盖热在湿中，徒清无益，欲清其热，先化其湿，欲化其湿，当先调其气，俾气行而湿化，热不与湿合，其势乃孤。故叶老治湿温常投苦辛芳香淡渗之品，以宣肺、化气、渗湿、清热。

**1. 宣肺透表**

湿为阴邪，湿温初起，邪遏肺卫，解表不用辛凉而改投辛温。又湿与热合，热为阳邪，则辛温解表又不宜太过。故叶老治疗湿温证，用以解表达邪之药物常采用豆卷、柴胡、葛根三味。豆卷解太阳之表，治上焦湿温初起以发热、恶寒、无汗为主症者；柴胡解少阳之表，治寒热、自汗、口苦为主症者；葛根入阳明经开腠发汗，解肌退热，用以解阳明之表，治疗以壮热、无汗、微恶寒、渴饮，或微汗出而热不为汗解为主症者。蝉衣、芫荽、牛蒡子宣肺气，透白痦。杏仁宣肃肺气，有利于白痦外透，与前胡、橘红、贝母合用，以豁痰治咳，以免热与痰合，内蒙心窍。豆豉苦泻肺，寒胜热，发汗解肌，可与豆卷合用以增发散解表之力，合山栀成栀子豆豉汤，解表清热兼治神烦懊憹不安者。

**2. 化浊宣窍**

化浊宣窍常用郁金、鲜石菖蒲、连翘心、藿香、佩兰、白蔻仁、安宫牛黄丸、牛黄至宝丹、紫雪丹等。郁金、鲜石菖蒲、连翘心，味苦辛，气芳香，化浊开窍醒神，凡湿热炽盛而神烦懊憹或并见谵语者，即当用此。或合安宫牛黄丸治湿温化燥而邪入心营及温热证之邪入心包者；或合牛黄至宝丹治热多湿少而初入心包之神志时昏时昧者。菖蒲、郁金、蔻仁、佩兰亦治湿热困阻之胸脘痞闷；蔻仁、菖蒲、藿香合杏仁、牛蒡子、米仁宣散上焦湿热，亦治中焦湿温之湿多于热，肺胃气窒而痦出不彻者。

**3. 淡渗利湿**

淡渗利湿常用生薏苡仁、滑石、芦根、淡竹叶、茯苓、通草等。湿重热轻用米仁、茯苓、通草之淡渗。湿热并重每投米仁、滑石、芦根、淡竹叶，合连翘、黄芩以清湿热。热多湿少或湿从燥化而归属阳明者，参入少量淡竹叶、茯苓等淡渗微苦之品于泻热荡积剂中，或与黄芩、黄连、银花、连翘等合用，以除其未尽之湿邪，并酌情加入鲜石斛、天花粉与知母等甘寒濡养，补其已伤之津液。一旦湿热化燥，灼伤津液，而邪陷营血，断无再用渗利除湿药物之由，以免劫伤阴液。

**4. 清解热邪**

清解热邪常用连翘、黄芩、山栀、银花、知母、石膏、黄连、大黄、鲜生地、丹皮、犀角（水牛角代）、羚羊角等。其中连翘与黄芩二味最为常用。连翘苦寒微辛，清中寓散，在湿温上中下三焦证中都宜应用，若与连翘心同用，又能清心宣窍，开热闭治神昏。黄芩上清肺热，下清大肠，且又苦味能够燥湿，此药主用于湿温上中二焦之证候，合柴胡治湿温寒热不解，配芍药疗湿热致痢，与滑石同用能分消湿热，对于中焦湿热证尤为相宜。山栀苦寒，横解三焦，又能燥湿，泻心肺之邪热，使之屈曲下行由小便去，用于湿温中焦证或将入中焦之湿热并重与热多于湿者，以症见身热不解而口干，懊𢙐不安，舌苔微黄者为宜。此药合米仁除湿，配豆豉除烦，与茵陈同用治湿热黄疸。此外如湿热邪盛用黄连，热结胃脘用大黄，化燥伤津加知母，湿热伤络投银花，壮热汗多烦渴加入生石膏。如若湿热化燥而陷入营血，亦常用鲜生地、丹皮合玄参、麦冬辈合成清营、清宫诸法以清营凉血为治，或加犀角清心凉血，或加羚羊角凉肝熄风，以及钩藤、玳瑁等均可随证加入。

叶老治疗湿温证时对于清热药的应用十分谨慎，犹恐苦寒太过而外遏卫阳，内伤中阳，导致阳弱而湿无以化，气虚而白㾦难以透。特别壮热多日，汗出不解，胸闷心烦，行将化㾦，或正值白㾦渐透渐解之际，切忌过用寒凉而遏阻病邪外透之机，治疗总以轻开淡渗微苦之剂，至于所用黄芩、连翘的剂量亦不过9g而已。

此外，叶老在治疗湿温时应用扶正补虚药也具显著特色，常用天花粉、石斛、细生地、玄参、麦冬，以及西洋参、别直参、移山参、野山参等。凡邪入中焦而津液有伤者，酌加甘寒凉润之花粉、石斛、麦冬，且善用石斛。湿热俱盛而津伤，或滞下血痢者用鲜扁石斛；热盛津伤或虽夹湿而邪轻故大便不溏者用鲜石斛；邪盛正虚致津气两伤者用霍山石斛；病后调养用于胃阴不足者用川石斛。以上诸斛常与天花粉同用，生胃津，濡胃燥。湿温中焦证属于湿热盛而正气大伤，无力达邪外出，以致㾦出不畅者，仿吴鞠通露姜饮法，用别直参浓煎滴入姜汁少许，露一宿而服之，或与西洋参合用，或以北路太子参代之，急急扶正达邪，以防内闭。以上诸参常与霍山石斛或鲜石斛、麦冬等同用。对于邪入下焦业已化燥者，治用厚味滋养，与温热营血证类同，兹不赘述。

（三）扶正祛邪以顾护胃气为首务

温病系由燥热之邪所致，其耗阴伤气最烈，历来温热家治之，以祛邪救阴为首务，所谓"留得一分津液，便有一分生机"。叶天士认为温邪"不燥胃津，必耗肾液"，其中以胃津之损伤首当其冲，叶老遵其训，又按"救阴不在血，而在津与汗""人之气阴，依胃为养"等理论，临床治疗刻刻不忘护胃生津，亦常以胃气之虚实损复作为用药治疗热病与预断机转的关键。

众观叶老治温病案，每以胃津胃气之来复作为邪却病退、病去正复的标志。如案有"高热得减，面红已除，舌苔黄燥转润……津液已有来复之渐""胃气初见来复，元神散而复敛"。盖人以胃气为本，有胃气则生，无胃气则死，凡病中胃气受损，则其病益进，虽病轻有转重之虑；而胃气得复，病虽重亦寓转愈之机。叶老认为凡病虽去而胃气未复，仍不可大意，如湿温"湿去热减，胸闷肢酸亦除，惟胃气未复，病未瘥痊"，仍须和中舒胃为治。盖胃气未复，则正气无助，病情时有反复之可能。在这种情况下，叶老往往以"顾其胃气，先苏其困，令得谷食以助元气"为治，扶持正气以杜病根。

　　叶老治温病注意顾护胃气胃津之思想体现在病程之各个阶段，贯穿于治疗之始末。邪在肺卫，治用辛凉轻解，需防过汗伤津，且每于凉散剂中加入天花粉、石斛、鲜芦根、知母，以护肺胃已伤未伤之津液；邪入气分，治用清上泻下，未待热尽腑净、邪退阴伤，即续以人参白虎，或承气合鲜石斛、麦冬、天花粉等，"清养胃阴，以撤余邪"。阳明者水谷之海，气血之乡。阳明燥热，化源必受其戕，气阴倍受其伤，且中焦燥热灼液，必损及下焦肾阴，故叶老强调气分邪热炽盛，治当清邪兼以益胃之临床意义，俾抑阳存阴，使化源不绝，病体得以痊愈。而当邪入下焦，深陷厥少，热势鸱张，势已燎原，此时邪盛而正虚，故于三甲复脉或大、小定风珠方中加入西洋参、鲜石斛等育阴潜阳，助益胃气。若温热深入心营，痰热互结，而有内闭之虑者，必以至宝丹、陈胆星、鲜菖蒲、川贝粉等豁痰开窍，加西洋参、麦冬、鲜芦根等生津润液，既无辛散或滋腻之弊，又能固脱开闭而两全。热病后期，热退"邪去八九"时，则宗吴氏治法，培植后天生生之本，用复脉汤加人参（或太子参）助胃气、复阴血以收功。

## 第二节　内伤杂病注重整体

### 一、天人合一

　　《黄帝内经》有云"天有五行御五位……有五脏化五气""天地之间，六合之内，其气九州九窍、五脏、十二节，皆通乎天气"，这一天人合一整体观，长期以来一直指导着祖国医学的理论与实践。叶老遵循古训，强调人处自然之中，无时不受天时气候、地理环境的影响，要重视整体观，临证中必详审地理、时运及人体禀质等各方面因素做出综合分析，而后给予恰当的治疗。如在对以往所谓的伤寒派、温病派的争论问题上，叶老认为，这很大程度上是因为没有从地域、气候和自然环境与人体关系上加以分析，若注意到这一点，就会看到伤寒、温病学派并无矛盾，而且各有千秋。叶老认为习业中医，不但要熟悉中医的发展史略，认识祖国医学的发展过程和历代医学巨匠的学术特长，更要重视了解地理的分布、气候的寒温及其对人体的影响。我国地处亚洲，幅员辽阔。北方气候寒冷，风凛干燥，北人肌肤致密，身体壮实，感冒必用麻、桂、羌、防，一般伤风亦宜辛温发散；南方地处沿海，气候温暖潮湿，南人腠理疏松，多汗易泻，伤风感冒只宜辛凉轻解，如银翘、桑菊之属。叶老认为，伤寒温病之争，焦点即在于此。又地理、气候加害于人，其病也常有变，如有北人患风热感冒，治用辛温而化燥伤津，演成败证；南人病风寒外感，误用辛凉而戕伐中土，反增胃病者。还有因人体禀质不同，同一病患所表现的病状各异，又非因人制宜不能为功。

在整体思想指导下，叶老对运气学说有深刻的研究。临床常以时令、气运理论指导实践。如在余杭行医时，治一秋燥患者，高热汗出，大渴引饮，苔薄黄，脉洪大，证属阳明热盛。首诊用生石膏60g，药后病势不变。二诊生石膏倍用120g，服后热稍减而渴饮如故。三诊仍用白虎汤合增液汤，生石膏增至1000g，余如生地、玄参、鲜石斛等均加重剂量，并嘱用大锅一只，边煮边饮，不分昼夜。此后仍守原方，历三昼夜，高热始平，渴饮方息。以后原方去石膏，加西洋参调理而愈。事后叶老谓："此时运之由也。"《素问·六微旨大论》云："有至而不至，有至而太过。"今岁阳明燥金司天，"阳明司天，其化为燥"，而且还属"至而太过"，是故秋燥之气异乎寻常。因而当时药中鲜石斛等生津润燥之品奇缺，价格也数倍于往常。该患者自始至终至诚以托，叶老同舟共济、胆大心细，而获痊愈。若非成竹在胸，势必多歧亡羊，难挽如此重症。又如20世纪60年代初，省某院住有支气管扩张咯血患者，每作咯血盈碗，中西医久治乏效，邀会诊。叶老检索以前所服处方，于益气养阴止血方中仅加生石膏一味，嘱原方照服，其病霍然而愈。问其故，曰："治病不视时运，安得效乎！"仅举此两例，足以体现叶老谙悉经旨，治病因人因时因地制宜，注意整体的学术特色。

## 二、四诊合参

望闻问切四诊是中医整体观念在诊断学上的具体体现，各有特色，既不能相互取代，又不可分割。临证中特别强调四诊合参的重要意义。如《素问·脉要精微论》指出"切脉动静而视精明，察五色，观五脏有余不足，六腑强弱，形之盛衰，以此参伍，决死生之分"。同时，古人又有"望而知之谓之神，闻而知之谓之圣，问而知之谓之工，切而知之谓之巧"之谓，以示四诊的独立性和临床应用价值。在祖国医学史上，许多卓越的医学巨匠匠心独具，在某一诊察方法上也确有独到的经验和体会，如叶天士治温病察舌验齿法，张景岳重视问诊首创十问，俞震撰《古今医案按》非脉理备述者不取等，都体现出前贤在四诊方面各自的见解和经验。叶老临证，悉心细致，四诊皆备，但也有的放矢，抓住重点，各有倚重，并在审证求因、审因施治方面有自己独特的体会。如在上海行医时，有从故乡来诊患者，背部突然长出一个"肉瘤"，形似葫芦，并逐日增大，患者惧怕手术割治，求治于中医。叶老审明病状，详询病史，得知患者宿病痰饮咳嗽，平素咯痰颇多。自此瘤出现，则痰嗽顿减，遂书祛瘀通络、化痰软坚之剂。服数剂，背瘤稍小，原方增损服数十剂后，背瘤完全消失，唯咳嗽咯痰又作，但不如前甚而已。叶老指出，此证系痰饮窜膜出肌，结成流痰。悉凭问诊，从详询病状及病史中悟出病因病机，寻思理法方药而愈斯疾。

叶老断病辨证，有时独取望诊。藉一望而下决断，且取捷效者，也不乏其例。如叶老悬壶余杭，有一6岁男孩病臌胀求诊，见其中腹高凸，腹壁青筋显露，病延两月，屡治不效。当即书以地鳖虫、当归尾、桃仁、莪术、丹参等。侍诊者疑之，以为幼年腹胀，并无七情内因，当用下法，何以用攻血药？数天后，病孩前来复诊，谓服药后大便每日有紫血秽物泻出，先多后少，现已能食。解衣觇视，脐腹高凸顿平。问曰："如此血臌，不待详询细查，从何着手辨证？"叶老指出，凡臌胀病，腹筋显露，色淡者属气臌，色青者属血臌。此为气臌血臌之分也。重温叶天士《临证指南医案》，中有"面色黄滞，腹大青筋皆露……邪结血分"的记载。叶老的论断不仅是实践经验的概括，而且有着充实的理论依据。

叶老临床辨证，不仅凭借娴熟的四诊技术，做出精确的诊断，而且努力吸取其他科学方法，取长补短，兼收并蓄。在古稀之年仍然重视现代医学的诊断技术，力求做到辨证清楚，诊断明确，使治疗有的放矢。如治"心下疼痛"，辨证属肝木犯胃者，必借现代医学检查，明确是肝胆病，抑或是肝胃病，而后或予清肝利胆为主，或是疏肝和胃为治，故而能取得更大的效验。

## 三、阴阳平衡

《素问·生气通天论》中记载："阴平阳秘，精神乃治，阴阳离决，精气乃绝。"阴气平顺，阳气固守，阴阳两者互相调节而维持着相对平衡，才能生生不息。阴阳学说贯穿于中医学理论体系的各个方面，并指导着临床诊断和治疗。阴阳对立与消长的关系处处体现在叶老临证中，且叶老处置疾病熟练灵巧，通常达变。盖病患者，六淫七情乘袭，气血阴阳舛乱，其理虽一，其变无穷。医者知其常，则能以常法治常病；达其变，则能以变法应变证。古谓上工不仅能治已病，还要治未病；今之良医不仅要能治简易寻常之症，而且还要能治疑难棘手之病。例如，叶老曾治一病例。患者早年双脚冻伤，酿成痼疾。来诊时两脚冰冷，肤色暗红而两肢疼痛，行动不便。按脉沉细而涩，舌红而瘦，拟用养阴通络，加羚羊角0.9g，配以温经活血剂外洗而愈。叶老指出，此病患者当年历尽艰辛，必疲惫已极；复风餐露宿，寒湿乘袭。鉴于当时的条件环境，又无药疗治。寒湿杂至，合而为痹，郁滞而久，必内蕴化热。久而久之，真阴必耗。外症虽见肢冷疼痛而肤色暗红等一派阴亏之象，深究其本，实乃寒痹转为伏热，热深厥深之证，故又有脉弦舌红之征，若再墨守成规，不知变通，肆用温通，则真阴益亏，双脚势必致废。叶老以羚羊角甘凉入肝，清肝凉血通络，搜驱肝经血分之郁热；合养阴生津通络之品，填补真阴，柔润肝筋，治病求本，切中肯綮。再配用温经活血之剂外洗，活血通经，使内伏寒湿病根外达，且与内服汤剂相佐，更有寒温互用，阴阳相济之妙。

《素问·至真要大论》经曰："诸逆冲上，皆属于火；诸胀腹大，皆属于热。"胃火杀谷，灼津耗液，胃气不调，通降失司，于是胃病及呕酸、嘈杂、善饥、口干、口苦等症悉由所起。遵热者清之，叶老每用黄连、蒲公英等苦寒以清胃家太过之火，石斛、天花粉、芦根等甘寒以濡阳明不足之液，参入醋制香附、盐水炒娑罗子等疏肝利气，消胀止痛，或加海螵蛸制酸。若大便干结，小溲短赤，神烦寐劣者，酌加黄芩、大黄，佐生姜、半夏而成苦辛开泻之法，泻心胃之火，复阳明之用。叶老治胃火过旺，重在运枢轴、复升降、调气化。用药遵仲景泻心汤意，阴阳相合，苦辛相济，寒热并用，或反佐取之。

## 四、以胃为本

《素问·平人气象论》云："人无胃气曰逆，逆者死""人以水谷为本，故人绝水谷则死，脉无胃气亦死。"《景岳全书》云："土气为万物之源，胃气为养生之主。胃强则强，胃弱则弱，有胃则生，无胃则死，是以养生家当以脾胃为先。"《中藏经》也指出"胃者，人之根本，胃气壮，五脏六腑皆壮也"。脾胃为后天之本，气血之源，人之赖以为生者。叶老对上述理论有深刻的体会，临证重视后天之本，治病强调顾护胃气。叶老治温病能得心应手，调护胃气是其重要经验之一。如温邪深入阳明，用清上泻下法后，继以"清养胃阴，以撤余邪"。邪在心营厥少，治后"胃气来复，稍思饮食"，系"元神散而复敛"，是"大势由逆转顺"的佳象，可以"养阴（胃阴）扶正以清余邪"。叶老治湿温尤重调理脾胃，因湿热腻浊之邪，最为脾阳胃阴所恶。湿热之证，脾胃受碍最为明显。故当湿热蕴郁气分，治用"清热化湿透泻"之后，宜"再以和中健胃，宣化余邪"；湿热化燥入营，经清营透热剂后，亦当"再清余邪，佐以养阴"收功。故凡湿热证，"湿热得化而正虚未复"，常以"调理脾胃善后"。在杂病调治中，尝谓：许多病患，候其脉，虚弱无力；察其色，萎黄不泽；观其舌，淡薄无华，甚或质胖而边带齿痕；问其症，头晕乏力，食纳不振，口淡不渴，这样的证候，常欲投补，但忽略中脘有否痞闷，有否饱满，或有无痰嗽，或有无叹息哈欠，随手进补，往往补而无益。盖补法仅用于不足之候，所谓"虚者补之"，有余之证不用补法，虚中挟实者又不能纯用补法，如心下有水气不能补，痰饮滞中不受补，肝脾不和宜补，必先以泻心汤、温胆汤等稍和之，待中焦气畅邪去，而后续进补益，其效乃著。同时，运用补法，注意循序渐进，补中寓疏，不以蛮补呆补为能事。综上所述，叶老临床重视后天脾胃为本，时时以顾护胃气为原则，既渊源于《黄帝内经》等古典理论，又是崇尚脾胃学说的实际体现。

## 第三节 遣方用药精简灵动

叶老处方用药精简灵动。辨证论治是中医的精髓，医生治病拟方，好比量体裁衣。医生治病当辨别证候，因人、因时、因地、因证而异，无成法可守，无成方可用，当随机变化，灵活加减。如此处方才可灵动。叶老承自叶门孟河医派，处方精简，处方投药一般以11味居多，亦有少至7～8味，多至13味以上者，但比较少见。对于临床常见病证，用药11味，君臣佐使配合得当，对于邪正主次已可全面照顾，足够应付。《黄帝内经》论方有大方、小方之别，大方者药味少而用量重，小方者药味多而用量轻。一般来说，治外感证，因病急邪盛，处方药味不宜多，用量宜偏大；治内伤证，病缓多虚，处方药味可增多，剂量应偏小。当然亦有治外感药味多而量轻，治内伤药味少而量重者，此因人因证而异，变通而治。叶老曾说，用药不在多而在于精。仲景用药，直击主症，每方药少而精，多数在4～5味，少者仅2味，如泽泻汤，多者如炙甘草汤，治脉结代之重症，用药亦只8味。后世治病主张兼顾，重视药物之间的配伍与制约，故所用药物渐次增多，但至12～13味足矣。如果用药过多，意欲面面俱到，反而主次不分，影响疗效。仲景用药之精，一在药味，二在剂量。以药味论，如麻黄汤去桂枝为三拗汤，桂枝汤去白芍加附子为桂枝附子汤，用药之差仅一二味，而方名不同，主治之证迥然有别；从剂量而论，如小承气、厚朴三物、厚朴大黄等方，用药相同而剂量有别，所治之主症截然不同。以下以实例说明。

## 一、暑温入营证两例

**案例1**

金某，男，24岁。7月，昌化。

暑温一候，汗出壮热不退，渴喜冷饮，神倦嗜卧，唇红面赤。昨夜起神志时昏时清，且有谵语，脉象弦滑而数，舌绛，苔黄燥。暑邪内干心营，扰乱神明，邪势张，亟宜清营达邪。

处方：带心连翘三钱，银花三钱，元参心三钱，黑山栀三钱，鲜石菖蒲根二钱，川贝二钱，鲜生地八钱，益元散（荷叶包）三钱，黄郁金二钱，茯神四钱，牛黄清心丸（先化吞）一粒。

二诊：神志转清，身热未退，汗多口渴，面红目赤，脉象滑数，舌苔黄燥。暑邪虽已由营外达，而热势未平，再仿人参白虎汤加味。

处方：北路太子参（先煎）二钱，生石膏（打，先煎）一两，知母四钱，扁石斛（劈，先煎）三钱，带心连翘三钱，元参三钱，鲜生地五钱，黑山栀三钱，益元散（荷叶包）四钱，天花粉四钱，川贝二钱。

三诊：高热得减，面红已除，舌苔黄燥转润，津液已有来复之渐，脉象弦数。再拟养阴泄热。

处方：北路太子参二钱，元参三钱，鲜生地五钱，知母四钱，银花三钱，连翘四钱，花粉四钱，鲜芦根（去节）一两，六一散（荷叶包）三钱，生薏苡仁四钱，赤苓三钱。

四诊：前方服2剂，身热尽退，脉象转缓，苔薄黄，溲短。前方去太子参、连翘、芦根、元参，加扁石斛三钱，麦芽三钱，淡竹叶二钱，以清余邪。

**案例2**

徐某，男，1岁。7月，三墩。

乳婴体质娇弱，患受暑邪，暑遏热郁，气机闭塞，痰浊内阻，心包被蒙，神志昏迷，热激风动，四肢抽搐，角弓反张，肢末厥冷，指纹紫伏，直透命关，舌苔焦燥。痉厥重证，内闭堪虞。亟宜清暑熄风，豁痰开窍。

处方：羚羊角尖（先煎）五分，连翘一钱半，金银花三钱，鲜扁石斛（劈，先煎）一钱半，双钩三钱，天竺黄一钱，川贝一钱半，丝瓜络三钱，竹茹二钱，橘红络各一钱半，鲜枇杷叶（拭，包）二张，牛黄至宝丹（先化吞）一粒。

二诊：昨进清暑熄风豁痰开窍，痉势虽见缓和，而神志依然未清，喉间痰声辘辘，乳汁不进，指纹如前，四肢厥冷。邪犯厥阴少阴，症势张，如小舟之重载，未逾险境，再拟原法踵步。

处方：羚羊角尖（先煎）七分，带心连翘二钱，金银花一钱半，天竺黄一钱，制天虫一钱半，制胆星六分，川贝一钱半，益元散（荷叶包）三钱，扁石斛（劈，先煎）二钱，双钩三钱，竹沥（分冲）一两，牛黄至宝丹（先化吞）一粒。

三诊：前方服2剂，身热得减，痉定，神志亦清，四肢转温，喉间痰声消失，而指纹紫伏如故，病见转机，可望入夷。再拟养阴清暑化痰继之。

处方：鲜生地四钱，川贝一钱半，鲜竹茹三钱，银花三钱，橘红络各一钱半，茯神二钱，天竺黄一钱，双钩三钱，青连翘二钱，制胆星五分，益元散（荷叶包）三钱。

四诊：热退，吮乳如常，指纹转红，已回气关，而唇舌仍然干燥，便下痰浊。热去津液未还，已履坦途，再清余邪以善其后。

处方：益元散（荷叶包）二钱，川贝一钱半，鲜竹茹二钱，茯神三钱，生薏苡仁三钱，天花粉三钱，扁豆衣三钱，通草八分，陈茅根三钱，炒橘红一钱半，鲜荷梗（切断）一尺。

叶老辨证论治，善于把握病机，处方因人因证而异。以上两例，皆系暑温入营之证，但邪势深浅不一，故治亦有异。金某一案，症见壮热面赤，渴饮多汗，然内无痰浊夹滞，故虽有谵语，而神志有时尚清，为气分之热偏重，用清营透泻即见转机，继以泄热生津而获向安。第二例徐姓幼孩，年才周岁，稚体本弱，抗邪无力，暑热深陷厥少二阴，酿痰动风，以致昏痉厥闭，险象环生。故在清热之中，着重豁痰镇痉，始得化险为夷。前后两案，一则在于救气津之伤，一则在于开痰热之闭。

## 二、伏暑秋发两例

### 案例1

孙某，女，63岁。8月，余杭。

秋凉引动伏暑，形寒发热，倦怠乏力，头昏眼花，咽红而痛，脉滑数，舌红苔黄。暑湿内伏，既不能外达，又不能从下而解。拟清热化湿，参以疏泄。

处方：青连翘三钱，银花二钱，炒牛蒡子三钱，薄荷叶（后下）一钱半，青蒿三钱，鲜芦根（去节）一两，佩兰三钱，冬瓜仁三钱，桔梗二钱，生甘草一钱，秦艽三钱。

二诊：形寒发热已除，头昏并减，而倦怠乏力如故，大便溏泄，邪有出路，脉弦苔黄。再以清热化湿继之。

处方：青连翘三钱，银花三钱，鲜芦根（去节）一两，川连八分，淡子芩二钱，淡豆豉三钱，川石斛四钱，冬瓜仁四钱，竹茹三钱，鲜茅根一两。

### 案例2

王某，女，40岁。9月，昌化。

素体阴虚，木火过盛，势必刑金，曾患咯血之症。时届三秋，燥气司令，肺阴更虚，又兼暑湿内伏，复感新凉，三气夹杂，始时寒热纷争，继而但热无寒，半月未解，胸闷体痛，烦渴不已，胸前见有白㾦，脉象滑数兼弦，来虽有力，去则无，舌质光绛，中有裂纹。正虚邪盛，胃阴大伤，急以待救。唯脉见滑势，宜防痰热胶结而生他变。宗露姜饮，扶正散邪，兼清痰热。

处方：别直参（煎后，露一宿，翌晨和入姜汁十滴先服）三钱，米炒麦冬三钱，川贝三钱，扁石斛（劈，先煎）三钱，知母四钱，元参四钱，陈青蒿二钱，冬瓜仁四钱，生蛤壳六钱，鲜芦根（去节）一尺，天花粉一钱半，佩兰二钱，鲜竹茹三钱，灯心草四十支。

二诊：服露姜饮后，病势转机，热度减低，津液渐复，痦点晶莹，邪从外达。胃气初苏，稍啜糜粥，脉象虽弦，较前有神，舌质转润，尚见光泽。午后热势略高，口干唇燥，头昏耳鸣。再拟清滋肺肾，佐以和中。

处方：米炒麦冬四钱，川贝一钱半，元参三钱，细生地四钱，制首乌五钱，青蒿二钱，扁石斛（劈，先煎）三钱，怀山药三钱，生龟板（先煎）五钱，茯神五钱，生谷芽二钱半，熟谷芽二钱半，生白芍三钱。

三诊：里虚伏邪，非攻表可以了事，邪蓄既深，元气不能抵御，已成喧宾夺主，服前二方后，元气渐复，热势渐退，脉象转缓，食亦知味，心肾交和，寐况已佳，舌质红绛已退，惟光滑如前，下午尚有潮热。再以甘寒濡养。

处方：西洋参（先煎）一钱半，米炒麦冬四钱，盐水炒细生地五钱，元参二钱，扁石斛（劈，先煎）三钱，蛤粉拌炒阿胶三钱，生龟板（先煎）五钱，米炒怀山药三钱，茯神五钱，陈皮一钱半，生谷芽二钱半，熟谷芽二钱半。

以上两则，均为伏暑秋发。但病性不一，治疗亦有区别。孙某案属标实证，症势较轻，又属初起，经用辛凉疏解，清热化湿，迅即热退而愈。王某案属本虚标实证。患者素体阴虚，适值燥金司令，又加伏暑灼阴，阴伤更甚。治拟扶正祛邪，服后正气渐振，邪得外达，病势由此转机。

## 三、白痦案两例

### 案例1

谭某，男，23岁。7月，杭州。

身热两候未解，朝轻暮重，胸闷懊憹，口渴喜饮，神志似清似昏，入夜喃喃自语，胸前虽见痦点，但细小不密，两脉濡数，舌尖边绛，苔黄燥。湿热蕴蒸气分，漫布三焦，奈禀体素虚，正不敌邪，致痦难透达，有内陷之虑。亟拟扶正祛邪，标本兼治。

处方：北路太子参二钱，扁石斛（劈，先煎）三钱，青连翘四钱，川贝三钱，鲜芦根一两，天花粉三钱，蝉衣一钱，炒牛蒡子三钱，茯神四钱，薏苡仁四钱，通草一钱半。

二诊：服前方，热势虽减，胸闷如前，痦仍不多，至夜昏沉嗜卧，脉濡而数，苔黄燥。正虚邪盛，原法继之。

处方：北路太子参（先煎）三钱，炒於术一钱半，霍山石斛（先煎）一钱半，川贝三钱，炒牛蒡子三钱，黑山栀三钱，广郁金二钱，青连翘三钱，茯神四钱，天花粉三钱，干芦根五钱。

三诊：服前方2剂后，胸颈痦点满布，色泽鲜明，热势递减，懊憹已除，神清寐安，大便溏薄不爽，脉象弦数，舌苔黄腻。湿热已从外达，再拟标本兼顾。

处方：米炒上潞参三钱，薏苡仁三钱，青连翘四钱，赤苓四钱，炒牛蒡子三钱，白蔻仁（杵，后下）八分，黑山栀三钱，飞滑石（包）三钱，淡子芩二钱，淡竹叶三钱，广郁金（杵）二钱。

四诊：热退，神安得寐，胸闷虽宽，不思纳谷，大便转干，脉濡软，舌苔薄黄。湿热得化，正虚未复，调理脾胃以善其后。

处方：米炒上潞参三钱，薏苡仁三钱，茯苓神各三钱，炒竹茹二钱，原干扁石斛（劈，先煎）三钱，川贝一钱半，新会陈皮一钱半，通草一钱半，米炒怀山药三钱，炒麦芽三钱，炒神曲（包）二钱。

**案例2**

章某，男，35岁。5月，杭州。

湿温一候，身热不退，头昏而重，渴不多饮，胸闷不思纳谷，神倦少言，颈项胸前见有痦点，小溲短赤，脉弦滑而数，舌苔黄腻。湿热蕴郁气分不解，拟用清热化湿透泻之法。

处方：青连翘三钱，白蔻仁（杵，后下）一钱，炒牛蒡子三钱，薏苡仁四钱，鲜佩兰三钱，飞滑石（包）三钱，云茯苓四钱，淡子芩二钱，广郁金（杵）二钱，淡竹叶二钱半，鲜芦根（去节）一两。

二诊：胸前痦点满布，色泽晶莹，身热始减，痦闷方宽，而舌苔仍然黄腻，脉滑而数。湿热之邪，氤氲黏腻，不易骤化。再拟原法继之。

处方：青连翘四钱，黑山栀三钱，蝉衣一钱半，炒牛蒡子三钱，淡子芩二钱，鲜芦根（去节）一两，通草一钱半，白蔻仁（杵，后下）一钱，赤苓四钱，广郁金（杵）二钱，薏苡仁四钱。

三诊：二进清热透泻，身热尽退，胃气苏醒，已思纳谷，脉见缓滑，舌苔微黄。湿热已从表里分消，再以和中健胃，宜化余邪。

处方：仙露半夏二钱半，云苓四钱，干芦根五钱，炒麦芽四钱，新会陈皮一钱半，薏苡仁四钱，原干扁石斛（劈，先煎）三钱，广郁金（杵）二钱，炒竹茹二钱，猪苓二钱，通草一钱半。

中医强调辨证论治，证是症状和体征的总称，是疾病过程中表现出的个别、孤立的现象，是判断疾病、辨识证候的主要依据。白㾦，属于一种体征，又称白疹，是皮肤出现的一种白色小疱疹。白㾦的出现，多因外感湿热之邪，郁于肌表，汗出不彻，酝酿而发，乃湿温患者湿热之邪透泻外达之机。白㾦晶莹饱满，颗粒清楚者，称为晶㾦，说明津气尚充足；白㾦色枯而白，干瘪无浆者，称为枯㾦，说明津气已亏竭。试观上列两案，章姓患者，㾦点晶莹，正气未伤，投轻清透泻之剂，邪即外解而愈；谭姓患者，㾦出细小不多，气津已伤，欲透无力，故于清透之中，加用参、术、藿斛，扶正托邪，乃得㾦透神清，湿化热解。

## 四、湿温湿热夹实证两例

### 案例1

倪某，男，30岁。6月，杭州。

湿温三候，身热不解，有时神昏谵语，渴而喜饮，口气臭秽，大便旬余未解，小溲短赤，脉象沉数，舌苔黄燥。阳明腑实，急以清热荡积。

处方：带心连翘三钱，黑山栀三钱，制大黄二钱半，厚朴一钱，炒枳实一钱半，玄明粉（分冲）四钱，天花粉三钱，淡竹叶二钱半，茯苓四钱，灯心草三十支。

二诊：昨投承气加味，服后大便已下，小由赤转黄，身热顿减，苔转薄黄而润，脉象滑数。再拟清热化湿。

处方：清水豆卷三钱，藿梗一钱半，淡子芩二钱，赤苓四钱，淡竹叶二钱，薏苡仁三钱，天花粉三钱，银花三钱，益元散（荷叶包）三钱，佩兰二钱，川石斛三钱。

三诊：身热已退，湿未尽化，神倦嗜卧，不思饮食，脉转濡缓，舌苔白腻，大便虽能自下，小溲仍然短少，并有数声咳嗽。再拟渗湿兼以宣肺化痰。

处方：淡竹叶一钱半，泽泻二钱，白蔻仁（杵，后下）一钱，猪苓二钱，益元散（荷叶包）三钱，佩兰二钱，白杏仁（杵）三钱，赤苓四钱，炒香枇杷叶（包）四钱，薏苡仁三钱，前胡二钱。

**案例2**

蒋某，男，21岁。6月，余杭。

湿蕴化热，热伏阳明，壮热无寒，头剧痛，痛在正面，胸次窒闷，口渴索饮，大便秘结，脉数而实，舌苔黄燥。邪不在表，故虽得汗，热仍不解，阳明实热之证毕见。亟拟大承气汤加味。

处方：生锦纹三钱，枳实一钱半，制川朴一钱，玄明粉（分冲）四钱，通草一钱半，原干扁石斛（劈，先煎）三钱，薏苡仁三钱，淡竹叶二钱，天花粉四钱，赤苓四钱。

二诊：昨投承气汤加味，大便已通，热势减低，口渴亦瘥，无奈湿邪窃据未逐，清旷失舒，胸次窒闷如故，脉数，舌苔薄黄。治拟泻热生津为继。

处方：原干扁石斛（劈，先煎）三钱，花粉三钱，生枳壳一钱半，制军一钱，川朴一钱，大腹皮二钱，省头草三钱，银花三钱，淡竹叶一钱半，薏苡仁三钱，陈青蒿二钱，赤苓四钱。

三诊：湿浊熏蒸未艾，热势仍见起伏，渴喜冷饮，胸闷烦，夜来语，脉弦而数。势虑入营昏痉，再予芳香开逐，宣畅气机，俾邪从外达，以杜内陷之渐。

处方：紫雪丹（吞）六分，青连翘三钱，鲜菖蒲根二钱，鲜石斛（劈，先煎）一钱，川贝三钱，炒牛蒡子三钱，金银花三钱，天花粉二钱，元参三钱，白杏仁（杵）三钱，茯神五钱，通草二钱。

四诊：热减神清，胸膈宽舒。内蕴邪热，始得外达，再以循序而进。

处方：鲜扁石斛（劈，先煎）三钱，川贝二钱，辰茯神四钱，杏仁（杵）三钱，淡竹叶一钱半，竹茹三钱，广郁金（杵）八分，天花粉二钱，鲜石菖蒲根二钱，青蒿梗三钱，银花二钱。

五诊：余热渐退，神安得寐，渴止胸舒，惟邪退正虚头昏耳鸣，纳食无味，舌苔薄黄，脉缓不弦。顾其胃先苏其因，得谷食以助元气。

处方：省头草三钱，扁石斛（劈，先煎）二钱，炒香豉一钱，白蔻壳一钱半，生谷芽二钱半，炒谷芽二钱半，生鳖甲五钱，米炒麦冬三钱，茯神五钱，陈青蒿二钱，六神曲一钱半，小生地四钱。

六诊：余热未尽，津伤未复，头昏体痛，知饥少食，脉见小数，再拟清养继之。

处方：细生地四钱，扁石斛（劈，先煎）三钱，陈青蒿二钱，神曲一钱半，省头草二钱，生鳖甲五钱，米炒麦冬四钱，炒香豉一钱，地骨皮三钱，砂仁（杵，后下）五分，生谷芽二钱半，炒谷芽二钱半。

七诊：大病初瘥，湿热尽化，胃津渐充，脉缓无力，头昏心悸，耳作蝉鸣，正虚未复，再当调理。

处方：米炒上潞参三钱，生鳖甲五钱，辰茯神五钱，元参三钱，生白芍一钱半，神曲一钱半，生谷芽二钱半，熟谷芽二钱半，砂仁（杵，后下）六分，稽豆衣三钱，细生地四钱，扁石斛（劈，先煎）一钱半，红枣三枚。

以上两例，皆为湿热夹实之证，治疗均先用攻下之法。倪姓患者，邪热较轻，在积滞排除以后，继用渗湿泻热，宣通气机，病遂向愈。至蒋姓患者，湿热业已化燥，虽经导下，而热势不减，且有谵语，故谓有入营之虑，三诊处方，用紫雪丹清热透泻，乃杜绝温邪之内陷，为病情转机之关键所在，服后热减神清，邪得外达，湿化热退而愈。盖湿温有忌下之诫，惟恐损伤中气，但以上患者，阳明燥实之证已具，如应下而失下，亦足以贻误病机，此处充分体现叶老用药之灵活。

## 五、咯血木火刑金两例

**案例1**

汪某，男，37岁。3月，于潜。

木火刑金，久咳不已，肺络受伤，血随咳出，留瘀于络，胸胁作痛，午后潮热，形瘦脉细。治拟滋养金水，而制木火，并化留瘀。

处方：川贝三钱，生蛤壳五钱，旱莲草三钱，冬瓜仁四钱，鲜芦根（去节）二尺，薏苡仁四钱，败酱草二钱，茜根二钱，粉丹皮一钱半，炒甘菊一钱半，女贞子四钱，川郁金二钱。

二诊：前方服后血止咳稀，奈为日已久，金水两亏，咽喉唇舌干燥，午后仍有潮热，脉细如故。前意增损续进。

处方：地骨皮三钱，丹皮一钱半，天花粉三钱，川贝三钱，马料豆四钱，炒香白薇二钱，冬瓜仁四钱，蛤壳五钱，生赭石（杵）五钱，茜根四钱，败酱草四钱，生白芍三钱。

三诊：两进清金制木之剂，血止咳嗽显减，气平胁痛亦愈，两手脉象转缓。无奈本元未复，藩篱不密，又感新凉，再添寒热。治当兼顾。

处方：冬桑叶一钱半，甘菊一钱半，象贝三钱，炒枇杷叶四钱，丹皮一钱半，双钩四钱，原干扁石斛（劈，先煎）二钱，郁金一钱半，生白芍二钱，甜杏仁（杵）三钱，炒橘红一钱半。

四诊：新感已解，肺阴未复，再拟养阴清肺。

处方：米炒粉沙参三钱，川贝三钱，冬瓜仁四钱，生赭石五钱，盐水炒橘红一钱半，生白芍一钱半，金沸梗（包）三钱，天冬三钱，制女贞子三钱，甘菊二钱，生杜仲四钱。

**案例2**

潘某，男，37岁。2月，昌化。

肺肾之阴不足，水不涵木，木火刑金，咳嗽频，络破血来，午后潮热，起动乏力，脉来虚数，舌苔光剥，声音嘶哑，火盛灼肺。拟用养阴生津，润肺疗咳。

处方：粉沙参三钱，天冬四钱，川贝三钱，甜杏仁（杵）三钱，丹皮二钱，冬瓜仁四钱，炒怀山药三钱，合欢皮三钱，藏青果三钱，炒秫米（包）四钱，粉甘草一钱。

二诊：前方服后，咯血减少，胃纳见增，惟声音嘶哑如故。声从肺出，音从肾来，肺肾之阴未复，再予金水两顾。

处方：粉沙参二钱，米炒麦冬三钱，蛤粉炒阿胶三钱，诃子肉二钱，川贝二钱，甜杏仁（杵）三钱，丹皮二钱，怀山药三钱，粉甘草一钱，藏青果一钱半，生白芍一钱半。

三诊：咳宁，血止，声音复常，续服琼玉膏调理。

以上两例，均为木火刑金而咯血。肝为风木，体阴用阳，肾阴不足，水不涵木，则肝火内动。肺为华盖，主行治节，畏火畏寒，故称娇脏，肺阴不足，不能制木，木反侮金，久咳肺络受伤，血从上溢。汪姓患者，症见胸胁隐痛，乃有瘀阻，方用川郁金、丹皮、茜根、败酱草，意在止血之中而祛留瘀；至于咽干潮热，为阴虚未复，故续用养阴清肺，渐次而愈。潘姓患者，属肺肾两亏，《仁斋直指方论》云："肺为声音之门，肾为声音之根。"故见声音嘶哑，方用沙参、天冬、麦冬、甜杏仁、阿胶、诃子等，乃两顾肺肾之法。先后二诊，咯血俱止，声嘶复扬。

## 第四节　膏方调理防治未病

膏方又称膏滋、煎膏，是将中药饮片加水多次煎煮，去渣取汁，经蒸发浓缩后加阿胶等动物胶质及黄酒、炼蜜或炼糖制成的半流体状制剂，主要起到滋补养生、调治疗疾两大方面作用。它是在中医基础理论指导下，针对不同人群、不同临床症候表现遣药组药炼制而成，其制备遵循个体化用药原则，随证加减，具有体积小、含药量高、药效持久、口感润滑、服用方便、一人一方、一人一料等特点，在临床诊疗及日常养生保健实践中的应用十分广泛。其在临床实践中未病先防、重视养生的思想对构建"治未病"特色预防保健治疗服务体系有着重要意义。

叶老在使用膏方调治疾病方面颇有心得。在每张膏方前面都有一篇脉案。脉案的内容包括引经旨、述主症、析病机、立治则，写脉案需文采简朴，字迹秀丽。因此，作为一名中医，既要具有扎实的理论基础与丰富的临床经验，还必须具备深厚的文学功底，并练就一手比较好的书法。

书写脉案的方法有三种：其一，先述脉舌神态，依此推断病因病机，进而论述症状，点出治疗原则。其二，先论以往病症、体质特点，继述当前主要症状，然后点出治疗法则。其三，先述病因，如劳力劳心、耗精耗神、失饥伤饱、膏粱厚味等，然后述症状，析病机，最后指出治疗原则。膏方用药的照顾面广，一张处方中采用的成方何止一两种，因此只写治则，不写方名。

脉案后接着书写药物，分为两部分，前面写药物，后面部分书写果品类、冰糖、黄酒等。在处方最后还可以写上制药方法与饮食宜忌等。如以上药，多加水，煎取三汁，然后浓缩。另用黄酒烊化胶类。待药汁浓缩后，最后加入冰糖，胶类收膏。冷后，收贮待用。从冬至日起，每日早晨取膏药一汤匙，开水冲，空腹服。服药期间忌食萝卜、芥菜。感冒、发热、食积等暂停服药几日。

膏方禀《金匮要略》治未病的思想，作为体虚者冬令调补之用。实际上，膏方一年四季均可处方，非冬令所特有。这一点在清代就已经提出，《慈禧光绪医方选议》中的清热理脾除湿膏处方于九月份，调中清热化湿膏处方于四月份，扶元益阴膏则处方于七月份。膏滋不专于滋补，尚可调治太过与不及，故应用膏方除补益以外，诸如虚实夹杂，病后失调之顽症痼疾者，如劳损、痰饮、咯血、胃病、关格、遗滑、痿痹、疮毒及月经不调、不孕、产后、崩漏与带下等，均能恰当地于滋补之中寓以调治而获良效。在采用膏方调理的同时应注意摄生，如精神调节，饮食宜忌与劳逸有度等，俾能"药养两到，庶克有济"。

膏方之药味多者42味，少者27味，常用者在33～37味。其中胶类药1～3味。多数为2味；果品类2～4味，多数为3味；调味类用1味冰糖，糖尿病患者改用木糖醇；中药少者21味，多者35味，多数为28味左右。

## 一、胶类药

胶类药一般选用阿胶、鹿角胶、霞天胶、虎骨胶、龟板胶、金樱子膏、鳖甲胶。阿胶几乎每人必用，用量以90g为多，营血内虚者加至180g，肝肾阴虚者为110g上下，兼有胃病而中脘痞胀者减至60g，个别痰多黏稠者则不用，改为其他胶类。心脾两虚，气血不足者再加霞天胶；阴虚加龟板胶；阳虚加鹿角胶，阴阳两虚上两味俱加入；日晡潮热者加鳖甲胶；相火内炽经常遗泄者加金樱子膏。胶类药一般每人选用二种，少数患者应用一种或三种。每人应用胶类的总量为150～165g，体虚无实邪兼夹者增至250～300g，饮停痰多者仅用阿胶一味约90g。

## 二、果品类

果品类常用有红枣、莲子、龙眼肉、胡桃肉、白果、黑枣。其中红枣为每人必用，若平素胃气失和而脘胀便干者减少用量为60～90g；莲子亦几乎每人必用，同样对于脘胀便干者减为60～90g，少数痰热较盛者不再采用。盖红枣甘温，补脾胃，润心肺，和百药；莲子甘平，补心脾肾而涩精固肠。二味合用，功在温补脾胃而又兼及五脏，在膏方中每采用之。龙眼肉甘平补心脾，益智宁神，心脾两虚，气血不足者用之。白果甘苦而涩，定痰喘，止带下，常应用于痰饮咳喘与带下较多之人。胡桃肉甘热，温肺补肾，应用于发育不良、不孕不育与肾虚大便溏泄者。此上各种果类之常用量均为120g。

## 三、调味品

调味用冰糖，取其质纯，且具有甘温补脾和中、缓肝润肺之功用。其用量一般为500g，多者750g，少者300g。按患者之口味喜恶、兼夹病邪之程度与胃气和降之功能而变化。糖尿病患者改用木糖醇。肺阴内虚，干咳痰血，肠燥便闭者加白蜜150g，同时适当减少冰糖用量。另外对于小儿，可单纯以糖和蜜糖熬炼成膏，不使用胶类药，又称为素膏。因患儿多为先天不足、脾弱胃强之体，用胶更影响脾胃的吸收。

## 四、方药应用

膏方的主要功用在于燮理阴阳，补五脏，养气血，达到正气充盛，五脏元真通畅，人自安和，"膏剂滋之，不专在补，并却病也"，在膏方中酌情参入祛病邪、治宿疾之药物，如"滋补之，当寓潜消阴饮"等。滋补而并非单纯的进补，滋补中兼以祛邪以治疗痼疾，从而获取最大之效果，这是应用膏方调理之特色，使之不同于一般的营养补品而备受欢迎。膏方所用药物约可分为补益类、治疗类与调剂类三种，其中调剂类乃指具有和中、理气、宁神、涩精等功用，药性平和，不伤正气的辅助药物。

### （一）补益类

补益类为膏方中的主药，药味最多，占膏方药味总数的3/4左右，多者为4/5，少者也占1/2以上。常用药有20~24味（含果类，胶类与糖，下同），多者26味，少者16~17味，按每方的药味总数与兼夹病症之轻重而变化。其中养阴药常用有生地、熟地、女贞子、枸杞子、首乌、萸肉与官燕。生地除阳虚严重者外为每人必用，熟地除夹痰夹湿与胃脘作胀者以外均应用之，二地相合的剂量为240~300g，阴虚血少者增至350g上下，脾肾阳虚者减至120g左右；女贞子除脾虚夹痰夹湿者外亦都应用，脾肾阳虚而精血不足者再参入枸杞子，应用上述二药者约占2/3；若其人肝肾阴虚而精血不足，且无实邪兼夹者，则用萸肉、首乌，用此二味约占1/3。温阳药常用为杜仲、潼蒺藜、狗脊、附子、桂枝、炮姜、补骨脂、菟丝子等。其中杜仲、潼蒺藜、狗脊可应用于所有患者，盖此三味气味俱薄，温而不燥，与二地、女贞子、枸杞子合用，阴阳平补，无偏盛之虑；附子、桂枝、炮姜，用于肾阳式微者；巴戟、补骨脂、菟丝子用于督阳内虚者，均随证量病以进。其中应用桂枝、附子、炮姜者不论药味与剂量必须严格掌握，而且要注意配伍。处方时潼蒺藜、杜仲、狗脊之剂量一般为90g，杜仲与狗脊少者45g，多者120g，按肾虚与腰部酸痛之程度灵活掌握。补气药常用有党参、白术、怀山药、甘草及黄芪、肉苁蓉、老山参。其中党参、白术为必用，怀山药除夹湿中满者外亦应用之，夹湿热、痰阻、中满者不用甘草，营血不足者用黄芪、党参合四物汤，此为圣愈汤，系补血之要方。兼阳虚加肉苁蓉，气虚甚者用老山参，量宜大，约9g。他如怀山药用量90g，白术为60g，党参90～120g，个别益气生血者加至180g。补血药常用当归、白芍、枣仁、桑椹子、丹参、川芎。当归与白芍为所有服药者必用，剂量为白芍60g，当归90g，夹湿热者当归减为45g，伴血虚月经量少而不畅者加至120g，同时加入川芎，枣仁补心血、安心神、敛心气，丹参补心血，桑椹子养肝血，多数患者皆可应用。生津养液药有麦冬、天冬、玉竹、北沙参、霍山石斛、五味子等，用于阴虚内热、血虚内热及肺胃津液戕伤者，其中用麦冬者占1/2强，用玉竹者占1/2弱，天冬、沙参、石斛、五味子均系偶有应用者。良以麦冬与参、草等相合成麦冬汤，系古人生津养液之主方也。

（二）治疗类

治疗类系指膏方中用以祛病邪，消症状，治痼疾，但对于人体之阴阳气血津液等多少会带来不利影响的药物。如清热之丹皮、黄柏、夏枯草，利湿之米仁、泽泻，解毒之地丁，燥湿祛风之苍术，平肝之菊花、天麻、石决明，镇肝之磁石，温胃之荜茇，利气消胀之娑罗子、香附、八月札、郁金与木香，清肺之白薇、蛤壳，化痰之杏仁、旋覆花、远志，降逆之赭石、紫菀、降香，通络之忍冬藤、伸筋草，宁心安神之珍珠母、龙齿、夜交藤，固涩之龙骨、牡蛎、芡实、桑螵蛸等。此上药物因病因证而进，但应用不宜过多，所用药味约占膏方总药味的1/7～1/5，少数为1/3或1/10，亦有个别可不用此类药物。总之，此类治疗药物不可不用，也不可多用，以免喧宾夺主而影响疗效。除药物品种以外，此类药物在剂量上亦不宜偏大，一般来说，苦寒者如黄柏为45g，丹皮45g，夏枯草60g，泽泻45g，个别热著湿盛者，丹皮加至60g，泽泻90g。同时在配伍上，用黄柏佐甘草，用丹皮佐萸肉，以减轻其寒凉伤正之不良反应。

（三）辅助类

辅助类如疏肝利气之陈皮、砂仁、绿梅、玫瑰花，渗湿之茯苓。以上药物按膏方用药之滋腻程度与服药者脾胃和降功能之正常与否而酌情选用，其中砂仁、陈皮、茯苓3味必用。盖中医处方犹如绘画，绘画应疏密有致，处方要阴阳相济，膏方必须疏补结合，以免碍中。

膏方每方由2~4个成方组成，应随证灵活加减，师古而不泥古。膏方中所用之药味虽多，必须主次分明，配伍精当，组方严谨。处方以阴阳平衡、整体统一为基础，详析病机，随机立法，因法遣药，层次分明。补养为主，兼顾祛邪治病，达到扶正祛邪、补虚治病的双重功用。祛邪重视湿、痰与热，尤其对于内热炽盛者，在应用苦寒药时，不论品种，药味与剂量方面均应慎之又慎，正确地配伍制约，以突出膏方的治疗特色。

### 案例1

朱某，男，48岁。11月，上海。

《素问·生气通天论》云："阴平阳秘，精神乃治。"阴者阳之守，阳者阴之使，无阳则阴无以生，无阴则阳无以长，两者锱铢相称，不可稍偏，偏即为病。阴虚则阳越无制，故头目眩晕，心悸寐劣。肾乃真阴之所，脑为髓之海，髓不充盛，致记忆健忘，腰脊酸楚。目者肝之窍，肝阴不足，则目睛干痛。舌苔薄白，脉象弦细而数。证属肝肾阴亏，营血不足。乘斯冬令，当以滋阴潜阳、平补气血之味，易汤为膏，缓缓进服，以培其本。

处方：盐水炒大生地五两，熟地五两，砂仁三钱拌炒沙苑蒺藜三两，燕根（包煎）一两，制远志一两五钱，宋半夏二两，滁菊一两，炒女贞子三两，夜交藤三两，炒竹茹二两，萸肉二两，茯神三两，盐水炒橘红一两五钱，生珍珠母八两，盐水炒桑椹子三两，怀山药（打）三两，川柏一两五钱，炙当归三两，生益智仁三两，青龙齿三两，甘草梢一两，福泽泻一两五钱，炒枣仁（杵）三两，杭白芍二两，制首乌三两，新会陈皮一两五钱，生川杜仲三两，丹皮一两五钱，麦冬三两，制川断三两，米炒上潞参四两，炒晒白术二两，盐水炒杞子三两，莲子四两，红枣四两，龙眼肉四两，驴皮胶（先炖，收膏和入）四两，冰糖（收膏和入）一斤。

### 案例2

陈某，男，47岁。上海。

先天之本属肾，后天之本属脾，患者尚在中年，命门之火趋衰。火虚不能培土，以致脾虚失于健运，形体不丰，畏寒肢冷，每在寅卯阳升之际，则阴冷益甚，虽在重衾之中而不觉暖，而且记忆减退，食后脘腹作胀。脉来迟细无力，两尺弱不应指，舌淡苔薄。冬令调补，当从益气扶阳，补肾健脾着手，且当注意摄生之道。

处方：潞党参三两，炙黄芪四两，炒冬术二两，炒当归三两，淡附子四两，川桂枝一两五钱，炒白芍二两，炮姜八钱，甘草一两，淡苁蓉三两，炒破故纸三两，煨益智仁三两，盐水炒杞子一两五钱，炒菟丝子三两，盐水炒覆盆子四两，砂仁五钱，捣大生地四两，制女贞三两，炒枣仁二两，炒续断四两，炒杜仲四两，潼蒺藜三两，炒扶筋三两，泽泻三两，怀山药三两，茯苓三两，炒米仁四两，新会陈皮一两五钱，姜半夏一两五钱，胡桃肉四两，南枣四两，龙眼肉四两，莲子四两，霞天胶一两五钱，鹿角胶一两二钱，驴皮胶（共炖烊，收膏和入）二两五钱，冰糖（收膏和入）十两。

**案例3**

席某，男，45岁。上海。

肝主一身之筋，肾司全体之骨，肝肾两亏，筋骨失养而易病。肾水既亏，木失荣养，剽悍之气即化为风，木旺侮土，土郁日久水谷不化，成湿即酿为痰，风煽痰壅，上及巅顶则头晕目眩，旁及四肢则筋骨酸疼，出上窍则痰多稠韧且难吐出。按脉左缓兼弦，右滑少力，两尺皆感不足，且舌中堆灰腻之苔。证属阴虚精亏之躯，中夹脾虚痰湿为患，膏方调治，当以养血柔筋，补肾壮骨，佐以扶脾通络。

处方：大熟地三两，当归三两，炒杭芍二两，川芎一两，杜仲三两，炒女贞子二两五钱，盐水炒枸杞子二两，酒制狗脊三两，桑寄生一两五钱，砂仁五钱拌炒大生地三两，麦冬二两，川断三两，米炒潞党参五两，米炒於术二两，茯苓四两，米炒山药三两，甘菊花一两五钱，石决明五两，川牛膝一两五钱，天麻二两，木瓜一两五钱，米仁三两，橘红一两五钱，蛤壳五两，伸筋草五两，忍冬藤三两，络石藤三两，莲子三两，龙眼肉三两，红枣三两，虎骨胶二两五钱，阿胶（炖烊，收膏和入）三两，冰糖（收膏和入）十两。

**案例4**

应某，男，46岁。上海。

起于操持过劳，喜怒不节，饥饱失匀，偏积成患，水不涵木，木侮所胜，犯脾伐胃。侮脾则土郁不宽，消化为之不力，腹时或作胀，伐胃则气室胃关而脘痛，痛无定时。甚则肝气分窜，循两胁，扰胸旷，或呕吐酸汁，或大便硬结，病症随作随隐，缠绵已有十余年之久，前进疏肝扶脾、补偏救弊之剂，胃纳已展，消化较力。惟兹亢悍之肝气与久虚之胃气尚未平和，是则膏剂滋之，不专在补，并却病也。

处方：砂仁八钱拌炒大生地四两，盐水炒当归二两，炒杭芍二两，老山参三两，米炒西潞参四两，茯苓三两，米炒於术三两，怀山药三两，炒玉竹二两，盐水炒枣杞二两，制远志一两五钱，捣核桃肉十二个，盐水炒杜仲三两，狗脊四两，淡苁蓉二两，炒杵枣仁一两五钱，陈皮三两，木香一两，制香附一两五钱，降香一两五钱，佛手柑一两五钱，八月札一两五钱，沙苑蒺藜三两，米炒麦冬二两，川郁金一两五钱，玫瑰花二十朵，白檀香三两，南枣四两，龙眼四两，莲肉四两，阿胶三两，霞天胶（共炖烊，收膏和入）一两五钱，冰糖（收膏和入）二十四两。

**案例5**

毛某，男，61岁。上海老闸桥。

胃称水谷之海，最能容物，今不能容，其来也渐，非朝夕之所能成。初起劳倦太过致中虚，复因饥饱不匀致脾胃消化不良，食常停滞，大便秘结不畅，脘痛时作时，痛甚上连胸胁，下及腰背。肝木乘隙而犯胃土，呕酸泛涎，亦间有之。脾主四肢，脾阳不振，形寒肢冷，足胫麻木不仁。年届花甲，命火渐微，以致火虚不能蒸土，土虚不能化物，上不能食，下不得便，阴枯而阳结，乃有关格之虞矣。

处方：老山参三两，米炒於术二两，米炒潞党参三两，茯苓三两，娑罗子三两，米炒怀山药三两，姜半夏二两，炒菟丝子三两，制巴戟二两，潼蒺藜三两，荜茇一两五钱，黑姜炭八钱，炒补骨脂三两，陈皮二两，制木瓜三两，炙陈佛手柑一两五钱，炙甘草一两，砂仁五钱，拌捣炒大生地四两，玉竹二两，炒扶筋三两，盐水炒杜仲二两，炒当归三两，四制香附二两，煨肉果一两，炙红绿萼梅各一两二钱，桂枝一两，炒白芍二两，盐水炒枸杞子二两，煨木香一两，泽泻三两，玫瑰花三十朵，龙眼四两，南枣四两，莲子四两，阿胶三两，霞天胶（另炖烊，收膏和入）一两五钱，冰糖（收膏和入）十六两。

**案例6**

张某，女，46岁。山海关路。

妇人年近七七，阳气将衰，阴血亦弱。癸水月减知将终止，亦不为病。惟阴虚者多火，形瘦者偏热，阴虚火旺，木易刑金，肝木发泄太过，金气敛肃失常，气冲而成咳，痰泛而成嗽，气火夹痰上溢，咳嗽并作，头胀而痛，胁肋作疼。甲木不靖，土德不充，消化不力，有时脘胀而痛，有时嗳气泛酸。两寸脉弱，左关弦劲，舌绛无垢。入冬滋补，当调五行之偏胜。

处方：紫石英四两，滁菊二两，淡秋石一两五钱，炒大生地三两，蛤壳四两，制女贞子三两，制远志一两二钱，丹皮一两五钱，煅磁石八两，熟地炭四两，龙齿四两，杜仲四两，预知子三两，橘红络各一两五钱，天冬三两，米炒麦冬三两，杜仲四两，石决明八两，川贝二两，米炒北沙参三两，百合四两，米炒上潞参三两，杭芍三两，炒枣仁二两，炒沙苑蒺藜三两，当归三两，甜杏仁二两，於术二两，青葙子三两，炙白薇三两，野料豆衣三两，川断三两，红绿萼梅各一两，白果肉四两，红枣四两，龟板胶二两五钱，阿胶（共炖烊，收膏和入）三两，冰糖（收膏和入）十两。

**案例7**

邱某，女，35岁。余杭。

痰出于脾，坚而韧者为痰，饮出于肾，清而稀者为饮，饮痰充斥，气塞而成咳，饮泛而成嗽。素质肝旺，得相火之助反刑燥金，络破金伤，曾有咯血之累，咳嗽亦为之缠绵不辍，几成肺损。后经药养，内热减退，自汗见收，经汛亦能按月而行，外而脂肪较丰，现弃重就轻，转入痰饮之门。呼出之气主乎心肺，吸入之气司于肝肾，肾之摄纳无权，升气多于降气，动辄气急，气不外卫，阴不内守，容易触受客感，春夏阳旺较愈，秋冬气肃为盛，脉来弦滑有力，弦属肝旺，滑主有痰，舌苔薄黄白而润。膏方不惟滋补，并思却病也。

处方：米炒上潞参四两，炒杭芍二两，淡秋石一两五钱，炒大生地五两，炒於术二两，沙苑蒺藜三两，白及片二两，炒当归三两，米炒北沙参二两，灵磁石四两，茯苓三两，制女贞子三两，紫白石英各二两五钱，海蛤壳四两，蒲黄炭一两，百合三两，旱莲草三两，天冬三两，生杜仲三两，蒸熟百部一两，血余炭八钱，怀山药二两，竹沥半夏三两，白果肉四两，红枣四两，莲子四两，鹿角胶一两五钱，龟板胶（共炖烊，收膏和入）二两，冰糖（收膏和入）十六两。

**案例8**

江某，男，83岁。上海。

年近期颐，尚无衰容，步健纳旺，犹似壮年，此禀赋之独厚也。惟命火式微，阳不胜阴，火不敌水，水谷所入大半化痰成饮。痰从脾阳不运而生，饮由肾寒水冷而成。饮痰充斥，淹蔽阳光，在夏秋尚可，交冬而阳不外卫，触冒风寒，引动痰饮，咳嗽气急，每交深宵子后而甚，寅卯三阳升而尤剧，肾气不敛，小便频促，阳不充盛，不能温皮毫，暖肌肤，跗冷过膝，臂冷及肘。按脉两尺充实，惟右关缓，主脾虚，左关滑，主有痰，滋补之中，当寓潜消阴饮之法。

处方：大熟地四两，枣杞三两，淡苁蓉三两，巴戟二两，盐水炒菟丝子三两，茯苓三两，怀山药三两，炒益智仁二两，蛤壳四两，制乌附块三两，姜半夏二两，旋覆花三两，桂枝一两五钱，炒白芍二两，当归三两，冬术二两，沉香末一两，米炒上潞参三两，炒玉竹三两，锁阳二两，潼蒺藜三两，盐水炒杜仲三两，制扶筋二两，代赭石四两，炮姜一两，拌捣炒五味子一两五钱，细辛八钱，蜜炙紫菀二两，覆盆子三两，川断二两，陈皮一两五钱，海藻四两，红枣四两，龙眼肉四两，莲子四两，阿胶二两，霞天胶（共炖烊、收膏和入）二两，冰糖（收膏和入）十六两。

**案例9**

徐某，男，36岁。上海。

火有君相，相火为用，随君而动，心火下移，相火随之而炽。火动水不能静，神摇精荡，或有梦而遗泄，或无梦而滑渗。玉关频启，精神暗耗，腰脊时酸，足跗软弱。精亏髓空，记忆健忘，阳不入阴，时患失眠之累，胃不充旺，躯体难丰，脉来虚缓少神，两尺欠静。为今之计，滋阴扶阳，清血而生精，兼养胃气以培中土，脾阴平阳秘，精神乃治。

处方：燕根二两，萸肉二两，扁豆衣三两，蛤壳四两，米炒上潞参三两，甘菊三两，炒女贞子三两，熟地四两，怀山药三两，茯神三两，生珍珠母十两，盐水炒大生地四两，龙齿四两，生左牡蛎四两，芡实三两，白术二两，夜交藤四两，麦冬三两，生杵枣仁二两，丹皮二两，桑螵蛸四两，当归三两，柏子仁三两，潼蒺藜三两，炙草梢一两，制川断三两，炙新会陈皮一两五钱，川柏一两五钱，杭芍二两，生炒杜仲各一两五钱，莲须四两，龙眼肉五两，白果肉四两，莲子四两，红枣四两，阿胶三两，金樱子膏（另炖烊化、收膏和入）二两，冰糖（收膏和入）十六两。

**案例10**

刘某，男，37岁。上海天津路。

体躯丰腴，中气素薄，水谷所入，大半化湿，湿流下焦，滞碍膀胱气化，以致水源不浚，决渎不清，迁延淹缠，渐成慢性之淋。小溲不畅，精浊自遗，腰酸膝软，遇劳则甚，脉来濡缓，两尺欠固，舌苔薄白。脉证合参，实属劳淋之候。拟方不宜过于滋补，恐滞湿邪，遏败精之出路，当用两顾法，庶无流弊。

处方：砂仁四钱，拌炒大生地四两五钱，制川柏一两五钱，制苍术二两，潞党参一两五钱，米炒於术二两，赤白苓各三两，萆薢三两，泽泻一两五钱，炒米仁三两，海螵蛸三两，川杜仲三两，潼蒺藜三两，制扶筋三两，怀山药三两，制女贞三两，煅牡蛎四两，芡实三两，生化龙齿三两，丹皮一两五钱，杭白芍一两五钱，制玉竹二两，炙芪皮一两，姜半夏二两，广木香一两，新会陈皮二两，蛤壳五两，制远志一两五钱，珍珠母六两，当归二两，莲子四两，龙眼肉四两，红枣四两，霞天胶四两，阿胶（共炖烊，收膏和入）三两，冰糖（收膏和入）十两。

### 案例11

翁某，男，22岁。上海葵湾。

禀质先天不足，精血本亏，发育迟缓。自幼足踝外疡，流脓出血，当时失治，至今十余载不得收敛，时流稠水，步履不健。足踝乃三阴经交会之处，下焦精血荟萃之地，成此身中漏卮，以致形体不丰。三阴俱虚则生内热，劫灼津液，晨起每吐黄稠之痰浊，胃纳亦不甚充旺，脉来缓而无神，治外者必求之内，治内者可求于外，能将内之三阴滋补，或将外之隙漏填塞，亦当有济也。

处方：绵芪五两，当归三两，忍冬藤四两，紫地丁四两，萆薢三两，米炒潞党参三两，冬於术二两，怀山药二两，大生地四两，大熟地四两，萸肉二两，茯苓三两，米仁三两，川柏一两五钱，制苍术二两，酒炒丹参三两，制首乌四两，炒天冬三两，麦冬三两，盐水炒枸杞子二两，川杜仲三两，制扶筋三两，盐水炒桑椹子四两，杭白芍二两，浮海石四两，蛤壳四两，潼蒺藜三两，橘红一两五钱，清炙草一两，莲子肉四两，红枣四两，黑枣四两，核桃肉四两，龟板胶一两五钱，阿胶（同炖烊，收膏和入）三两五钱，冰糖（收膏和入）十两。

### 案例12

杨某，女，28岁。11月，杭州。

骨小肉瘦，气阴两虚，冲任不足，经来参差不齐，或受气迫而先期，或因气涩而愆时，婚已五载，未曾生育。今夏至秋，每至日晡时多潮热，入夜更甚，且多盗汗。盖汗为心液，汗多心气失敛，乃致悸惕不宁，头昏寐劣。蒸热过久，营血暗耗，形体渐趋羸弱，前时迭经调治，症状有所好转，月汛虽按期而来，惟量少色淡，净后尚多带下。脉来细涩带数，舌红而干。际此隆冬投补，自当益其气血，调其偏胜，以期阴平阳秘，健康有待。

处方：盐水炒大生地六两，大熟地（砂仁五钱拌炒）五两，米炒上潞参四两五钱，生黄芪三两，米炒麦冬三两，杭芍二两五钱，怀山药三两（打），炒冬术二两，生牡蛎六两，盐水炒萸肉二两，甘菊一两五钱，炒女贞子三两，炙当归二两五钱，杜仲三两，新会陈皮三两，青龙齿（杵）三两钱，枣仁四两（杵），地骨皮三两，夏枯草二两，珍珠母（杵）五两，红绿萼梅各一两，忍冬藤三两，原干扁石斛三两五钱，紫石英（杵）四两，藏红花一两，石决明（杵）五两，制川断肉二两五钱，八月札二两，甘草一两，丹皮一两八钱，沙苑蒺藜三两，天麻一两五钱，月季花一两，穞豆衣三两，白果肉四两，莲子四两，红枣四两，胡桃肉四两，阿胶六两，鳖甲胶（同阿胶炖烊，收膏和入）二两五钱，冰糖（收膏和入）十五两。

**案例13**

毛某，女，41岁。1月，杭州。

生育过多，又复流产，阴血耗伤，冲任攸亏，经来愆期，色淡量少，平时带淋甚多，头晕目眩，心悸寐劣，腰酸足软，不耐步履之劳。旧冬服膏滋方后，今春以来，诸恙悉减，经水已能按期，惟量不多。近因劳累，腰酸复甚，头晕乏力，脉细，苔薄白。冬令调补当予滋阴养血，填补肝肾，使肾气充沛，冲任得养，诸症自可向愈。

处方：炙当归四两，制川断四两，制女贞子三两，炙甘菊一两五钱，炒香玉竹三两，炙川芎一两五钱，草决明二两，米炒怀山药三两，炒丹参四两，鸡血藤四两，天麻一两五钱，米炒上潞参六两，生地六两，秦艽二两，川郁金（打）一两五钱，米炒白术三两，大熟地六两，千年健三两，炙青皮一两五钱，潼蒺藜三两，制首乌三两，煨狗脊五两，夏枯草二两，炒杜仲三两，炒白芍二两，炙甘草一两五钱，炙陈皮三两，龙眼肉四两，红枣四两，白果肉四两，阿胶六两，霞天胶（另炖烊，收膏和入）四两，冰糖（收膏和入）一斤。

**按** 膏方为传统的中药剂型之一，常为久病体虚或冬令调理之用。由于易于储藏，服用方便，且对调摄阴阳、健身防病都有一定的作用，故颇受患者欢迎。叶老运用膏剂，能针对患者体质，禀赋及兼夹病证等复杂情况随证施用，不仅理法俱备，辨证精确，且用药精当，疗效卓著。叶老认为"膏滋不专滋补，尚可调治太过与不及耳"。临床应用膏方非单纯用于补益，对虚实夹杂，病后失调或痼疾顽症，如劳损、痰饮、咯血、胃脘痛、遗滑、痿痹、关格、疮毒及月经不调、不孕、产后崩带等，均能恰当地于滋补之中寓

## 第五章 学术成就

以祛邪调理，而获良效。叶老强调，拟用膏剂调理的同时，尚需注意摄生，如注意精神调节，饮食调养和劳逸有度，俾能"药养两到，庶克有济耳"。至其煎服法，将药物先用冷水浸渍一昼夜，次日浓煎三次，去渣存汁，文火缓缓煎熬，俟药汁渐浓，再将胶、糖等和入收膏。待冷尽，用瓷罐盛贮，每日早晚各取一匙开水冲服，如遇感冒、停食等暂时停服，在服药期间，并忌食生萝卜、芥菜等。

# 第六章

# 桃 李 天 下

## 第一节　深耕细作育英才

一代良医叶熙春不仅有精湛的医技医术和高尚的医德医风，更是桃李满天下，春晖遍四方，为祖国中医药事业发展做出巨大贡献。从余杭到上海、杭州，他一生曾收过几十个学生，在这些学生中，有行过正式的拜师仪式的，也有在旁侍诊抄方，未行拜师仪式的。其中多数学生能遵循师训，医风医术端正，并成为中医行业中的佼佼者。

### 一、余杭弟子

新中国成立之前，在上海行医期间，叶熙春目睹了当时的国民党政府的腐朽堕落，不作为，不为百姓着想，大多数官员只为追名逐利，以公济私，人民苦不堪言，因不想成为他们的"棋子"，所以内心萌生退意，只想去杭州居住，寄情于杭州的山水之间，置身于纷扰局势之外，随后将上海大庆里的诊所交给了他的大弟子缪东垣。

这缪东垣乃是叶熙春在余杭开业行医所收的第一个开山大弟子，跟师时间最长，在余杭行医期间可谓是叶熙春的左膀右臂，得力助手。而他为什么不在余杭行医，而到了上海呢？原来在抗日战争初期，随着"七七事变"以后，日军又发动了蓄谋已久的"八一三"事变，侵华日军从杭州湾偷袭，在金山卫登陆，很快就侵占了包括杭州等在内的中国江南大片国土，随着余杭、杭州相继沦陷之后，叶熙春的众多亲朋好友纷纷逃难来到英、美、法等西方列强国家管辖下暂未被日军侵占的上海租界里。

最先到的，是养子叶再春一家。叶再春在余杭时就跟着叶熙春的门生缪东垣学过几年中医，但基础不扎实，到上海后，就被送到著名中医理论教育家秦伯未先生创办的新中国医学院深造，为能培养他成为继承父业的接班人打下夯实的基础，可惜在1944年，养子再春因自甘堕落，谋夺家产，叶熙春愤慨登报协议脱离了父子关系。

随后而来的是叶熙春在余杭所收的几个门生弟子，其中便是最年长且中医专业知识学得最好的、携带妻儿一起来投奔的缪东垣。叶熙春安排他们一家在大庆里自己诊所对门的出租房内安家，并让他继续跟随自己抄方侍诊，且给予他足够的"工资"以够他养家糊口；经过又在老师身边的磨砺，缪东垣对于叶熙春的临床诊治心得越发体会的深刻，在某些疾病的处方用药方面可谓是青出于蓝而胜于蓝，有时叶熙春因事外出或偶患小恙，他便会临时代诊，独立处方，疗效还不错，被病家称为"小先生"。

余杭弟子中还有两个年岁较轻的弟子，名为苏树荣和陈星伯，以及当年热心介绍叶熙春去余杭镇上安身立业的同门师弟胡念祖的两个儿子，一个称为一清，一个称为一平。苏树荣和陈星伯因入门时间不长，叶熙春就送他们到上海新中国医学院继续深造。一清一平两兄弟在父亲的指示下也投奔而来，但因为志趣不在继承父业学中医，故从学校毕业后，便离开上海去了抗日大后方另谋他业，此后便断了联系。

## 二、上海弟子徐蔚霖

叶熙春在余杭和上海行医前后约50年间，收过不少学生，但能收集到资料的却并不多，而今大都"尘归尘、土归土"了。在上海收的徒弟中，较为有名的便是门生徐蔚霖，其在1940年毕业于上海新中国医学院，为上海市儿童医院儿科主任医师，曾任上海市第一、第六人民医院儿科顾问，卫协学术部副部长，上海市中医内科进修班副主任。1995年被评为上海市名中医，在继承中医学传统的整体观念、辨证施治原则的基础上，不断吸取现代医药的精华，寻求有效的医疗措施。创制了"茵陈冲剂""稚儿灵"等中成药制剂。那他又是如何成为叶熙春的弟子呢？

他原本是苏州人氏，父亲是上海有名的棉纱大王，不但在上海威海卫路置有富丽堂皇的西式洋房，而且还出资帮助修建了苏州东山著名的园林别墅席家花园（后易名为启园）。他乃有钱的富贵人家大少爷出身，接受过西方的现代教育，家中的摆设也是时钟、电话，都是当时先进的物品，自己平时出行也是西装革履的贵公子，放到今天可谓是实实在在的富二代。可就是这样的一位贵公子，在拜师时，脱去了西装革履，穿上了中式的长袍马褂，点上大红蜡烛，在几案前恭敬下跪，对叶熙春行了三叩首的拜师大礼，使旁观者无不啧啧称奇。

徐蔚霖拜叶熙春为师的起因缘由，乃是其小妹幼时患病（听闻是伤寒）被误诊而夭亡，后来他自己又得了病，延请西医诊治无效，当时的中医处于一个相当尴尬的境地，被认为土里土气、谈吐文辞拗口晦涩，都是草根树皮。而在"高大上"仪器辅助下的西医，则更显庄严，似乎更加令人信服。但叶熙春名声在外，乃是老百姓相传的口碑，便也就慕名请叶熙春来诊治，而在一系列望闻问切后，处方开药，居然妙手回春，药到病除。因切身实际感受到了这一疾病的诊治过程，其深切佩服中医药的神奇功效，他不怕学中医的艰苦，不怕被人笑话，故而决心投拜叶熙春为师，叶熙春被他的虔诚所感动，便破例收下了这个原先十分洋派的弟子。

他虽然出身有钱的富贵人家，看上去是一个养尊处优、文质彬彬的文弱书生，但其毫无当时公子哥的纨绔习气，不但勤奋好学，而且能吃苦耐劳，有时坐在书桌前背诵老师布置的课业，一背便是多时，实乃难能可贵。且每逢有病家请叶熙春出去就诊时，不管远近贫富，他总是抢先拎起装有笔墨纸砚和脉枕的皮包，跟随出诊，从不放弃随从临床侍诊抄方的学习机会。

下面就有一则师徒二人言传身教，使高尚医风医德代代相传的真实故事。有一次，他随叶熙春到一户很穷的病家出诊，病家住在当时比较脏乱的地段，那里的住房又小，时不时还会散发出一股难闻的恶气，他连眉头也不皱一下，就跟随叶熙春走进了屋内。由于患者睡在狭窄矮小的阁楼上，因身体虚弱已有好几天，故而无力下楼以便叶熙春就诊，只能请医生爬上阁楼去替患者诊治。

但叶熙春一足微有残跛，自己怎么也爬不上狭小的扶梯，徐蔚霖便毫不犹豫地说："老师，我用肩膀托你上去。"他先扶着叶熙春跨上两级梯子，再蹲下身来用自己的肩膀顶托叶的臀部，慢慢地站起身来，一级一级地顶托叶熙春上了阁楼，且不顾患者身上发出的异味，恭候一旁，认真地察看叶熙春替患者搭脉诊断病情。下得楼来，徐蔚霖按照老师的口授抄写好药方，深有领会地频频点头。孙思邈曾言为医之道"不得瞻前顾后，自虑吉凶，护身惜命。见彼苦恼，若己有之，深心凄怆。勿避险巇、昼夜、寒暑、饥渴、疲劳，一心赴救，无作功夫形迹之心。如此可为苍生大医，反此则是含灵巨贼"。叶熙春和徐蔚霖这对师徒，不顾环境恶臭、病家住址之不便，登门就诊，徒弟为师傅作人梯以便师傅登上阁楼，在病家面前也不露嫌弃难色，问苍生，这对师徒可谓是实至名归。

之后患者的老母手抖得哆哆嗦嗦拿出两角钱诊金，连声抱歉地说道："先生，实在不好意思，我们真是穷得拿不出钱来，这诊金还请收下。"叶熙春和颜悦色地婉拒了病家送上的诊金，拿出随身携带的能免费到指定药店取药的图章在处方上盖印，又目视徐蔚霖问他可带有手帕，徐蔚霖立即从身边拿出一块非常漂亮、上面还有苏绣的高级手帕，叶熙春拿来包上自己掏出的两块银洋，询问徐蔚霖道："可舍得这块手帕吗？"徐毫不心疼地点着头，拿起包着两块银洋的手帕放在桌上，便跟着先生离开了病家。叶熙春出诊回来后，对着家人，特别把孩子们叫到跟前，连声夸奖徐蔚霖这个学生"真好，真好"，并对子女们说："叫你们听听看看你们的蔚霖师兄，人家是有钱人家的大少爷，现在跟随我学中医，多少能吃苦，还有副怜贫济苦的仁慈心肠，你们都应该好好学习蔚霖师兄的为人！"明•裴一中《音医•序》中说："学不贯今古，识不通天人，才不近仙，心不近佛者，宁耕田织布取衣食耳，断不可作医以误世！"为医者的心，一念之间高下判分，"凡大医治病，必当安神定志，无欲无求，先发大慈恻隐之心，誓愿普救含灵之苦。若有疾厄来求救者，不得问其贵贱贫富，长幼妍媸，怨亲善友，华夷愚智，普同一等，皆如至亲之想"。这对师徒可当是以身作则，给我们树立了真正为医者该有的典范。

## 三、杭州带徒授业

新中国成立以后，叶老接受了培养新中国中医事业接班人的光荣任务。考虑到叶老年事已高，学生们主要跟随他临床侍诊，聆听他的讲解教诲及辨证论治，根据叶老的口授抄录用药处方。由国家审批指派的学生有尉武、吴颂康、史沛堂、李学铭、薛秀辰、徐素仙等。吴颂康曾任浙江省政协常委，后被调到浙江中医药大学任教授。叶老的同门师弟、杭州市名老中医史沛堂，先后将自己的儿子史奎均和女婿李学铭介绍给叶老，经过杭州市卫生局审批发文，正式确认为叶老的学生，这是他生前正式收的最后两名徒弟。史奎均是浙江省的名老中医，后在浙江省中医药研究所工作。李学铭在浙江省中医院工作，是浙江省名中医、肾病专家，全国名老中医学术经验继承工作指导老师，是叶老最后一个关门弟子，是在杭州的叶氏医派的重要传人。其他还有在浙江省中医院的薛秀辰、徐素仙等也被指派随叶老侍诊抄方。

除了上述公派的学生外，还有几位各有师承并已能独立行医的中医师，为了提高业务水平，也经常前来向叶老请教，叶老同样毫无保留地对他们悉心指点。其中较著名的有原广兴中医院院长、后曾任浙江省中医院院长的杨继荪；原系百年老店张同泰药店职工，自学中医，曾任杭州市卫生局中医科长，受局里指派到叶老身边侍诊学习，后曾任杭州市中医院院长的吴芝青；还有杭州著名的中医妇科专家裘笑梅等。

## 第二节 严谨治学弘流派

中医学术流派是中医学在长期历史发展过程中形成的具有独特学术思想或学术主张及独到临床诊疗技艺、有清晰的学术传承脉络和一定历史影响与公认度的学术派别。博览古今，流派始终在中医教育和人才培养中占有主体地位，并充当中医学术的载体世泽久远。历代名医的学术观点无不以流派为依托，得以弘扬发展；中医的认知方法和思维理念也无不在流派传承中得以保留和继承。因此，中医学术流派的存在与中医学的发展休戚相关。

叶老作为叶氏内科流派的创始人，早年随当地名中医莫尚古先生习医，后经业师举荐，得太夫子姚梦兰喜爱，破例侍诊，医术大进。姚梦兰（1827～1897年）为晚清杭嘉湖一带颇有声望的医家，乃叶天士门生华岫云之第5代门生，擅内、妇、儿科，尤擅湿温时证，其子姚耕山亦为余杭名医。华岫云为叶天士门人，著有《临证指南医案》10卷，并加分析论述，全面展现叶天士在温热时症、各科杂病方面的诊疗经验，充分反映了叶天士融汇古今、独创新说的学术特点。叶天士不仅因温病之治名重医林，亦精通内、妇、儿等杂病的诊治，善于化裁古方，扩大古方用途。因深受东垣脾胃学说的影响，在补脾升阳之说基础上，提出"胃喜润恶燥"之说及脾胃分治的主张，重视胃阴的作用，倡导以甘平或甘凉濡润为主的濡养胃阴之法，喜用沙参、麦冬、扁豆、山药、粳米、甘草之类。叶天士认为新病久病皆可入络，倡导独具特色的柔润养营通络法和虫蚁搜剔通络法。故追寻叶氏内科流派渊源，可上溯至一代名医叶天士。

后人总结叶老的学术思想渊源如下：扎根于《灵枢》《素问》等经典

古籍，治杂病遵奉《金匮要略》，又得力于金元四大家，特别是东垣学说；治外感证既贯穿《伤寒论》的辨证原则，又宗温热学派之法。在理论与治法上择善而从，不为一家所囿，对各家学说兼收并蓄，取人之长，形成独特的辨证论治体系，而于临床取得卓越疗效，集前辈诸贤之大成而成叶氏内科流派。如在治疗外感热病方面，叶老博采众长，对张仲景《伤寒论》治疗外感热病进行补充与发展，补前人之未备，论前人之未述。在民国以前，所谓"伤寒"与"温病"二派之争颇剧。至今仍有以"伤寒派"自居者，学古而泥，甚者在一生中非仲景方不用，反观叶老治疗热病，既宗仲景，又法叶派，辨证常将六经辨证、三焦辨证、卫气营血辨证理论相结合，将伤寒、温病学说合为一体，取长补短，相辅相成，使疾病的表里、深浅、虚实病机清晰，为疾病的诊治提供了可靠的病理依据。如对湿温证"微寒身热，胸次塞闷，咳嗽多痰，不思纳谷，时时欲呕"者，断病因为"浊邪犯于清旷""蕴湿留于中焦"，分析其病机是"温邪挟湿，困于太阴阳明"，施治当"宣畅气机，清除湿热"，用药既散太阳之表，又化阳明之浊，表里双解而使"热减咳稀"。此外叶老又谨遵《黄帝内经》"必伏其所主，而先其所因"的论治原则，辨证过程中必先明其病位、病性、病势以"先其所因"，施治必在"伏其所主"上下功夫。在治疗温病的过程中重视把握病程阶段，掌握循序渐进之法，具体可分为三个阶段：邪在上焦表卫，治用辛凉开透；邪在中焦气分，法以寒凉清泄；邪入下焦营血，治宜咸寒填摄。在治疗杂病方面，叶老以《金匮要略》及金元四大家及其后代著名医家的经验与方法为指导，择善而从。如痰饮病的诊治上，叶老宗张仲景、叶天士之说，提出"脾主运化，饮食于中，全赖脾土之蒸化转运，而脾阳又赖于肾阳之温煦。肾阳不足，则火衰不能蒸土，土虚不能化物，以致水谷难化精微，而化痰饮"，阐明了痰饮病由脾及肾和由肾及脾的病因病机。叶老又说："木旺必侮土，土郁则水谷不化，湿即化为痰。"因为脾气健运除了赖肾阳的温煦，还须依赖肝气的疏泄。肝脾不和，脾运失调又是停湿成饮的重要因素。此外，"嗜酒多湿，酿痰化饮"，湿阻脾阳也是聚饮成痰的原因之一。叶老还指出"年届花甲，命火式微，阳不胜阴，火不敌水"，则"水谷所入亦可化痰成饮"，揭示老年命门火衰、肾气式微，更易罹患饮病，此即《黄帝内经》所说"丈夫五八肾气虚……六八阳气衰竭"，有阳衰则阴胜，故饮邪易生，饮病易作矣。以上体现叶老论治痰饮明察病因、治病求本的特点。在治疗杂病方面，叶老还十分重视后天脾胃之本，时时固护胃气，这在前文医案中均有体现，故不再赘述。

经过长期的临床实践及经验积累，叶熙春对不同疾病的诊治有了独到的体会。除了临床工作，叶老还十分重视中医药的传承及教学工作，行医60余年，先后授徒20余人，创立了叶氏内科流派，叶派特色强调谨察阴阳，论医穷本探源；其次强调四诊合参，治病必求其本，常谓"病不辨无以治，治不辨无以愈"；强调扶脾益肾，固先后天之本。临床治疗慢性疾病则推崇"补肾以固精，养胃以增渊"的原则。在叶老的众多门人中，李学铭作为叶老的关门弟子，成为叶氏内科流派的嫡代传人，对叶氏内科流派进行学术思想和临床技术的创新，由此叶氏内科流派的学术思想得以发扬光大。

## 第三节　杏林春暖谱新章

李学铭（1935～2012年），男，汉族，浙江鄞州人。浙江省中医院主任医师，教授，硕士、博士生导师，全国老中医药专家学术经验继承工作指导老师。师从江浙名医叶熙春和史沛棠（姚梦兰一系），为叶氏内科传人。1962年满师后在浙江省中医院工作，1995年晋升为主任医师，1996年获省级名中医称号，翌年被批准为第二批全国老中医药专家学术经验继承工作指导老师，历任浙江省中医院中内科主任，肾内科主任，浙江省中医学院中内教研室主任，浙江省中医肾病专业委员会副主任，浙江省中医药科技工作专家咨询委员会委员，《浙江临床医学》杂志编委，浙江省农工民主党省委常委，浙江省政协常委。

1957年，政府号召加强对中医人才的培养，李老由岳父史沛棠推荐，正式拜师于叶老。叶老临证经验丰富，广授门徒，且多成长为医学大家，李老是叶老的关门弟子，为叶氏内科的嫡代传人。

古云：一日为师终身为父，那时的师徒关系甚是紧密，师徒感情很深。那时李老每日清晨便到诊室，将桌椅清扫干净，泡上一壶茶，等待老师的到来，5年如一日。从开始抄方时的懵懂，到后来能逐渐理解老师的方义，跟师5年时间，李老已经能够在案上自拟处方，且与叶老的处方相差常不超过一味药，有时甚至能够做到药味和剂量一模一样。

满师后，李老时常会去探望叶老，闲谈话中医。小坐或茶余饭后，叶老精神尚佳时，李老便会向叶老请教临诊时的难处或疑惑，有时论及辨证处方的精进之法，有时只是论某一味药的妙用之处，老师都会细细讲解。

李老深受叶老的影响，临床遣方用药自是叶派的特色。《黄帝内经》论方有大方、小方之别，大方者药味少而用量重，小方者药味多而用量轻。叶老认为一般病急邪盛者，处方药味不多而用量偏大，内伤病缓多虚者，处方药味可增多，剂量应偏小，但需因人因证而异，变通而治。叶氏门派（叶门孟河派）的处方常用药11味，君臣佐使配合得当，对于邪正主次已可全面照顾，足够应付。

叶老认为：读前人书贵在不泥，处方用药，辨证论治亦然处此，不可因病而泥。李老深得其中奥义，故在自己的临床上遣方用药也是遵循辨证论治的原则。如在对慢性肾病的治疗上，采用中医传统的辨证论治，见证治证，往往所见之证痊愈后，其肾病也随之缓解了。比如IgA肾病的患者，多见肝肾阴虚，但以外感或扁桃体发炎后肉眼血尿多见者，李老即以辨证论治，治以疏风清热、解毒凉血止血，多可获得良效，外感或扁桃体炎治愈后，血尿蛋白尿也随之消失了。

叶老在膏方上造诣精深，李老随诊5年间，也随叶老习得膏方之精髓。叶老曾提起，旧王朝时膏方是给皇宫中的贵族们服用以延年益寿的，到了民国时代，虽不及皇室，但膏方使用的主要人群还是非富即贵的达官显贵们，平民百姓是很难有钱服用膏方的。当年叶老出外诊开具膏方，常常一天只去一户人家，问诊号脉都需要极其的细致，有时处方不是当场拟出，而是将脉案带回家中，思忖良久后才开具膏方送回，可见膏方是极具匠心的一门艺术。

叶老认为膏方禀《金匮要略》治未病的思想，可作为体虚者冬令调补之用。但膏滋不专于滋补，尚可调治太过与不及，故应用膏方除补益以外，诸如虚实夹杂，病后失调之顽症痼疾者，如劳损、痰饮、咯血、胃病、关格、遗滑、痿痹、疮毒及月经不调、不孕、产后、崩漏与带下等，均能恰当地于滋补之中寓以调治而获良效。在采用膏方调理的同时应注意摄生，如精神调节，饮食宜忌与劳逸有度等，使"药养两到，庶克有济耳"。叶派膏方之药味多者42味，少者27味，常用者在33～37味。其中胶类药1～3味，多数为2味；果品类2～4味，多数为3味；调味类用1味冰糖，糖尿病患者改用木糖醇；中药少者21味，多者35味，多数为28味左右。膏方所用药物约可分为补益类、治疗类与调剂类三部分，其中调剂类乃指具有和中、理气、宁神、涩精等功用，药性平和，不伤正气的辅助药物。膏方的主要功用在于燮理阴阳，补五脏，养气血，达到正气充盛，五脏元真通畅，人自安和。"膏剂滋之，不专在补，并却病也"，在膏方中酌情参入祛病邪、治宿疾之药物，如"滋补之中，当寓潜消阴饮"等。滋补而并非单纯的进补，滋补中兼以祛邪以治疗痼疾，从而获取最大之效果，这是应用膏方调理之特色。

李老秉承叶老的衣钵，自然在膏方上也是独具匠心。除了问诊号脉极具细致之外，李老会记下每位来诊者的症状，分析证候，细细推敲，处方遣药之前会事先在草稿中记录下来，思忖完备之后，才开具处方。如此一来极费神思，因此李老的膏方门诊每日一般不超过12人，到后来实在因为慕名者甚多，不得已加号，但也每日不超过16人。除了对冬令膏方潜心研究，李老在叶派膏方特色影响下，通过自己的临床经验创新出夏季膏方。叶老尝把《金匮要略》"治未病"的思想贯穿于痰饮证的治疗之中，并按《黄帝内经》"春夏养阳，秋冬养阴"的理论，对于久患饮病者，主张在春夏阳盛季节，病情稳定，趁机培补脾肾阳气，意在阳得阳助则取效更速，收效益著。循此理论，李老认为夏令膏方对合适的人群也是有益处的。此种治法，开启了近代夏季膏方之先河。夏令膏方与冬季处方不同之处在于：夏令阳强，腠理发泄，汗出颇多，人体气阴俱伤；又暑必夹湿，湿困中州，枢轴不利，中运易于失常。虽夏令膏方必须突出补法，但不能一味呆补，以防恋湿碍中，宜以轻补。通补为总则，益气生津，养血补肾，酌情参入运中化湿之品为宗法。夏令膏方服用时间为1个月，故膏方药味的数量与剂量相应减少。鉴于夏令人体内外环境的特点，处方中阿胶与生地、熟地等滋腻厚味必须控制。夏令膏方的药味总数以15～20味为宜（果品与调味类不计在内），其中利气化湿和中的药物3～4味，其余为补益药。夏令多湿，湿家忌甘，甘草宜少用，冰糖虽然质纯，甘能敛湿满中，用量亦减少每剂250g左右，阿胶味厚滋腻，易碍中运，夏令酷热多湿之季不宜多用，每剂膏方中阿胶与龟板胶、鳖甲胶等的总量200～250g为宜。

李老从医生涯五十余载，自学术思想，到辨证论治，以及处方遣药、药方书写，都是一一尊叶派内科而为。在中医的道路上，从一张白纸到学验俱丰的老先生，离不开恩师的倾囊相授。李老认真刻苦的学习和在医学造诣上的进步令叶老十分欣慰，叶老对这个学生十分垂青，将毕生所藏的医学书籍、笔记都传给了李老，寄予厚望。

李老广授门徒，学徒遍布浙江省杭州、温州、衢州、嘉兴等地区，跟诊抄方学习者更是不计其数。2010年组建全国老中医药专家李学铭工作室，现有工作室核心成员：马红珍、何灵芝、郑慧文、范军芬、项晓骏、陈红波、

## 第六章 桃李天下

鲁科达、叶黎青、李星凌等。工作室立足于继承当代名老中医叶熙春、全国名老中医药专家李学铭等前辈的学术思想和临证经验，充实掌握现代医学的新理论、新知识、新技能，形成了"中医为主、中西医结合，临床为主、临教研并进"的特色，发挥中医特长，积极探索中医、中西医结合的方法诊治免疫肾脏疾病。

在培养人才的同时，李老主编了《中国百年百名中医临床家丛书——叶熙春》，该书于2004年8月由中国中医药出版社出版。此书从温热病、痰饮咳喘、胃肠疾病、肝病、血证及妇科月经不调、胎前产后与妇科杂病等方面，系统总结叶老的临床经验之精华，突出其学术思想和特色，此书还展示了李老的跟师心得、读书体会、札记等。此外，李老还承担了浙江省名老中医学术经验选编第十五辑《史沛棠学术经验专辑》的主要整理和编写工作，系统介绍了史老的学术渊源、学术思想和临证辨治经验，推动了叶氏内科流派的发扬光大。

李老主治内科诸病，尤擅水肿、痰饮之肾病，以及肾病之夹感、夹呕、夹虚、夹瘀等肾系相关疾病。在继承叶熙春学术思想基础上，李老自出机杼，别具一格，对叶氏内科流派进行学术思想和临床技术的创新。他主张谨察阴阳，认为阴阳五行是中医学之理论核心，可谓中医学之基础；强调四诊合参，治病必求其本，常谓"病不辨无以治，治不辨无以愈"。同时注重扶脾益肾，固先后天之本。临床治疗慢性疾病，常以"补肾以固精，养胃以增渊"为原则。李老治肾病之痰饮水肿，宗仲景"病痰饮者，当以温药和之"，发叶氏"外饮治脾，内饮治肾"，创"肾病综合征四期疗法"。首次提出针对肾病综合征激素治疗的不同阶段予以宣肺脾、温脾肾、清相火、补肺肾四法相治，此乃在叶氏重"外饮治脾，内饮治肾"基础上，结合现代医学知识和临床实践经验发明而来，为叶氏内科在肾病临床应用的成功典范。除治肾病水肿外，李老对尿浊、尿血、癃闭等病证治疗均有独到的体会，方证选药均承叶氏内科一脉。

从1990年开始，国家中医药管理局开展了名老中医药专家学术经验继承工作，采用传统的"师带徒"模式继承发扬中医事业，培养真正的中医临床人才。1997年李老入选第二批全国名老中医药专家学术经验继承工作指导老师，开始承担"名师带高徒"的传承工作。缘于李老的临床成就和学术地位，医院众多的中青年中医师都渴望能拜师于李老门下，衣钵相传，学到李老的临证精髓。经过层层选拔和考核，马红珍有幸成为李老的第一批弟子，开启了"跟名师、读经典、做临床"的中医人才培养模式。

## 一、名师高徒

马红珍于1979年考入浙江中医药大学中医系，当时正值改革开放之初，百废待兴，恢复高考也仅2年。这个来自绍兴农村的朴实女孩，非常珍惜通过高考进入高等学府学医的机会，在5年的大学本科生涯，她刻苦自律，如饥似渴地学习中西医各门功课，踩着教室、图书馆、寝室"三点一线"的规律线路，朝着心中的目标和理想默默努力。1984年她以优异成绩毕业，回到家乡的镇卫生院从事中医科的门诊工作。虽然工作环境熟悉，工作压力不大，患者的认可度也日渐上升，但在日常诊疗工作中，她深感自己所学的专业知识还远远不能解决临床实际问题。工作1年后的1985年，她以总分第二名的成绩考入天津中医药大学攻读研究生学位，师从津门名医黄文政教授，专业方向为中医肾病。读研的3年时光在课堂教学、跟师门诊和动物实验中匆匆而过，1988年硕士毕业后分配到浙江省中医院肾病科工作，成为时任肾病科主任李学铭的下属。

1985年浙江省医学会肾脏病学分会正式成立，浙江省中医院徐慧云主任担任第一届主任委员，在全省大力推动各类肾脏疾病的规范诊断和治疗，同时开展了血液透析、腹膜透析等肾脏替代治疗措施，拉开了浙江省肾脏病学蓬勃发展的序幕。李老敏锐地意识到中西医并重在肾脏病领域的优势，他抛弃传统的门户之见，与时俱进，与徐慧云主任携手，安排有外科基础的医师赴广东中山大学中山医学院进修腹膜透析、深静脉置管、内瘘手术等技术，在科室顺利开展血液透析和腹膜透析等肾脏替代治疗技术，两位中西医前辈一起开拓和引领浙江省中医、西医及中西医结合治疗肾脏和风湿病的发展，使浙江省中医院成为全省肾病学界举足轻重的学科。李老十分关注中西医学的新进展，常常考问各级医生，督促大家及时关注肾脏病学的中西医新进展，科室学习氛围浓厚，专业水平不断提高。

1988年马红珍初到省中肾病科时，在病房血液透析室边上一个不到10平方米的肾病实验室工作，首次在医院开展尿红细胞形态相差显微镜检查、血渗透压、尿渗透压测定等项目的检测。在当时缺乏肾组织活检的条件下，尿红细胞形态检查为临床鉴别肾小球源性血尿提供了十分有益的依据，也为不少膀胱肿瘤所致的无痛性血尿做出了准确的预测。渗透压的检测不仅有利于评价肾脏浓缩功能，也能准确提示机体的容量负荷。加入肾病科团队工作之后，马红珍服从科室主任的安排，分别轮转了检验科、急诊科等科室，以及跟随医院医疗队赴开化下乡。其不计得失的个性、任劳任怨的工作态度逐渐得到了科主任李老的认可和赞许，为日后成为李老的高徒打下了基础。

有李老、徐慧云主任和其他上级医师的指导，加上个人的全身心投入，马红珍的中西医临床诊断和治疗水平不断提高，熟练掌握了肾组织活检、深静脉置管等操作技术，成为科室的业务骨干，并拥有了日益增多的患者群，周二上午的普通门诊常常爆满，按时吃午饭基本是不可能的事。1992年马红珍晋升主治医师后，主要工作内容集中到了病房，也承担每周一次的专科门诊。当时李老每周查房，中医特色十分鲜明。查房时李老每每中医经典脱口而出，经方运用出神入化，有时也会问下级医师和学生，年轻医师在床边被问得面红耳赤在所难免。马红珍总是抓住每次随李老查房的机会，事先做足功课，如选好待查的疑难病患者，熟悉病史，掌握患者入院后的实验室检查和中医四诊变化，然后把要点记在小本本上，下班回家后再查阅相关文献，自己先定出初步诊疗方案。有了这样的准备和铺垫，床边汇报病情时就能做到病史完整、重点突出、思路清晰，更重要的是能在实战中领会李老灵活的中医诊疗思路，悟出自己和老师的差距所在。就这样，通过数年"实践、学习、提高、再实践"的模式，渐渐悟到了一些门道，一步一步跟上了李老特有的圆机活法的辨证论治节奏。

李老常常会被兄弟医院请去会诊疑难杂病，马红珍因有较好的中医功底，加上书写速度快，字迹也工整娟秀，成了李老出诊时常带的助手。她用心收集患者的中医四诊，仔细揣摩老师的处方配伍特点，基本掌握了李老临证处方以经方居多、配伍严谨、主次分明的特点。会诊时通常能在老师确定病机治则后，先开出一个主方，然后由李老指导完成药物加减和具体的用法用量。就这样，每一次随诊马红珍都会细心体会和参悟，遇到实在想不通的地方，便去请教李老，经李老点拨几句后往往云开日出、豁然明了。1997年马红珍成为第二批全国名老中医药专家学术经验继承人，此后每周2次病房跟师查房、1天门诊随诊抄方，每周周末去李老家里上课，聆听李老讲授四大经典和历代各家学说。日复一日，年复一年，长期跟随李老学习，从耳提面命、摸爬滚打，到心领神会、举一反三，从未放缓过中医传承的脚步，在一步一个脚印中逐渐提升了自己的中医理论和临床水平。

李老一生热爱中医，潜心学问，精研《黄帝内经》，对《伤寒论》《金匮要略》《神农本草经》等中医经典著作及金元四大家为代表的各家学说均爱不释手。受老师的熏陶，马红珍也十分重视中医经典的学习，在跟师期间，熟读了《黄帝内经》《伤寒论》《金匮要略》及温病学的重要章节，并撰写了大量读书笔记。李老在繁忙的诊疗工作之余，对学生所写的读书心得一一审阅批改和点评，李老深厚的理论功底和严谨的治学态度，给学生留下了终生难忘的深刻影响。

在长期跟师学习过程中，马红珍和李老的其他弟子一起，全面收集整理了李老的论文、著作、传记、学术观点等资料，分析研究其辨证思维特点、成才要素、学术流派及学术传承方法；整理李老诊治疗效显著和具有独特专长的病案。在此基础上主持完成全国"十一五"课题"李学铭学术思想及临证经验传承研究"，完整收集了名老中医李学铭诊治疗效显著和独特专长的病种共200例，整理典型医案30份；收集整理全国名老中医李学铭主任的论文、著作、传记、学术观点等资料，翔实而完整地记录李老讲课、门诊、生活等影音资料共10份；完成全国名老中医李学铭临证思辨特点和学术思想研究报告、成才之路研究报告、养生经验研究报告、学术流派信息采集、经验方、临床经验推广应用方案等。

一分耕耘，一分收获。2006年马红珍顺利考取"浙江省中青年临床名中医"培养项目（2009年评为浙江省中青年临床名中医），2009～2012年又入选第二批全国优秀中医临床人才研修项目，她拜师于张琪、王永钧、范永升等国医名师名下，并多次赴北京、上海、成都、长春、哈尔滨等地集中培训，聆听著名中医药学家的精彩讲座。从经典解读到临床思维培训，从经方活用到疑难杂症的辨治策略，大师们毫无保留的传道、授业、解惑，大大提升了优才们传承与创新的深度和高度，为日后成为中医药的栋梁之材奠定了坚实的基础。

经过长期的临床磨炼和勤奋学习，加上名师指引，马红珍逐渐在名医荟萃的省中医院崭露头角。2012年获"全国优秀中医临床人才"称号，2014年评为浙江省省级名中医，2016年成为"叶氏内流派传承工作室"负责人，2017年获批成立马红珍省级名老中医药专家传承工作室。作为新一代的中医肾病专家，对于肾脏病的诊治有着自己独特的见解。她认为，传统的中医辨证论治方法永远不会过时，只有辨证明，才能用药灵。但中医也不可能包治百病，比如说，没有一种中医治法或一张中药方子能够有效消除不同证型肾病患者的血尿、蛋白尿。现代中医临证时应该思路开阔，中西医知识融会贯通，主张治病先知病，即首先明确现代医学的诊断，避免因单纯中医药治疗延误早期诊断和治疗的机会。治疗善于抓住主要矛盾，以中医辨证论治为主，西医基础治疗为辅，如通过调整阴阳平衡改善机体免疫状态，通过活血化瘀改善肾内血液循环，维持患者长期的病情缓解或稳定。治疗慢性肾病有四大原则：①不断扶正，达到增强体质、调节免疫的目的；②适时攻邪，及时处理外感、湿热、瘀血等标症；③以平为期，注重阴阳平衡、邪正平衡。④长远考量，把疾病放在一个更长的时间范围去诊治，通过眼前和局部的病情去看变化、看长远、看整体，不以短期疗效论成败。

## 二、中西贯通

21世纪的现代医学风起云涌、成就斐然，从基础理论、实验研究的成果到各种疾病诊治的新技术、新方法，令人目不暇接。在综合性医院工作的现代中医再也不可能两耳不闻窗外事，一心只读中医书了。浙江省中医院肾病科一直秉承中西医融会贯通的理念，20世纪80年代初，科室就开展了尿圆盘电泳、血液自身抗体检测、腹膜透析、血液透析等先进诊疗技术，所以，在浙江省中医院肾病科工作，不管你是中医或西医出身，都必须掌握现代肾脏病学的知识和技能。马红珍是在嘉兴市第二医院完成本科毕业实习的，当时的嘉兴市第二医院是个综合性的西医医院，以外科手术见长。来医院实习的有第二军医大学、浙江大学医学院、浙江中医药大学等高校的学生，医院统一分配实习生的科室轮转，外科的轮转时间相对较多，外科老师对带教的实习生也是一视同仁，并不因为你是中医专业就降低对各种操作和手术的要求。马红珍在嘉兴市第二医院实习的一年中，在内科病房学会了独立进行胸腔穿刺、腹腔穿刺、骨髓穿刺等操作技术，在外科病房则掌握了静脉曲张结扎术、阑尾切除术等操作要领，至于各种缝合、清创、换药等算是实习期间的日常工作了。在外科轮转期间，带教的女老师挺认可她的操作能力，值班时常常点名要排马红珍跟班，还开玩笑说："有小马在，我可以去值班室睡觉了"，她还很正式地建议马红珍毕业后选择做个外科医师，认为其沉着果断、临危不惧的个性适合搞外科。

没想到，无心插柳的外科实习经历为其日后掌握肾病科的各种操作打下了良好基础。20世纪90年代初科室开展了肾组织活检，马红珍深知肾活检对患者病情评估、指导用药、判断预后的重要性，其成为科室第一批掌握肾活检技术的医师。当时她并没有外出进修学习的机会，最初的几例肾活检是在外院专家指导下完成的，在科室独立操作首例肾活检患者时，从沙袋、腹带、洞巾的制作，到患者选择和病情评估，所有的术前准备她都亲力亲为，丝毫不敢马虎，术中她与B超室的年轻医师配合默契，顺利完成了首例肾活检术。20多年过去了，该名确诊为系膜增生性肾小球肾炎的女性患者，经中西医结合治疗后病情稳定，与常人一样工作、结婚、生子，目前仍在马红珍的门诊随诊治疗中。此后她带教科室更多的年轻医师掌握了肾活检技术，规范的肾活检技术、精准的肾脏病理诊断，使肾活检患者的人数逐年增多，大大提高了科室整体的临床诊断和治疗水平。

浙江省中医院早在20世纪80年代就开展了血液透析、腹膜透析、动静脉内瘘术等技术，但中心静脉长期导管置管术（即带袖套、建立隧道的双腔中心静脉插管）却一直没有独立开展。指南推荐中心静脉长期导管置管术应该在导管室或超声引导下操作，以减少置管手术的并发症、确定导管的深度，保证血液透析治疗有足够的血流量。但当时医院尚不具备导管室或超声引导下操作的条件，所以此项目一直未能顺利开展，患者或是去浙江大学附属第一医院、邵逸夫医院置管，或是科室请浙江大学附属第一医院、邵逸夫医院的专家来医院置管，给患者带来不便，也制约学科的发展。在浙江大学附属第一医院专家的指导和鼓励下，凭借娴熟的中心静脉置管技术，马红珍快速掌握了操作技能，能独立完成该项操作技术，此项目曾获当年的医院新技术、新项目三等奖。此后的数年，科室的血液透析患者长期导管置管术都是由她带着血液透析室护士或年轻医生完成的。近十年她手把手地带出了一批年轻人，目前科室中级职称以上的医师大部分都掌握了该项技术。

## 三、教学相长

浙江省中医院是浙江中医药大学附属第一医院，医院的不少医生是临床、教学"双肩挑"的，马红珍也不例外。繁忙的日常病房和门诊工作中需要带教实习生、进修生，同时每学期都要承担学校本科、硕士、博士的理论课程，教学内容包括中医内科学、西医内科学、内科学进展等。马红珍的课堂教学幻灯制作规范，讲课思路清晰，擅长理论联系实际，通过临床案例把教材的重点和问题讲深讲透，深得学生和同道的好评。在2002年教学部"本科教学评估"活动中，她主讲的"慢性肾小球肾炎"课程获得专家的高度肯定，因表现突出，被评为当年的学校"先进个人"。此后每当学校有本科评估或重要检查时，她总是属于"恰好"被抽中的授课老师、带教老师或小讲课主讲老师，如2008年教学部"本科教学评估"时的理论课老师是她，2015年省教育厅专家来第一临床医学院督导检查的小讲课老师是她，2018年教学部检查本科教学时的教学查房老师也是她。台上一分钟，台下十年功，想要讲课出彩，必须精心准备、精雕细琢，即使是讲了几年已经烂熟于心的课程，每次上课前她也会挤出时间认真备课，更新PPT的内容，力求有最佳的课堂效果。正是这份执着认真，加上日积月累的教学经验，给她带来丰硕的收获，在2018年9月的第二届浙江中医药大学教学查房竞赛中又荣获了1项一等奖。2002年起马红珍成为中医内科学的硕士生导师，此后每年招收2~3名硕士研究生，对研究生她精心指导，严格要求，注重培养临床和科研能力，不少学生毕业后成了所在医院的业务骨干，有些还走上了医院或科室的领导岗位。

## 四、学科引领

2004年春天，马红珍担起了肾病科主任的重担。当时李老已年近70岁，继续领导和管理科室已力不从心，科室人员新老交替，学科发展遇到瓶颈。她深知，"一花独放不是春，万紫千红春满园"，接过前辈的接力棒，带领科室人员共同前行是老师交给她的又一份"作业"，也是她义不容辞的责任。科室的优势和特色在哪里？该如何闯出属于自己的新天地？为此，师徒二人多次促膝长谈，梳理和探讨科室发展面临的困难和突破口。最终师徒达成共识，决定科室的发展方向为坚持立足于发挥中医特色，重视中医经典理论在临床实际的应用，同时不断掌握现代医学的新理论、新知识、新技能，逐渐形成"中医为主、中西医结合，临床为主、临教研并进"的优势和特色。在李老的精心指导下，马红珍带领科室骨干对各种急慢性肾小球疾病、狼疮性肾炎、慢性肾衰竭等病种制定了中医、中西医结合辨证论治的具体方案，组方用药既有中医经典理论的指导，又结合现代医学实验室检查的结果，中西合参，在提高疗效的同时减少了药物的副作用。2005年肾病科率先在省内制订了"慢性肾小球肾炎、肾病综合征、慢性肾衰竭"3个常见病种的浙江省中医（中西医结合）单病种诊疗规范（2006年出版，浙江科技出版社），有效指导了全省肾脏病领域的中西医辨证辨病治疗。科室坚持中医、西医两条腿走路，积极开展各项新技术新项目。血液透析室独立开展了隧道导管深静脉置管术、动静脉内瘘术、血浆置换、连续性血液透析滤过等工作。除治疗肾病科的专科患者外，还救治医院其他科室的重度药物中毒、重症肌无力、系统性血管炎、肿瘤、多脏器衰竭等危重患者。因中医特色明显、西医技术全面，中西融汇的优质疗效带来了可喜的成绩，肾病科的业务量不断扩大，医疗业务总量和门诊人次大幅提升，平均住院日大大缩短。十余年来，科室始终坚持"中医为主、中西医结合，临床为主、医教研并进"的发展方针，在马红珍的带领下，全科室齐心协力，艰苦奋斗，于2007年成功入选浙江省中医药管理局重点专科，2013年凭借"中西医结合肾病介入学科"入选省中医院重点学科。学科在全省的影响力逐年增强，辐射面日益扩大，杭州区域外的患者约占70%。2007年以来，科室多次评为医院A级学科，2010年获医院学科先进奖（学科综合评估名列第一）。十余年来，肾病科一直在不断地成长和发展中，科室人员从2004年的7人发展壮大到16人，临床、教学和科研能力也达到了新的高度。

## 五、传承创新

2010年浙江省中医院肾病科获得"全国名老中医药专家李学铭传承工作室"建设项目，依托工作室的建设，马红珍带领科室成员进一步深入开展叶氏内科及李学铭学术经验的传承工作，包括传承队伍的建立、优势病种诊疗方案的整理、名老中医药专家资料的收集、论文论著的出版、举办省级中医药继续教育项目、申报各级科研项目等。李老拜师于江浙名医叶熙春门下数载，尽得叶氏真传，而叶熙春是浙江省十大中医流派之叶氏内科的创始人，李老则是叶氏内科流派的代表人物，其学术渊源可追溯到清末温病学说创始人叶天士。叶氏内科流派的根在浙江省中医院肾病科，在梳理叶氏内科流派的过程中，肾病科发现了中医传承更深的学术渊源，在医院领导的大力支持下，于2016年成立了"叶氏内科流派传承工作室"。

辨证论治是中医治疗学的核心，也是浙江省中医院肾病科诊治疾病的主要方法。随着中西医学的相互渗透，肾病科逐渐形成了独特的中医诊疗特色。如隐匿性慢性肾炎（其中包括部分IgA肾病）患者，除了尿常规检查异常之外，往往没有明显的临床症状与证候，临证时需结合现代医学明确的实验室检查辨病论治；对于长期的镜检血尿、肾性高血压、慢性肾病发展至血肌酐增高但并无明显的临床症状者，则按叶天士"久病入络"的理论，以瘀血证处理。针对自身免疫性疾病、肾病综合征等长期糖皮质激素治疗的患者，肾病科一直致力于中西医结合治疗，积累了丰富的经验和对策。在肾病综合征激素治疗的不同阶段，主张分3个阶段进行中药辨证论治。前期温阳，即温肾补虚，通常用济生肾气丸为主方温阳化气，能增强激素的温阳作用，加速激素起效；中期滋阴，通常用六味地黄丸、左归饮为主方滋补肾阴，减轻激素引起的阴虚火旺等副作用；后期再温阳，防止激素撤减时病情反跳。总之，需要根据激素使用的不同阶段中医证型的变化，及时改变中医治则方药，达到减轻激素副作用、减少反跳、提高疗效的目的。对于原发性肾病综合征，尤其是难治性肾病综合征，激素、免疫抑制剂配合中药治疗后，大部分患者都可以得到缓解，或者减少激素的维持剂量，或减少复发率，疗效明显优于单独使用激素合免疫抑制剂治疗的患者。

十余年来，围绕国家级名老中医李学铭学术思想的继承与发展及叶氏内科流派传承工作室、马红珍省级名医工作室的建设，浙江省中医院肾病科开展了系列有序的临床和科研工作。科室统筹安排，整体动员，分工合作，以整理总结名老中医李学铭的临证经验和学术思想为着力处，以慢性肾炎、肾病综合征、慢性肾衰竭这3个病种为研究重点，全面探讨中医药防止慢性肾病进展的临床疗效及作用机制。日益增多的患者人群和确凿有效的临床疗效，为学科搭建了良好的科研平台，肾病科已获得科技部"十一五"科技支撑计划项目1项，国家自然科学基金3项，省自然科学基金6项，省科技厅公益技术项目4项，厅局级课题十余项。科室成员发表专业学术论文一百余篇，其中SCI文章5篇，一级期刊30余篇。马红珍主持完成的"李学铭学术思想及临证经验承传研究"获得浙江省科技进步奖三等奖，主持的省科技厅公益技术项目"参芪地黄汤防治IgA肾病的实验与临床研究"顺利通过省科技厅验收。陈红波主持的"解毒祛瘀滋阴方防治系统性红斑狼疮"两项相关课题顺利通过国家自然科学基金委和省自然科学基金委验收。何灵芝、鲁科达、张培培的省自然科学基金项目也分别围绕名老中医李学铭的经验方"消瘀泄浊饮"开展了大量的临床和实验研究。

## 六、人才培养

人才培养与储备是学科发展的重要支撑。马红珍担任科主任以来，大力倡导和鼓励年轻骨干不断提升专业水平，科室有2位医师考取第四批全国名老中医药专家学术经验继承人项目，2位医师完成在职医学博士的学业顺利毕业，1人获浙江省"325"人才培养工程"医坛新秀"称号，3人分别入选医院人才培养计划之"飞鹰"人才、"雏鹰"人才和"青苗"人才。3人获得省卫生健康委员会国际交流合作项目资助，前往美国、意大利和英国进修学习。

随着临床和科研能力的不断提升，浙江省中医院肾病科在全省的影响力也逐年增强，杭州区域外的患者已达70%。目前，肾病科和上虞中医院、浦江县中医院、桐乡市中医医院、绍兴市柯桥区中医医院、永康市中医院、海宁市中医院、松阳县人民医院和松阳县中医院均建立长期协作关系，肾病科派出专家团队定期到这些基层医院，开展专家坐诊、病房查房、学术讲座等各种形式，指导医院的学科建设，获得当地医院和百姓的广泛好评。

"梅花香自苦寒来"。经过几代人的默默耕耘和不懈努力，浙江省中医院肾病科会通中西，全面发展，必将拥有更加辉煌的未来。

## 第四节　春晖遍泽桃李树

自2000年后，李老逐渐将科室管理的工作交给接班人，安排更多的时间在临床教学和培养学生上，为中医学的传承和创新培养了一代又一代的专业骨干。

### 一、何灵芝

何灵芝在1986年本科毕业于浙江中医药大学中医专业，获中医学医学学士学位，同年被分配至浙江省中医院肾内科工作。2003年有幸跟随全国名老中医药专家学术经验继承指导老师李学铭师带徒学习，2006年满师毕业。从此开启了中西医结合治疗肾脏病之路，现为浙江省中医院肾内科主任中医师。

3年师带徒的学习中，何灵芝一边跟随李老抄方，一边跟随李老查房，积累了丰富的中医治疗肾病的经验。后又加强西医理论知识学习，如腹膜透析、血液透析、肾脏穿刺技术，并于上海交通大学医学院附属瑞金医院进修学习肾脏病理，开展了浙江省中医院肾内科肾脏病理诊断工作，进一步提高了慢性肾脏病的诊断和治疗水平。30年临床工作下来，何灵芝积累了丰富的临床经验，熟练掌握肾脏科的常见病、多发病及疑难病症的诊治技术，运用中西医结合手段治疗难治性肾病、顽固性尿感、IgA肾病、高血压肾病、糖尿病肾病、急慢性肾功能不全、重症红斑狼疮等临床病症，多年担任医疗组长，组织医疗小组进行疑难病例诊治和危重患者抢救，获得满意治疗效果和患者的好评。门诊量居科室前列，影响力辐射省内多地。同时每年完成临床医学生、进修生的科研带教工作，培养硕士研究生十余名。

"黄风汤"系李老治疗肾病的系列经验方之一，主要用于治疗慢性肾炎、蛋白尿患者。李老运用此方治疗慢性肾炎气虚夹湿证型的患者数十年，可以明显减少尿蛋白，保护肾功能，延缓疾病的进展，临床疗效肯定，无明显毒副作用。慢性肾脏病的基本病机可概括为肾虚湿瘀，肾虚是慢性肾脏病的基础，而维护肾气是慢性肾脏病的基本治法之一。黄芪作为补气之圣药，在治疗肾脏病中具有重要的作用。肾病之变多为本虚标实之证，本虚标实是慢性肾炎蛋白尿的主要病机特点，本虚以肺、脾、肾三脏受损为主，标实不离水湿、湿热、湿浊、瘀血。李老认为，蛋白尿的产生与肺、脾、肾脏腑功能失调有关，而风、湿、瘀是影响蛋白尿的重要因素，其中风邪尤为重要。防风为祛风药，能畅达肺气，宣畅气机，振奋三焦气化功能而驱邪外出。为了探究其背后的科学机制，何灵芝申报的课题"加减黄风汤对IgA肾病足细胞保护作用的研究"，阐明了中药的作用靶点，为日后中医中药精准治疗慢性肾炎提供了理论依据，并获得浙江省中医药科学技术奖二等奖。除此之外，何灵芝根据多年的临床经验，将临床与科研紧密结合，主持并参与了多项省部级及厅局级科研项目，如浙江省中医药科技计划项目"加减无比山药丸对激素抵抗型肾病综合征患者糖皮质激素受体DNA甲基化干预作用的研究"、浙江省自然科学基金项目"消瘀泄浊饮对慢性肾脏病患者Th17/Treg细胞免疫平衡以及微炎症状态的影响"等，进一步传承和创新了李老的学术经验。

## 二、黄蔚霞

黄蔚霞与李学铭老师结缘于浙江省卫生厅委托浙江中医药大学举办的为期三年的西学中研究生班，李老师是黄蔚霞的研究生导师。

黄蔚霞本科为西医，1990年毕业于浙江大学医学院医学系临床医学专业，获得医学学士学位后至浙江中医药大学附属温州中医院就职工作，任内科医师，此后便与中医相接触，并对中医萌发了浓厚的兴趣。在1997年省卫生厅委托浙江中医药大学举办一期西学中研究生班，当时只招录十人，温州市只有一个名额。黄蔚霞怀揣着对中医的热情不断争取，同时经黄蔚霞院当时的严兆象院长推荐，最终取得名额，至浙江中医药大学学习中医，开始了黄蔚霞的中医之路。

"宝剑锋从磨砺出，梅花香自苦寒来"，来到浙江中医药大学的第一年，黄蔚霞重新沐浴在琅琅书声的课堂中学习着中医基础，所谓"骐骥一跃，不能十步；驽马十驾，功在不舍"，凭借着认真的态度及钻研的精神，黄蔚霞很快熟悉了中医的基础理论，包括阴阳、五行及寒热虚实等。对于喜欢阅读的人来说，看自己感兴趣的书是一种享受，书本中有一股无形的动力提高着思想境界，日久则心胸玲珑，见识广阔，充实的一学年很快就在读书中度过了。

在中医学院的第二年可以说是黄蔚霞人生中极为关键的一年。唐代韩愈《师说》中有言："师者，所以传道，授业，解惑也。"第二年是黄蔚霞上临床选择导师的时候，俗语云："名师出高徒"，遇见一位好老师对于未来的人生路有着至关重要的影响。例如，扁鹊从师于长桑君，张仲景从师于张伯祖，老师的点拨对于学生的启发都是十分重要的。经咨询于浙江中医药大学附属温州中医院当时的内科主任程锦国，由于黄蔚霞在读研之前在医院从事血液透析肾脏病工作多年，并已在温州医科大学附属第一医院专科进修一年，决定学习中医肾病。经程主任推荐，黄蔚霞拜国家级名老中医、浙江省中医院中医肾脏病专家李学铭老师为师，从事中医肾病学习研究。

那时李老师还没有开始带研究生，黄蔚霞很荣幸成为他第一任研究生。现在仍然能清晰地回想起那时对李老师的第一印象，老师是一个个子不高，体形中等，半头银发，有抬头纹，戴着一副老式眼镜的学者，初次与黄蔚霞见面时表情较严肃，但言语风趣，当时抽着烟，还拿着一杯茶，谈着谈着高兴起来还掏出他记录了许多经验方的宝贝小本给黄蔚霞看。之后黄蔚霞便开启了跟从李学铭老师的中医学徒之路。

那时是边跟师边在医院临床实践的学习模式，于是黄蔚霞有了在浙江省中医院肾病科病房学习的机会，浙江省中医院是浙江中医药大学的附属第一医院，患者流量大，能遇见不少的疑难病例。由于在这边深造学习的时间

## 第六章 桃李天下

有限,为了能更快地适应临床工作,黄蔚霞熟记每个患者的病情、服用的药物、检查结果。将遇见的疑难病例、典型病例记录在一本专门的笔记本上,有不懂或者有疑问的地方就勤问勤交流,记得病房中何灵芝老师负责肾脏病理这块,每次肾脏穿刺及阅读肾脏病理时都会带上黄蔚霞。当时病房里还有马红珍、张史昭、李一文等老师不遗余力地教授黄蔚霞临床知识和经验,遇见典型的病例就会给黄蔚霞细细讲解,获益颇多。

回忆最多的就是跟门诊的时光,李老师饱读中医众书,治病开方信手拈来。看病诊疾,至意深心,详察形候,纤毫勿失。老师在门诊时,黄蔚霞在旁抄方,当时抄方时并不是很理解方子的含义,也不像书中所描述的症状及用药一样,黄蔚霞常常一头雾水。门诊的患者错综复杂,参差不齐,有病史短疾病轻的,也有病程长病情重的。在面对不同的患者时,老师用药的剂量也有显著的差别。他的方子简洁,入药常用9~13味,但辨证精确疗效奇佳,让黄蔚霞深为叹服。李老师说在20世纪60年代有一段时间,规定中医院只能开中药治病,他们也曾用中药治疗好一些重症疾病包括上消化道大出血、肺结核大出血等。让黄蔚霞认识到中医不是慢郎中,且颠覆了黄蔚霞之前眼中的老中医形象,也更多加了一份对李学铭老师的敬佩之情。老师有海纳百川的思维头脑,有取之不尽的知识宝藏,从《黄帝内经》到《伤寒杂病论》,从《难经》到《脾胃论》,从《温热论》到《医学心悟》,他饱读圣贤书,会在原有的基础上推陈出新,老师还虚心好学下问,重视收集民间的偏方验方,结合自己的临床经验融会贯通,把理论知识和临床实践充分结合受惠于患者。

除了治病救人,黄蔚霞还体会到李老师作为一个名老中医的辛劳。他门诊繁忙患者众多,很多人从外地赶来,老师体谅患者痛苦,从不拒绝,自己起早贪黑,顾不上吃中饭,这些都是常态,平时门诊时多靠抽烟和喝茶提神。老师对黄蔚霞和蔼可亲,曾经向黄蔚霞讲述自己过往的求学故事,俗语说,自古以来学有建树的人,都离不开一个"苦"字,他出生贫穷,没有什么社会背景,自小立志,刻苦学习,废寝忘食,夙夜匪懈。让黄蔚霞体会到从医的不易。

记得有天门诊后李老师与黄蔚霞说,要想学好中医,需要熟读经典,多加实践。《礼记·儒行》云:"博学而不穷,笃行而不倦。"一个中医师必须要练好扎实的基本功,如若没有很好的基本功,不了解经典和理论根源,就等于"无源之水,无本之木",没法指导临床,所以读经典是基础。让黄蔚霞认识到中医学是一门实践性很强的学科，历代医家不仅重视基本理论，而且也非常注重临证医疗实践，清·陆九芝曾云："读书而不临证，不可以为医，临证而不读书，亦不可以为医。"此句也非常有力地说明了理论不能与实践脱钩，实践也要靠理论来指导。

李学铭老师的勉励使黄蔚霞更加勤奋地去总结他老人家的经验，老师认为《黄帝内经》是"医家之祖"，先辈的各种医学理论与学术创新都是在《黄帝内经》理论的基础上形成与发展的，学好《黄帝内经》并以此作为基础去思考，掌握先辈的医学理论与学术创新所形成的脉络，对于学习与应用各家学说并以此指导临床治疗的帮助极大，同时他也强调学习《黄帝内经》应紧密结合临床实践。如《黄帝内经》中自然界普遍存在的阴阳对立统一的规律，阴阳也是归纳一切事物的纲领，其消长变化是自然界一切事物发展演变乃至生长衰亡的基础，也是人体生理变化与疾病之发生与发展的基础。中医分析疾病与治疗疾病的主要方面之一，在于分析阴阳之偏胜，纠正阴阳之偏胜，使之恢复相对平衡。对于肾病综合征的治疗，患者的整个治疗过程，就是一个人体阴阳平衡的破坏、恢复、再破坏、再恢复直至达到相对平衡的过程。又如《素问·阴阳应象大论》中"壮火之气衰，少火之气壮；壮火食气，气食少火；壮火散气，少火生气"。李老师认为肾病综合征在应用大量糖皮质激素后，随着水肿消退，皮质醇增多症随之出现，呈现出面红多毛、胃纳亢进、精神亢奋、睡眠不安、自汗盗汗、苔厚舌红、脉弦数、滑数等征象，同时伴有精神疲乏、腰腿酸软、动辄自汗、咽干口燥、易受外感等症状，前者属于阴虚阳亢，为壮火有余，后者属于少火不足，元气有亏，这是该阶段的主要病机特点。这一阶段以抑壮火、助少火、扶元气、固腠理为治法，疗程长短不一，具体用药与剂量随着激素逐步减量至症状减轻、消失而及时调整。

《素问·水热穴论》曰："肾者胃之关也，关门不利，故聚水而从其类也。"慢性肾脏病患者久病肾虚，或阳虚，或气虚，阳不化气，气不化水，即关门不利而水湿内留，郁而化浊，加以久病多瘀，瘀浊内阻为病。李老师治疗慢性肾衰以泄浊消瘀佐和中补虚为大法，"消瘀泄浊饮"为李老师的代表经典方之一，此方由《医林改错》"补阳还五汤"化裁而来，全方由黄芪30g、川牛膝12g、桃仁12g、地龙12g、制军10g、车前草20g组成。《神农本草经》曰：大黄"主下瘀血，血闭寒热，破癥瘕积聚，留饮宿食，荡涤肠胃，推陈致新，通利水谷，调中化食，安和五脏。"本方应用制大黄取其通利逐瘀、荡涤胃肠、清除邪浊之功。桃仁、牛膝活血祛瘀能化肾络之瘀邪，又可导浊毒下行，《黄帝内经》中陈久瘀积之邪当"去菀陈莝"以消之的治疗原则，故选择了善入经脉、性喜走窜、功擅搜剔通络的虫类药地龙，意在推陈致新，加大化瘀通络之功效，三药合用共为臣药。王清任所谓"气既虚，必不能达于血管，血管无气，必停留而瘀"。又如唐容川曰："凡治血必调气，使气不为之病，而为血之用，斯得之矣。"故化瘀协同补气，其效更彰。方中用生黄芪补气行血，周行全身，推动诸药之力，并加大活血化瘀之功，用为佐药。车前草利水通淋，导浊下行，是为使药。诸药合用，达到瘀祛络通、水行浊泻的良好效果，在临床上广泛应用于慢性肾衰竭气虚夹瘀浊的病证。

　　李老师还总结出泻浊、化瘀、和胃、补虚、祛痰、化湿等常用治疗方法。李老师认为浊邪不能从小便去，则通腑泄浊不失为给邪出路的一种方法，他认为泄浊法常为治疗慢性肾衰竭的首法。在内治泄浊法中，李老师十分推崇大黄，大黄具有攻下、泄浊、导滞、活血化瘀等功效。临床上李师常以小剂量制大黄活血化瘀，以大剂量制大黄、生大黄通腑泻浊。外治法里中药灌肠有助于邪毒从肠道排出，其外治方中有生大黄、生牡蛎、蒲公英、六月雪等，有活血化瘀、通腑泻浊之效，可有效延缓肾衰竭的进展。瘀血是疾病过程中所形成的病理产物，又是致病因素，常可贯穿于肾病病程的始终。他认为：本病患者病程日久，肾气亏虚，气虚则推动无力。"气行则血行，气滞则血瘀"，由气及血，肾络痹阻致瘀，或者痰饮等积滞体内，阻遏脉络，都可造成血运不畅，形成瘀血，故活血化瘀宜贯穿于疾病始终。"胃气以降为顺，以通为用"，慢性肾衰竭患者病久脾胃功能多弱，虚不受补，枉进补剂适得其反。因此，在补虚前应先调理脾胃，以增加补虚的疗效。李老师认为，调理脾胃当以和法，即通过调理脾胃之品，使清阳升，而浊阴降，以恢复脾胃后天之气。《黄帝内经》云："正气内存，邪不可干。邪之所凑，其气必虚。"慢性肾竭衰患者脾肾两虚，湿毒内蕴，血络瘀阻，虚实错杂，本虚标实为其基本特征。治病必求于本，联系慢性肾衰竭这一具体病证，补虚之法显得尤为重要。关于祛痰李老师常引宋·庞安常语"善治痰者，不治痰而治气，气顺则一身之津液亦随气而顺矣"。临床上常在祛痰药中加入理气药以增加祛痰之效。肾为主水之脏，脾能运化水湿，肺能通调水道，故水湿为病，其病位多属肺、脾、肾三脏。脾虚则湿生，肾虚则水泛，肺失宣降则水津不布，肾病日久，脾肾俱虚，湿性重浊黏腻，易阻气机，故李老师认为化湿治法在肾病患者中亦有重要意义。李老师强调对于不同患者宜辨证论治，虽同为肾衰竭患者，但治法皆有不同的侧重点，抓住主要矛盾给予治疗，可以解决患者疾病不同阶段的不适。

关于李老师中医药治疗肾脏及尿路疾病的学习中，有很多疾病思路都是令人耳目一新的。如难治的老年性尿路感染，其以病初为湿热郁阻下焦，膀胱气化不利为病机，到治而不愈，反复发作，正为邪伤，始则邪热耗阴所致的肝肾阴亏，久则阴损及阳而致脾肾气（阳）虚。他认为常用苦寒通利的药物伤阳，峻利伤肾，故李老师常用大补阴丸、保元汤、金匮肾气丸为主方再加清热通淋之品。

关于老方新用方面，令黄蔚霞印象最为深刻的还是补阳还五汤。李老师认为治疗辨证属气虚血瘀的肾病，无论是膜性肾病、IgA肾病还是有肾功能损害的慢性肾功能不全，辨证论治属于气虚血瘀型的都可以使用此方。如膜性肾病患者久病不愈，肾气亏虚，固摄无权，封藏失司，精微不固而外泄，出现大量蛋白尿。虽经激素治疗，但病情迁延，肾虚未复，气虚血瘀，治仍以扶正祛邪、补气活血为主。

李老师与时俱进，通过结合肾脏微观状态辨证指导临床用方，关于糖尿病肾病也有独特见解，他认为由于糖尿病患者处于高凝状态，由血液浓缩、血流缓慢、血液黏稠度增高、微循环障碍而导致肾脏灌注不足，缺血缺氧，致使不能升清降浊。而湿浊、溺毒内停而成糖尿病肾病。因此，瘀是糖尿病肾病发生的根源，改变血液流变学能改善肾血氧供应，促使残余废用肾单位的逆转，故他临床常用桂枝茯苓丸方，方中桂枝通血脉，茯苓化湿健脾，芍药调营，丹皮、桃仁活血化瘀，加用大黄荡涤实邪、行瘀通经，全方推陈致新、活血而不耗伤津液。

在膏方调理方面李老师更是造诣深厚，其方法是在叶熙春先生和史沛棠先生二位师祖所传授的学术理论与临床经验并反复学习叶、史二老的20张膏方遗稿的基础上产生、发展、形成的，承自叶派的理论特色与学术经验，因此把膏方调理方法称为"叶派膏方"。"叶派膏方"的功用首在滋补，强调人身五脏是一个生命整体，膏方滋补重在脾肾，同时照顾全面。强调补虚为主，治病为次，主次不能颠倒，通过补虚达到治病，这是叶派膏方的特色，其调补方法主要有理阴阳、补气血、养津液、和五脏、调奇经与祛病邪六个方面。中医五千年的文明史始于传承，将李老师的中医理念发扬下去，是黄蔚霞辈的责任和义务。

## 第六章 桃李天下

除了跟诊，作为导师研究生的黄蔚霞接下了运用李老师的痛风经验方所报的课题"中医内外合治痛风性关节炎临床及实验研究"的省中医药管理局课题中的"痛风洗剂外用治疗痛风性关节炎的实验研究"部分，由于李老师是第一次带研究生，他细心地指导黄蔚霞，并叮嘱黄蔚霞要详细了解痛风性关节炎的发作原理及中医药治疗痛风性关节炎的近年研究。为了观察痛风洗剂对皮肤的透过性，为其外用药透皮吸收的体内研究提供实验依据，并为进一步研究痛风洗剂药效及作用机制提供前提，李老师在实验实施阶段特地聘请了浙江大学医学院的药学分析中心的老师，帮助并指导黄蔚霞完成药物透皮实验，也就是痛风洗剂的体外透皮实验研究。黄蔚霞以痛风洗剂中桂枝的有效成分桂皮醛为测定指标，采用体外扩散池法，利用新鲜大鼠离体皮肤，用TLC荧光定性法及薄层扫描定量法测定内含的桂皮醛，证明了外用药痛风洗剂的主要成分桂皮醛是可以透过大鼠皮肤的，并且其量随给药时间延长而增多。

在完成药物透皮实验后，李老师托张史昭老师帮黄蔚霞跟浙江中医药大学陈文照博士（中医实验研究痛风的专家）联系合作，指导黄蔚霞痛风关节炎动物造模，协助黄蔚霞完善痛风洗剂对于动物痛风模型的实验研究。李老师在临床实践和动物实验中都给了黄蔚霞莫大的帮助，在李老师的指导下黄蔚霞顺利地完成了研究生的课题任务。

毕业论文的写作及答辩时，李老师因为自己第一次带研究生，帮黄蔚霞邀请了范永升老师给黄蔚霞指导，在范老师团队的大力帮助指导下，黄蔚霞顺利通过了研究生答辩取得了硕士学位。

"相逢一见太匆匆，校内繁花几度红，厚谊常存魂梦里，师恩永志我心中"。三年的学习很快就过去，2000年毕业时带着对李老师的不舍，黄蔚霞回到了浙江中医药大学附属温州中医院，重新开始医院的工作。

基于浙江中医药大学的实验基础和李老师的临床指导，后续在浙江中医药大学附属温州中医院进行了多项临床课题及动物实验研究。

在单药动物实验研究方面有关于紫草素治疗狼疮性肾炎的研究，在经典方剂实验研究方面有李老师治疗狼疮性肾炎的经验方"清化狼疮汤对MRL/lpr小鼠血清ANA、SIL-2R的影响"。对于方剂临床研究方面，有关于补阳还五汤治疗膜性肾病的研究，临床上黄蔚霞效仿李老师，运用加减补阳还五汤治疗特发性膜性肾病。研究结果表明，加减补阳还五汤能有效缓解膜性肾病的乏力、水肿等临床症状，同时能有效降低尿蛋白漏出，提升血浆白蛋白水平，以改善膜性肾病的预后。

自2000年至今，黄蔚霞先后主持参与完成浙江省中医药管理局、温州市科技局课题多项，获得浙江省中医药科学技术创新奖3项，温州市科学进步奖1项，其中"清化狼疮汤治疗系统性红斑狼疮的实验研究"获得2006年浙江省中医药科学技术创新奖三等奖。"糖肾1号治疗糖尿病肾病临床实验研究"获得2007年浙江省中医药科学技术创新奖三等奖。2012年参与出版肾脏病专著《中西医结合肾脏病研究方法与临床进展》，任副主编。

基于学术上的一定成就，回浙江中医药大学附属温州中医院的第二年黄蔚霞担任肾病科主任，并开始组建肾病科病房。在2002年黄蔚霞获得温州市"551"人才第三层次培养计划，2007年被评选为温州市优秀中青年中医，温州市中医药学会肾病分会主任委员，温州市医学会肾病分会副主任委员，浙江省中医药学会肾病分会副主任委员，浙江省医学会肾病分会委员，浙江省医师学会肾病分会常务委员，浙江省医学会生物医学工程学会透析移植分会委员。后被选为浙江中医药大学兼职教授，长期从事浙江中医药大学等多家院校本科生带教工作，于2007～2008年度被评为浙江中医药大学优秀临床带教老师。2010年被评为温州市中医院优秀党员，2015年本人取得黄蔚霞温州市名中医工作室项目，师带徒培养三名中医师。

黄蔚霞带领的浙江中医药大学附属温州中医院肾病科也在短短十八年间迅速发展，科室2000年被列入温州市"311"工程项目，成为温州市十大重点学科。2001年成为浙江省中医重点专科，于2004年完成省中医治疗肾脏病重点专科建设计划，2005年申请成为浙江省中西医肾脏病重点建设学科，2008年成为浙江省中医重点学科；其间黄蔚霞碰到了学术瓶颈期，已力屈计穷，便与李老师联系，两次邀请李老师至温州开讲座，分别讲授中医经典《黄帝内经》与膏方，为开膏方不成熟的温州做了巨大的贡献。会议后黄蔚霞也向他老人家咨询问题，请他帮助解答黄蔚霞心中的困惑。《增广贤文》有言："听君一席话胜读十年书。"李老师是一位饱经沧桑的前辈、是一位性情刚直的导师，同时也是一位坦诚正直的良师，他冷静睿智的讲解，为黄蔚霞指明方向，给黄蔚霞鼓励、警醒、指点。接受了他的鼓舞后黄蔚霞便重整旗鼓，坚定向前！2010年科室再创辉煌，成为国家中医药管理局"十二五"中医重点专科。

浙江中医药大学附属温州中医院肾病科发展至今已有国家级中医重点专科，浙江省重点学科，温州市十大品牌学科，拥有多项市级课题、省部级课题立项和结题，发表论文百余篇，其中国家核心期刊上百篇，SCI论文多篇。拥有浙江中医药大学附属温州中医院六虹桥院区肾病科及温州老年病医院肾病科两个病区共87张床位，拥有血液透析机共128台，长期透析患者近400人，肾病科全科26位医师，有正高职称4位，副高职称4位，国家级名中医1位，年门诊量一年近4万人次。黄蔚霞经历了肾病科年总收入从不足三百万元到几千万元，团队人员从三人到九十余人，从最初的一叶孤舟到现在的初具规模。这一切都离不开李老师的细心教诲，离不开李老师的榜样作用，更离不开李老师的鼎力相助。

斯人已逝，写到这里，黄蔚霞更加怀念老师，想念老师的恩情。李老师是黄蔚霞人生中的贵人，与老师相处的三年及后来的十三年是黄蔚霞人生宝贵的财富，也是黄蔚霞事业奠定基础的十三年。感谢恩师！

## 三、郭兰中

弟子郭兰中，现任东阳市妇女儿童医院（今东阳市妇幼保健院）院长，1987年本科毕业于现浙江中医药大学中医专业，获得中医学医学学士学位，后被分配至东阳市卫生局工作。但其心中始终有个梦想，就是成为一名好医生，因此他多次恳求局里领导，让其到达一线临床工作，经过不懈努力，最终去了横店医院，从此，也开启了他的漫漫从医路。

不久后因工作调动，至东阳市中医院工作，在初期他担任内科医师期间，东阳市中医院并没有二级分科，只是一个大内科而已。1994年李学铭老师带领浙江省中医院肾内科团队进驻东阳市中医院，筹备肾内科，李师每半月来这里出诊一次，郭兰中有幸拜师学艺，结缘于此。在李师及浙江省中医院肾内科各位老师长期指导下，很快东阳市中医院建立起肾内专科。

在2001年08月至2002年10月期间，郭兰中主任曾经主持过一项研究，调查东阳市慢性肾脏病患病率及诊疗情况，调查结果表明东阳市人群肾小球疾病的患病率为1.02%，据此推算，当时全市78.6万人口有8000余名肾脏病患者。而通过调查后发现的肾小球疾病患者21例，占总肾脏病人数的58.28%，亦即全市有大约一半以上肾小球疾病患者处于隐性发病状态，症状体征不明显，从未接受过治疗。更为严重的是通过对调查前确诊的肾小球疾病患者诊疗情况的分析表明：一直接受肾脏病专科治疗的仅占66.66%；而作为确立诊断、指导治疗、判断预后重要依据的肾脏病理穿刺只占总病人数的6.66%。

高比例的隐性发病加上低比例的病理诊断及未正规治疗，并且肾小球疾病最终发展至慢性肾衰竭，乃至尿毒症，治疗起来不仅棘手，而且颇为费钱，特别是肾衰竭期，对家庭、对社会都是一个沉重的经济负担，因此就要求早发现、早治疗，延缓病情进展。这些正是当时东阳市肾脏病防治所面对的一个严峻现实。而当初的东阳市中医院也仅仅是一家二级医院，肾内科也并未独立开展，当时的他们没有肾穿刺病理，没有血液透析、没有腹膜透析，但东阳地区肾脏病患者却数不胜数，老百姓看病难，治疗难……

李师及其省中肾内科团队倾其全力，毫无保留，帮助东阳市中医院肾内科从早期单一内科门诊发展到如今拥有肾脏专科门诊、专科病区、血液透析中心、腹膜透析中心、肾病实验室等功能齐全的肾脏病诊疗中心。让其得以率先在金华地区开展肾脏病理穿刺，开创了东阳肾脏病理诊断的先河，并系统开展血液透析、腹膜透析、肾移植患者术后随访管理，采用中西医结合手段治理各种肾脏疾病，并且疗效显著。东阳市中医院肾内专科2001年被列入金华市医学重点建设专科，2003年被列入省卫生厅中医重点建设专科。2006年6月，被确立为国家级"中医重点建设专科"。在李师的指导下，先后研制了"抗凝Ⅰ号胶囊""肾病Ⅰ号胶囊"等系列中药制剂，并收到了显著的临床疗效。

肾病综合征存在着不同程度的血液高凝状态。郭兰中主任在李师指导下运用自拟抗凝Ⅰ号胶囊治疗，获得较好的临床疗效，各项血液流变学指标均得到不同程度的改善，尤其是纤维蛋白原、全血比黏度的改善更为明显，对以血尿为主者也有可喜苗头。抗凝Ⅰ号胶囊以水蛭、川芎为主药。药理研究证实，水蛭含有抗凝血素、抗血栓物质、水蛭素等，具有抗凝血、扩张血管、降低血液黏稠度等作用；川芎的主要成分川芎嗪，在体外具有抑制ADP引起的血小板聚集，并使已聚集的血小板解聚的作用，其这一作用与阿司匹林和双嘧达莫相似。

在膏方方面，李师曾谆谆教导：吃膏方是有讲究的。就像植物，要赶在冬眠时，施下基肥。冬天，人们出汗少，人体脾胃功能是一年内最好的，比较容易吸取养分。补膏也要趁着这阴冷的日子进补，直到立春，开始发芽，长成郁郁葱葱的大树，共一个半月。话说，冬令进补，春来打虎。春生夏长，秋收冬藏，循环往复。在李师之启发下，自郭兰中院长调任到东阳市妇女儿童医院后，第一件事情就是筹备国医馆，坚持每年举办膏方节。

## 第六章 桃李天下

基于李老师的临床指导和浙江中医院肾内科的帮扶，郭兰中主任更加坚定了中医之路，以及弘扬中医药之心。

郭兰中主任于2011年6月调任东阳市妇女儿童医院院长职务，除继续承担国家级重点专科肾脏病科带头人职务外，还用中医整体观引领基于中医药学科体系下的妇幼保健机构体系建设，以中医优势病种与适宜技术为重点，把中医药服务拓展到各临床科室，提升中医参与治疗率，形成了"无中医不保健"的服务格局。该院2015年被国家中医药管理局局长王国强称赞为为全国妇幼保健机构积累了特色模式，这一独特的中医药加妇幼健康"东阳模式"目前已升格为"浙江经验"，在除西藏和港澳台地区以外的600多家妇幼保健机构借鉴和落地推广。

2014年郭兰中主任主持创编的"0～3岁婴幼儿推拿操""儿童穴位保健操"等，被列为金华市科技推广项目，在全市妇幼保健机构和东阳市256所托幼园所全面推广普及。作为"东阳模式"的创始人，继承李师发扬中医之志，为全国各级妇幼保健院实地培训指导，并在新疆、青海设立名中医工作室，倡导开办的全国妇幼保健机构中医药专修学校，为全国妇幼保健机构培养了数千名中医药普及推广人才。并且连续十余年在歌山镇卫生院设立名中医工作室，带徒3人均出师，其中1人还获金华市卫生健康计委委员"基层中医药骨干"称号，歌山镇卫生院也因此成为中医药示范卫生院。作为市级科普讲师团的领军成员，郭兰中主任认为自己有责任，也有义务科普中医药知识，在广播电视、报纸及新媒体上开展二十四节气养生科普宣传达600多场（次），坚持开展国医馆养生文化节、"传承中医 娃娃抓起"文化节等科普活动，坚决抵制"伪中医、假养生"等社会虚假宣传，不遗余力让科学养生成为一种大众生活方式。2018年5月，荣获"金华最美科普人"称号。

郭兰中主任主持了多项省级及地市级科研项目，主要有浙江省中医药重点学科《小儿推拿学》、浙江省医药卫生科技项目"功能锻炼与电针治疗对产后骨盆肌肉恢复的疗效观察"、浙江省中医药优势病种建设项目"新生儿黄疸"、浙江省中医药科学研究基金项目（A类）"小儿推拿干预新生儿黄疸疗效评价"、金华市中医药项目"穴位贴敷促进产后子宫复原技术"、金华市中医药项目"督脉熏蒸治疗失眠的临床观察"、金华市中医药项目"儿童穴位保健操"。

## 四、范军芬

范军芬，女，1974年1月生，浙江开化人，中医师承博士，副主任中医师，现为国家级名老中医李学铭工作室成员，宋欣伟全国名老中医药专家传承工作室负责人。1998年毕业于浙江中医药大学中医专业（本科），2007年获浙江中医药大学中西医结合硕士学位，2008年获第四批国家名老中医药专家学术经验继承人资格，师承李学铭教授及上海中医药大学何立群教授，2011年出师并获上海中医药大学博士学位（师承）。

1998年进入浙江省中医院工作，即有幸在全院业务学习及浙江中医药大讲堂等多场合听到李老的讲座。更幸运的是，其在2002年正式成为一名肾病科医生，得到每周一次观摩李老病房查房的机会，记得每次查房李老都会亲自询问补充病史、查体，然后总结病史特点，分析病情特点及疾病的治疗，并重点讲解中医的四诊、辨证分析、鉴别诊断及中医的治则、方药，并且疗效奇佳。李老一丝不苟的治学态度、出口成章的经典条文及信手拈来的诊治处方，令人肃然起敬，深为叹服。虽然常常听得一头雾水，但获益颇多，潜移默化中也加深了学生对中医的热爱程度。2007年国家中医药管理局下发了关于第四批全国老中医药专家学术经验继承工作并在各省市遴选指导老师和继承人的通知，给了学生侍诊李老的机会。记得从通知报名到考试选拔的时间很紧张，而且四大经典内容只记得零星碎片，对能否通过考试没一丁点把握，但又不愿失去这次机会。期间去拜访了李老，说起自己心中的焦虑及担忧。李老话不多，记得李老说，学习中医，重视中医经典学习，尤其是《黄帝内经》，他认为《黄帝内经》世称"医家之祖"，是中医学基础中的基础，所以不管有没有这次选拔考试，你们都不能放弃对中医经典古籍的学习研究。在此后的一个月，可以说是每晚饱读经典至深夜，"功夫不负有心人"，最终范军芬和项晓骏一并取得了第四批继承人的资格。在接下来的3年学习中，两位学生除了病房工作，顺利完成了浙江中医药大学及上海中医药大学的理论学习，还每周门诊侍诊半天。当时医院没有电子病历及处方，所以老师亲自写病历，口述处方，学生在旁代写处方交给患者。老师字体工整流畅，而学生的字常被笑作"狗爬式"。然而老师的幽默言辞并不能缓解学生初始抄方时的紧张感。老师患者众多，病情复杂，且不乏内科杂病，加之学生中医经典理论薄弱，跟不上老师的思路是常事，且常常一头雾水，老师的处方看起来精练简要，但学生往往并不能很明白理解其中的含义。老师每每发现学生的疑虑，多会细细分析，详述处方的理论根源。对患者的任何疑问，他也会一一作答，对额外加号的患者，也少有拒绝。虽是半天门诊，但往往会延至下午一点多钟结束，中饭也顾不上吃。李老不仅是一位幽默、严谨、和蔼的前辈，也是一位严肃认真的老师。对学生指导除了每周抄方时间，还每月给学生上一次课，有时在科室，有时在他家中，有时讲解《黄帝内经》，有时讲解《温病条辨》，也谈他一些临床心得，解答学生在临床实践时碰到的问题。对学生们的每篇笔记（每周一篇）、经典学习心得体会（每月1篇）、每份医案（每周1篇）都亲力亲为，细细修改。在老师的教导下，范军芬顺利通过毕业答辩，论文获学校优秀毕业论文奖，并获上海中医院大学博士学位（师承）。短短的3年时间，是范军芬在中医学习道路上不可或缺的3年。感谢恩师，怀念恩师。

在此后的临床实践中，结合李老的经验、自己的临床心得，并以经典理论为指导，在治疗复杂性尿路感染、IgA肾病、肾病综合征、慢性肾衰竭、痛风等方面取得较好经验。并在核心期刊发表数篇论文。目前是副主任中医师，担任医疗组长，并任浙江省医学会中西医结合肾病分会青年委员，浙江省医学会中医经典与创新研究分会委员，浙江省康复医学会肾脏病康复专业委员会委员。

## 五、项晓骏

项晓骏毕业于浙江中医药大学中医专业，2001年进入浙江省中医院工作，2006年10月分科到肾内科，2008年成为李学铭先生的关门弟子，现在是肾内科副主任中医师。

（一）突如其来的师生缘

李学铭老师在2004年退休，完全退出临床工作。当时的项晓骏对于李老来说，是个陌生而又不起眼的小医生。其在中医学院毕业进入医院工作后，基本都是在病房，病房里的医疗诊治流程基本都是按西医规范，所以如同大多数年轻医生一样，中医的辨证论治能力都不算强，经常免不了用西医诊断去辨病用药，或者用中医内科学里面的证型硬套，没有一个清晰的中医思维是大多数年轻中医师的苦恼。项晓骏与李老的师生缘起于2008年第四批全国老中医药专家学术经验继承工作的开展。这是一个如此珍贵的学习机会，也是突如其来的幸运，能够拜入整个医院为数不多，可以说是硕果仅存的国家级名老中医的门下，这简直是医院所有年轻中医师梦寐以求的事情。过五关斩六将，通过全省招考，项晓骏成为浙江省四十八位学术继承人之一。2008年9月项晓骏正式拜入李老师门下，开始为期三年的师承学习。

（二）改变医路的师生缘

2008年初见李学铭老师，一头银发，中等个子，国字脸，满满学富五车的夫子气质。尽管年逾古稀，但每日精神十足，有时候门诊比学生来得还要早。明·裴一中《言医·序》中说："学不贯今古，识不通天人，才不近仙，心不近佛者，宁耕田织布取衣食耳，断不可作医以误世！"佛者，慈爱为怀，普济众生；仙者，才智出众，技艺超群。老师除了有渊博的知识、精湛的医术外，最令人敬佩的是老师的那一颗"仁心"。三年跟师期间，有几次老师即便身体微恙，但仍不轻易停诊。每年也就在国庆、春节两大节日长假中休息那么几天，春节大年初六必定开诊了。很多人问李老说："您年纪那么大，干嘛不多休几天？"李老说："我现在还干的动，我休息了，我的病人怎么办？"老师遣方用药基本11~13味药，永远坚持用最便宜的价格治疗好患者的病情。他常说："作为医生，你做的一切都要为病人想，不但要为他的健康想，为他的治疗想，还要为他的经济和生活想，因此能够省的尽量给他省。"老师的一言一行充分体现了"大医精诚"四个字，也让学生们坚定了仁心为医的信念。

跟着老师学习期间，老师常说他最不喜欢别人称他是个中医肾病专家，他觉得自己就是一个传统的中医师，内、妇、儿及他科杂病均可诊治。老师说："我这个技术，我这个优势，怎么光是（治疗）肾病呢？我喜欢治疗内科杂病，还有那些疑难杂症。叶老（叶熙春）、史老（史沛棠）都不是光治疗肾病的，都是大内科。"李老认为中医是一法通万法通，由古至今对中医师的要求就是通科，如今很多变成分科中医，自己把中医这条路走窄了。老师认为，整体观是中医基础理论的核心之一，也是医者识病辨证的基础，甚至可以说是中医的灵魂。人体机体自身整体性和内外环境之间统一性的思想即整体观念。只会看一个科疾病的中医不是一个合格的中医。

3年的时间，跟着老师学习，如何成为一名真正的中医是项晓骏最大的收获。老师使他对中医文化理解加深，能做到单纯用中医辨证思路来看待疾病，摈弃西医诊断对辨证不必要的影响。每次门诊跟老师抄方结束，老师总要休息一下，泡一杯茶，点一根烟，跟学生聊一下对中医的看法。老师曾说："44年下来，我总结一句话：中医是个谜！就是到现在，我也还感到中医的深不可测，好像我还没学好！许多西医说是治不好的病，中医治疗治疗，好了。但是又来了一个西医来说同样的病，我却治不好了，也是我治的，我就治不好了！那么再来个如果还是这样的病，我治治，可能我又治好了。这是一个谜。第二个谜呢？疾病治好了，从中医来讲，什么阴阳、五行、气血我讲的头头是道，但是从现代医学来讲，你到底是怎么治好的呢？又讲不清楚了！所以是不是个谜啊！"

"中医只有良才，没有全才！一辈子你活60年就60年，80年就80年，中医有那么多书，那么多流派，那么多资料放着，你怎么能够掌握全呢？我掌握的也只是整个浩瀚知识里面的一小部分。所以说你如果现在多用功一点儿，多看点儿书，多背点儿书，人家解决不了的问题说不定你就解决掉了！"这些其实都是老师对学生的殷殷希望，又有那么一点点无奈。

（三）获益终生的师生缘

经过50年行医的体会，老师十分推崇张锡纯"衷中参西"的主张，认为一名中医师，首先想到的应该是中医的治则方药，同时不能排斥现代医学，要实行中西医结合，以彼之长补己之短，则事半功倍，为患者造福。他在走一条适合现代中医的路，最典型的是老师对于治疗肾病综合征的治疗。他把中医中药主要放在"①增强激素疗效，减轻激素副作用，巩固激素疗效；②治疗在激素使用过程中出现的夹杂证和并发症；③增加疾病缓解率，减少复发率"这一基础上，确立了温阳益气⟶滋阴和阳（滋阴清热）⟶温阳益气（益气养阴）三个阶段疗法。这是一个非常直观、新颖的理念，可以让肾病科的西医医生也能较快地理解。还有对于痛风结节的辨证治疗经验，阐述了结节从形成到溃破再到收口，是由阴转阳再到虚的特点，采取温托、清热活血、清热补气的循环治疗法。对于痛风结石这个不论内科、外科都头痛的大问题，老师建立了自己独有的辨证经验，同时也有比较好的效果。

老师一生都在孜孜不倦地学习、实践、再学习、再实践，在实践中不断开拓创新，承前启后。老师是全国最早正式提出夏季膏方的名中医之一。膏方乃补益之剂，一般供体虚之人冬季服用。膏方通过燮理阴阳、调补气血、滋养津液、和调五脏、振奋正气，达到《金匮要略》所云"五脏元真通畅，人自安和"的目的。《黄帝内经》曰："正气存内，邪不可干。"人体的正气充盛，机体的免疫功能提高，抗病能力增强，由扶正达到抗邪祛邪，不治病而其病可愈，这就是膏方的特色。夏令补膏宜以轻补通补为总则，以运中化湿之品为大法，益气生津为要务，酌情佐入补养肺肾之品。未来中医不但要学有渊源，继承前贤，更要能结合临床，理解运用经典，在新的领域、新的层面绽放出生命力。

（四）弥足珍贵的师生缘

3年，弥足珍贵的3年。2012年初老师的意外离世，使项晓骏与老师的缘分永远定格在3年这个数字。3年时间不长，但不影响老师成为项晓骏生命中重要的人之一。项晓骏家里有个整理箱，满满都是抄方时的笔记、资料，书架上最显眼位置放的也是那本有老师亲笔签名赠予的《一代良医叶熙春》。3年的学习，项晓骏熟悉了老师的学术思想、学术特长，充分体会到了中医在临床的作用和地位。同时也掌握了一些肾脏常见病的诊治方药，临床用之每每收到很好的疗效。他在老师的学术思想指导下，大胆尝试用茵陈、泽兰、马鞭草、砂仁、藿香、炒白术等药组合，单方用或与他药组方用。尿酸属中医病理性产物"痰浊、湿浊"范畴。形成之因多为久病脾肾气虚，脾肾不能升清，化生气血，肾虚不能蒸化精微，使水谷之气不能化为精微之气为人体所用而成，内致营血循经而行。该组合从化湿泻浊角度出发，可以降血尿酸水平。目前争取改良或取得最佳组合。

2015年项晓骏援疆去了新疆阿拉尔市，它是位于塔克拉玛干沙漠边缘的一座新兴小城市。由于特殊的客观原因，南疆地区医疗条件相对较差，中医资源匮乏。阿拉尔医院的中医大部分还是局限在针灸推拿方面，当地人民，尤其是少数民族群众对中医的认知度、信任度还不高。中医在当地医疗中的成功与否，会在很大程度上影响当地群众能否认可中医。刚到阿拉尔市没多久，经科里医生介绍有个中年女性患者上门求医，患者因工作需要，在阿克苏及乌鲁木齐两地往返。因此也在这两个城市的多家医院就诊，一直效果欠佳，未行肾活检，也拒绝使用激素及其他免疫抑制剂。当时她尿常规提示蛋白尿2+，尿红细胞1+，血压明显偏高，口服"拜新同30mg，科素亚100mg，美托洛尔25mg"后，血压167/98mmHg左右，血肌酐95μmol/L左右。诊其舌脉，辨证论治用李老经验加减当归六黄汤合消瘀泄浊饮前后治疗2个月余，尿蛋白、血尿明显减少，重要的是血压明显得到控制。后改用参芪地黄汤加减，之后患者尿蛋白、血尿基本转阴，仅口服300mg/d的厄贝沙坦即保证血压控制在（130～140）/80mmHg。病情得到控制，患者对生活、工作重新有了强烈的热情。从这个患者开始，项晓骏在当地的患者越来越多，后面还专门设了一个"中医肾病"的专科门诊，还带了学生，使老师的医学传承在5000千米外的祖国大西北造福病患，这也是对"一心为病人"的老师最大的安慰。老师虽然不在了，作为他的弟子有责任将他的学术经验发扬光大，科研是很重要的一方面。2010～2014年完成了"加减当归六黄汤合消瘀泄浊饮"治疗慢性肾脏病期患者的疗效观察。2018年以老师的验方"消瘀泄浊饮"做了一个防治糖尿病肾病肾纤维化机制研究的课题，获得中医药管理局立项。

和老师结为师徒，是一种缘分，项晓骏很珍惜，也很庆幸拥有这个缘分，一直把它视作是一辈子的荣幸，他会继续在中医这条路上走下去，让更多的患者受惠于老师的学术经验。

## 六、鲁科达

鲁科达，男，汉族，1978年6月生，浙江余姚人，副教授，硕士生导师，主任中医师，中医学博士，于2011年2月～8月期间在北京大学第一医院肾内科肾脏疾病骨干医师高级研修班学习。2015年8月至2015年10月在意大利联合大学安科纳医院肾内科进行学术访问。2001年拜入师门，一直跟随李老师门诊学习，2010届博士研究生毕业，李老师为博士指导老师。2004年毕业后就职于浙江中医药大学附属第一医院（浙江省中医院）肾内科，现为浙江中医药大学附属第一医院院长助理（兼丽水市松阳县人民医院院长），浙江省中医药学会肾脏病分会委员，浙江省医院协会县（市）医院管理分会委员，浙江省中医药传承与创新"十百千"人才工程（杏林工程）省级中青年临床名中医培养对象。

在科研学术方面，秉承导师李学铭教授学术思想，主要围绕免疫肾脏病的中西医结合治疗、中医药增效减毒机制研究、慢性肾脏病发病机制及中药干预机制的研究。在李老师的影响和启发下，结合中医文献研究和临床实践，开展了一系列慢性肾脏病的临床基础研究。在李老师的指导下，认为慢性肾脏病患者久病肾虚，或阳虚，或气虚，阳不化气，气不化水，即关门不利而水湿内留，郁而化浊，加以久病多瘀，瘀浊内阻为病。按此病机确立了以化瘀泄浊为主要作用的方药——消瘀泄浊饮。在浙江省中医药管理局的资助下，研究发现以消瘀泄浊饮为主的中药复方能明显改善单侧输尿管梗阻模型（UUO模型）实验大鼠的症状和体征，降低肌酐、尿素氮水平，升高血浆白蛋白水平，减轻实验大鼠肾脏的病理损害，能降低实验大鼠肾组织中α-SMA、TGF-β1、CTGF蛋白表达，下调TGF-β1、CTGF mRNA的表达，上调Smad7蛋白及mRNA的表达。研究表明消瘀泄浊饮可通过调整TGF-β/Smad这一信号转导通路而起到抗慢性肾脏病肾间质纤维化的作用。并于2014年"痰瘀同治干预肾间质纤维化进展的实验研究"获浙江省中医药科学技术奖三等奖。在慢性肾脏病的众多并发症中，营养不良是其中非常重要的并发症。在省自然科学基金的资助下，对慢性肾衰竭营养不良的发生机制及中医药的干预机制进行研究，证明消瘀泄浊饮可下调血清瘦素水平，促进大鼠摄食，并可通过下调骨骼肌组织泛素-蛋白酶体通路相关组分的表达改善慢性肾衰竭大鼠营养不良。课题首次通过从以泛素-蛋白酶系统为主的蛋白降解系统方面来探讨中药复方防治营养不良的机制，为中医药治疗各类疾病伴营养不良机制研究提供新思路，为中医药防治营养不良提供了新靶点。并于2018年"消瘀泄浊饮对慢性肾衰竭营养不良大鼠骨骼肌组织泛素系统的影响"获浙江省中医药科学技术奖三等奖。

目前已主持省自然科学基金项目1项，国家中医药临床研究基地专项1项，浙江省中医药科技计划项目1项，参与国家"十一五"科技支撑项目2项；参与国家中医药行业科研专项2项；已在国内外核内期刊发表学术论文20余篇，其中SCI收录1篇；获评"2016年浙江中医药大学优秀共产党员"、先后作为主要参与人参与浙江省科技进步奖三等奖1项，作为第一完成人获浙江省中医药科学技术奖三等奖2项。临床从事中西医结合治疗各类免疫肾脏相关性疾病，受李老师中医经典学术思想的影响，坚持立足于发挥中医特色，积极探索中医、中西医结合诊治免疫肾脏疾病，重视中医经典理论在临床实际的应用。具有扎实的中医理论功底和丰富的临证经验，掌握当前免疫肾脏病的最新西医诊治理念和策略，擅于运用中医经方治疗各类疑难杂症，擅长中西医结合诊治各类免疫肾脏疾病，如慢性肾衰竭、IgA肾病、肾病综合征、糖尿病肾病、狼疮性肾炎、痛风性肾病等。

## 七、陈红波

陈红波，男，汉族，1978年5月生，湖北黄冈人。中医学博士，主任医师，副教授，硕士生导师。目前担任浙江省中医院肾病科副主任，支部书记，省级名中医马红珍工作室负责人，国家级名老中医李学铭工作室核心成员。2015年荣获浙江省医坛新秀称号，2015年曾前往美国密苏里州大学医学院访问学习。2002年本科毕业于湖北中医药大学中医学专业，2005年硕士研究生毕业于华中科技大学同济医学院中西医结合专业，2010~2014年在浙江中医药大学攻读中医内科学博士研究生学位。

临证经验方面，师从国家级名老中医李学铭主任和范永升教授，精读《黄帝内经》《伤寒论》《温病条辨》《金匮要略》等经典医籍，精心研习李学铭主任和范永升教授各种论文论著，以及与其他同事切磋交流心得，总结出以下些许临证经验：重视整体观念，讲究天人合一；强调辨证论治为主，辨病论治为辅，病证结合；喜用伤寒金匮经方，又不囿于经方；用药君臣佐使配伍灵活，或轻盈精简，或重锤猛药。所在科室是浙江省叶氏内科（江浙沪名医叶熙春）学术流派传承基地，通过融合叶氏内科学术思想和导师范教授的学术特点，在临床擅长中西医结合治疗肾脏病和风湿病，如慢性肾炎、肾病综合征、IgA肾病、慢性肾衰竭、复杂性尿路感染、狼疮性肾炎、类风湿关节炎、强直性脊柱炎、干燥综合征等，均取得较好的临床疗效。

科研学术方面，主要从表观遗传学角度探讨范老师经验方"解毒祛瘀滋阴方"治疗系统性红斑狼疮作用机制。解毒祛瘀滋阴方通过阻止MRL/lpr小鼠$CD4^+T$细胞基因组DNA"低甲基化"，抑制甲基化敏感基因过度表达，缓解狼疮活动。该研究前后获得浙江省自然科学基金项目资助（解毒祛瘀滋阴方对系统性红斑狼疮患者糖皮质激素受体DNA甲基化表达的影响）和国家自然科学基金项目资助（解毒祛瘀滋阴方对红斑狼疮鼠$CD4^+T$细胞DNA甲基化调控的影响），相关研究成果获得2017年浙江省中医药科学技术奖二等奖。

学术影响力方面，目前担任浙江省医学会肾病分会青年委员、浙江省医师协会肾病分会委员、中华中医药学会免疫学分会委员、浙江省数理医学会肾脏病分会委员、浙江省青年科学技术协会生物医学分会委员。

## 八、叶黎青

叶黎青，李学铭的外甥女，中医内科学硕士，主治中医师。2008年毕业于浙江中医药大学中医学7年制专业，第一导师马红珍教授，李学铭老先生为其第二导师，毕业后在浙江省中医院肾病科工作至今。现为省级名中医马红珍工作室秘书，国家级名老中医李学铭工作室成员。

2001年，叶黎青以优秀的高考成绩从嘉兴市第一中学毕业，因舅舅推荐，报考了浙江中医药大学中医学7年制专业，当时7年制专业是第2届招生，前一年半在浙江大学培养，后三年半在浙江中医药大学学习理论，最后2年实习加科研的本硕连读培养模式。读书期间，在李老的严格要求下，2002年大二开始利用课余时间抄方，每周六跟着李老抄方，学习临床，寒暑假时期更是留杭跟师学习，从不间断。实习及工作后，仍旧利用空余时间跟师抄方，直至2012年李老逝世，侍诊整10年。

2001年夏天，录取通知书还未到手，叶黎青就被妈妈拎到了舅舅家，开启了中医启蒙教育。整整一个下午，从《黄帝内经》的介绍说到什么是医生，如何做一个真正的好医生，医德为先、医术为重的重要性，从舅舅那里捧回的一本药性歌括，一本方剂歌诀，陪伴她度过了7年的学习生涯。从那天起，背诵方歌就成了她每日的功课之一，抄方的时候李老还会抽查，报出的方剂名如果背诵不熟练，抄方的时候默写不出来，是要受批评的。在李老的督促下，常用的方剂自是背得滚瓜烂熟，打字飞快。除了熟记方歌，李老对医学生的形象也是要求很高，不化浓妆，不染发，不涂指甲油，穿衣讲究整洁端庄，字迹清秀整洁，这些林林总总都是在李老的严格要求之下潜移默化中养成的。待回到中医药大学系统学习了中医基础理论后，李老对她提出了更高的要求，诵读《中医必读》和背诵《温热论》成了第二阶段的学习任务。除此之外，字帖临摹也是每年寒暑假回家必做的练习，5年的学习生涯就在课堂和临床的学习中度过了。李老在专业上对她要求很高，有一次中医基础课的董老师让班里每人准备一篇论文，叶黎青准备的论文《论风气通于肝》被老师点名表扬，认为酌情修改可投送杂志社发表。叶黎青兴高采烈地把文章给李老看，李老认为内容过于浅显，责令重写，几度修改经李老认可后，发表在浙江中医药大学学生科技杂志。

2006年，叶黎青成功申请成为马红珍教授的研究生，在实习期间跟随马红珍主任学习肾病临床诊疗，马红珍教授是李学铭老先生的学术继承人、叶氏内科的主要传承人之一，自是一脉相承的。除了病房轮转学习之外，叶黎青还利用休息时间跟李老学习膏方，跟随膏方门诊，并完成冬令膏方研究的课题，从而加深对叶派膏方的了解，根植了膏方开方思路严格遵循阴阳平衡和治未病的思想。除了杭州外，当时李老为了方便患者，在嘉兴也有固定的门诊。叶黎青趁着周末每月跟随李老回嘉兴抄方，上午看完门诊，下午有时比较空闲，李老便会在家中讲解经典和临床经验，如此获益颇多。经过多年的学习，有时候遇到初诊的患者，李老会让叶黎青在一旁自己问诊，写脉案，开具处方，然后再经李老审阅，大多时候，主方已能得到李老的认可，整张处方略调整几味即可。

在进入临床工作后，叶黎青多次运用李老的经验成功治疗痛风和慢性肾病等疾病。她曾经总结了李老运用忍冬藤在痛风治疗上的经验，有一次在门诊遇到一位慢性肾衰初患痛风的老年女性，当时下沙院区中药房没有院内制剂"散风通络洗剂"（原痛风洗剂），叶黎青准确辨证后根据李老的经验方，开具2剂中药，一剂外洗，一剂内服，嘱患者按医嘱使用，加上黄酒适量，1天后患者疼痛就缓解了，用了3天后患者疼痛消失，痛风痊愈了，再加上后期的控制饮食、降血尿酸等处理，成功控制了患者的病情。还有一位男性的慢性肾炎患者，1年多来一直服用中药加替米沙坦、至灵胶囊治疗，蛋白尿一直在1+到弱阳性之间反复。叶黎青接诊后，查看了他的既往病历，详细问诊、诊脉，辨证为肺脾气虚型，运用李老的经验方"加味四君子汤"为主方加减治疗，2个月后患者尿检转阴，半年后直至停药尿蛋白保持阴性。2016年卫生和计划生育委员会号召组织专家下乡，叶黎青在松阳县人民医院服务。有一次遇到一位中年女性，平素喜游泳，慢性肾病5年，断断续续吃中药和氯沙坦治疗，蛋白尿2+到1+反复。叶黎青接诊后，仔细问诊辨证，认为患者素体脾虚，加上运动多在泳池进行，水湿之气较盛，大便稀溏，舌淡红苔白腻，脉濡，诊为脾虚湿盛型。叶黎青跟随李老抄方多年，从李老运用银翘散治疗IgA肾病外感风热型的经验，深知中医辨证的重要性。《黄帝内经》有云："阴平阳秘，精神乃治。"她抛弃辨病的思想，从辨证出发，相信调和患者的五脏，必能达到五脏平和，拟方参苓白术散加减，并嘱患者减少游泳频率，守方治疗3个月后，患者大便逐渐转为正常，尿蛋白也同时转阴。这样的病例不胜枚举。

在李老的言传身教下，叶黎青始终不忘中医的本分，除了在临床工作上兢兢业业，2007年开始叶黎青参与国家"十一五"科技支撑计划子项目，由马红珍教授主持的"李学铭临床经验、学术思想传承研究"，在马红珍教授指导下参与收集整理典型医案、经验方、成才之路研究报告及养生经验等，获得浙江省科技厅科学技术奖三等奖，参与编著《当代名老中医成才之路（续集）》中李学铭的成才之路。此外，主持浙江省中医药科技计划"叶氏内科学术特色及在肾病诊治中的临床应用"，参与国家级课题2项，省部级、厅局级课题多项，在核心期刊发表《李学铭应用忍冬之经验》《李学铭加味四君子汤治疗肾病经验》《李学铭温肾化气法治疗水肿病经验分享》等文章。

## 九、李星凌

李星凌，李学铭的外孙，主治中医师。2010年毕业于浙江中医药大学针灸推拿专业，毕业后在浙江省中山医院针灸科工作至今。2016年获得中医内科学硕士学位。国家级名老中医李学铭工作室成员，中国针灸学会会员，浙江省优秀团员。

李学铭教授师从名医叶熙春和史沛棠两位老先生，不但承其技，也传其道，所谓中医之道，若家族中有人学医，耳濡目染，口传身教，则易于入门。何为祖传，古代中医名家无不身怀绝技，若没点看家本事，开诊行医则难以生存，可见竞争非常激烈。故而当时的中医都将自己的绝技秘而不宣，只传授给自己亲近的人，有甚者，只传嫡系，这就是所谓的祖传、家传。李老与他爱人有两个女儿，大女儿成年后便远居香港，育有二子，小女儿则继续和李老在杭州生活。之后小女儿结婚成家诞下一子，取名为李星凌，特意随了李老的姓氏并对其寄予厚望，望其可以继承祖父之医术，并将其发扬而光大。

外孙出生以后，李老非常高兴，祖孙之间总有一种很强的纽带，李老也觉得家族中需要有个能继承他衣钵的人。但是李老并没有一开始就对他的外孙灌输大量的中医知识，他认为目前的教育体制是应试教育，如果从小不好好读书，学好数理化，将来考不上医学院，那么即便从小熟读医书，也很难在社会立足。故而在李星凌幼小的时候，李老也并未给予他太大的学习压力，并且由于自己经历了幼年颠沛流离的苦日子，故他希望自己的小孙子能够健康快乐地成长。幸而李星凌在学校学习成绩也非常优秀，中考时就以全班第一的好成绩考入了重点高中（杭十四中）。进入高中后，学业也越发的繁重，但是李星凌对于中医的兴趣也越发的浓厚起来，他总是询问李老什么时候开始学中医。李老回答："你现在就先把书读好，这些东西以后再说。"故而在漫长的义务教育中，李星凌唯一能接触到中医的时候就是去李老那里看病的时候。李老临诊时的气场，能够给予患者的一种难以置信的信

## 第六章 桃李天下

任感,会自然而然地觉得这位医生能够药到病除,而他的中药也总是效如桴鼓,几剂而愈。年少的李星凌对李老非常崇拜,在他心目中,外祖父的医术以臻化境,自己不知何时才能达到他的水平。待到高考之时,他便毫不犹豫地填报了浙江中医学院(现浙江中医药大学)。

高考过后的暑假,炎炎夏日,浮动青春,高三毕业生们开始了他们释放自我的假期,而李老则开始了他对小外孙的第一堂课,与其说是课,不如说是作业,第一,他将《汤头歌诀》中的重点方剂圈出,让其背诵,丰富他的方剂库;第二,让他背诵《医宗必读》的前十三篇论,以期打下坚实的理论基础。虽然是简单的两本书,亦可见李老的丝丝苦心。四大经典虽为中医理论之本,但毕竟内容繁多,行文古雅,难以速记,不适合中医入门者。《医宗必读》一书为李中梓所著,其中的卷一医论图说,以介绍医学源流、指导学医门径为主,提纲挈领地阐述了中医的基础理论,于初学者而言可获益不少,将来著书立文亦可引用。正所谓"严师出高徒、名师出高徒",李老对于他外孙李星凌的教育可谓煞费苦心,循循善诱,少见其严厉呵斥,多以慈言教导为主。"好的开始是成功的一半",得李老精心设计的入门方法,李星凌大学时期在中医相关课程上,可以说是游刃有余。然而这只是漫漫长征路的第一步,李老认为中医最重要的是四个字"平衡整体"。这和《中医基础理论》里面曾讲到的辨证论治和整体观念是中医的两大核心观正好不谋而合。"志为司命者,广征医籍,博访先知",李老自然知道两本书岂能一窥中医之精妙,故而特意一人跑去新华书店,购买了各种中医经典如《血证论》《温病条辨》《脾胃论》等赠予李星凌,沉甸甸的书代表了他内心对后辈沉甸甸的期望。

李星凌进入大学后,从大二就开始了每个中医学徒都会经历的阶段——侍诊抄方。李老每个周末都会在回春堂和省中医院出诊,而李星凌则坐其一旁抄方子,不大的诊室中总是挤满了患者,患者多的时候总是要拖班,每每诊毕都已经是饥肠辘辘了,李老从来没有一句怨言,对于外地来的患者,他也总是善意地给他们加号,免得他们白跑一趟,有些患者来的时候眉头紧锁,表情沮丧,李老会时不时地开两句玩笑,谈吐幽默的他总是逗得患者咯咯笑。李星凌当时初上门诊,很多东西于他而言既陌生又新鲜,中医四诊望闻问切乃临诊的基础,古语有云:"望而知之谓之神,闻而知之谓之圣,问而知之谓之工,切而知之谓之巧",而他当时对神秘的脉诊尤其有兴趣,于是乎当遇到一些典型的脉象时,李老会让他亲身体会,并告诫他说:"像你这样经验不足的中医师，需在望闻问之后，对病人的病证已经大致胸中有数的情况下，再去脉诊，以脉象来证明之前自己的分析，若想单凭诊脉来辨其病证，那得五十岁以后了。"李老在治疗应用激素的肾病综合征患者时，就特别注重脉诊，每当脉象偏滑时，就是激素功效发挥最大也是副作用最强的时候，此时处方应当以拮抗激素副作用的养阴清热为主。对于临诊抄方的学生，李老总是会让他们随时背诵方剂，那时省中医院已经开始使用门诊电子系统，中药处方以电子输入为主，李老用电脑不熟练，故而这些事一般由跟诊抄方的学生做，而李老在报处方的时候，只说方剂名称不说药，那就要求跟诊的学生必须直接把方剂背出来，记得有一次有人忘了补中益气汤的组成，李老对他们说："以前我还是学徒的时候，我们一起跟史老学习，他讲过的东西我们一次就得记住，第二天他问了还记不住的话，就要挨骂。"医者，仁心仁术。失之毫厘，谬以千里，慎之慎之。经过了一段时间的跟诊抄方后，李星凌发现医患沟通在临床当中非常重要，有很多技巧在里面，李老就曾经说过，不同经济状况的患者，他的处方也会稍微调整一下。结合《医宗必读》内的"不失人情论"篇，李星凌在校报上发表了他的第一篇论述——《不失人情论》，当中结合了他抄方的所见所闻，虽初入医门，文笔稚嫩，但亦见解鲜明，得到了李老的鼓励和帮助。

每个学期的假期，李星凌去抄方的时间会更加多，基本上全天候跟着李老，李老认为临床才是中医的核心，书本上的理论知识如果不能应用于临床，则毫无用处。李老的门诊很忙，每次上午门诊完，就要再赶往下一个出诊的地方，虽然已年近八十，李老也以公交车代步为主，只有少数几个门诊部会专车来接他，他步伐极快，像李星凌这样的高个子年轻人有时候都跟不上他的速度，每逢中午吃饭的时候李老还会回答他的一些问题，这也导致他中午鲜有休息的时间，可以说是一整天连轴转，年轻人尚且觉得吃力，何况古稀老人呢。虽然诊务繁忙，但是李老并未忘记培养他的外孙，当遇到门诊需要手写处方时，他将处方格式告知李星凌，并让他牢记。后来每过半个月，李老还会去嘉兴，李星凌也顺其自然地跟着他去外地出诊，嘉兴是李老成长的地方，亲戚朋友都在那里，住宿也比较方便，为了服务家乡人民，他决定在那里出诊半日，因此祖孙二人相处的时间也就更长了，李老教导其胃痛的治疗，胃痛者有慢性萎缩性胃炎的患者病机以中焦虚寒为主，处方可用香砂六君子汤加减，并且李老认为应用生香附，因为香附制后失燥性，而生者疏肝理气，温寒燥湿，用药如用兵，李老施药之精准可谓丝丝入扣。后来

## 第六章 桃李天下

李星凌工作后，也担任起了临床带教老师的职责，在指导实习生开处方时，也会提醒他们不同药物经过不同炮制后，就会有不同功效，临证选药需谨慎。时隔多年，李老的谆谆教诲恍如仍在他耳边一般。

毕业后李星凌进入浙江中医药大学附属第三医院工作，虽然工作很忙，但他仍然坚持周末去抄方。早在毕业前，当有新患者来就诊时，李老就已经开始让李星凌独自问诊开方了，以此来锻炼他的临诊能力。刚开始开出的处方有时候会被李老整个换掉，但是随着时间的推移，所需要修改的地方越来越少，直到最后偶尔也会一味不改地直接开给患者，这些历练为李星凌将来上门诊打下了坚实的基础。可以说中医跟诊抄方在中医学习中是必不可少的，作为一门经验性的医学，光靠书本中的知识是远远不够的，李老深知这个道理，为此，他不停地磨炼李星凌的临床能力，以期将来能青出于蓝。再后来由于李老爱人的过世，小女儿为了能更好地照顾李老，将他接到家里，就这样祖孙三代生活在了一起。李老是一个"活到老学到老"的人，每天晚上吃完饭，和家人闲聊两句之后就一头扎进了书房，按李老的话说是"书中自有黄金屋，书中自有无穷乐"，年复一年，笔耕不断。同样，工作后的李星凌也感学海无涯，所谓实践出真知，和李老生活在一起也使他有了更多的时间和李老探讨问题，有时吃完饭分享门诊的一些有趣的病例。李老总会拿一张白纸，随意画画写写，辨证思路便一目了然。休息日时，李老还会上理论课，他常常会点上一支烟，闭目理一理思路，便开始徐徐道来，古籍引用也是张口道来，比如玉屏风散这个方，虽然药味仅三味，但变化颇多，通过增减药物的剂量改变三者之间的主次关系产生不同的治疗功用，如加大黄芪用量，同时应用中剂量的白术与小剂量的防风，突出黄芪补气固表的功用，加上白术培土以生金，协助黄芪增强补中固表的作用。后来李星凌在门诊中遇到自汗的患者，在针灸取穴合谷、复溜的基础上，加大口服中药中黄芪的用量，每每获效。晚年时的李老更长于内科杂病，有段时间门诊的抑郁症患者明显增多，很多患者都是西药效果不佳来求诊。李星凌亦知精神疾病从来就是临床难题，西药总有诸多不良反应且患者的顺应性差，他和李老聊起后，李老告诉他应以三因学说和《黄帝内经》理论立论，按气郁、痰郁、火郁立法来治疗这方面的疾病，且疗效颇佳。后来李星凌将他的这些经验，整理成文，发表于《浙江中医杂志》，以飨同道。

2012年，李老因病永远地离开了大家，祖孙也缘尽于此。斯人已逝，李老虽人不在，但其学术思想仍在。李星凌得李老教导，临床之上，每遇疑难杂症，用其理论，皆有奇效，如曾有一年逾九旬老人暴聋，听力下降非常明显，无法接听电话，一方面耳科疾病中的神经性耳聋很难治疗，现代医学没有什么好方法；另一方面患者年龄较大，听力本身有所退化，李星凌一方面按针灸经络辨证取穴，一方面中药以痰火论治，经1个月的治疗后，患者听力竟奇迹般恢复，已能毫无障碍地和子女通电话了。2016年，李星凌将外公的学术思想和诊治特色整理成文，辅以保存的一些典型临床验案，名为《李学铭学术思想浅述》，发表于《浙江中医杂志》。临床中的这些成功案例让李星凌意识到，李老的临证经验是后人一块瑰宝，需要科学地去研究、挖掘。于是2017年李星凌主持的研究项目"基于数据挖掘的名老中医李学铭治疗肾病临证经验研究"，获得了浙江省中医药管理局科研基金项目的资助，也为李老临诊经验的数据化研究打下了基础。除此以外，李星凌也不忘将李老的经验授予他人，发扬光大。2018年，为了响应省里"推动优质医疗资源下沉，提高基层医疗服务能力"的政策，他先后至德清县中医院和赤水市中医院担任主任及指导工作，帮助他们开展特种灸法，并且在中医药治疗上倾囊相授，提升了当地针推病区的中药使用率，大大提高了疗效。

时光飞逝，距李老过世已六年，如今的李星凌已经升任主治中医师，获得了硕士学位，他也明白，以后的路需要他自己一步一个脚印地走了。师傅领进门，修行在个人。漫漫成才路，浓浓祖孙情。

# 参 考 资 料

陈超. 2010. 叶天士黄疸脾胃分治之学术思想及其临证价值赏析. 环球中医药, 3（5）: 374-376.

杭州市余杭区地方志编纂委员会办公室. 2003. 杭州市余杭区镇乡街道简志. 北京：方志出版社.

杭州市余杭区科学技术局. 2005. 余杭区科学技术志. 北京：中华书局.

李学铭. 2004. 中国百年百名中医临床家丛书：中医临床家叶熙春. 北京：中国中医药出版社.

余杭镇志编纂办公室. 1992. 余杭镇志. 杭州：浙江人民出版社.

浙江省中医学会，浙江省中医研究所. 2006. 现代著名老中医名著重刊丛书：叶熙春专辑. 北京：人民卫生出版社.

浙江省中医药学会. 2011. 一代良医叶熙春. 杭州：浙江科学技术出版社.